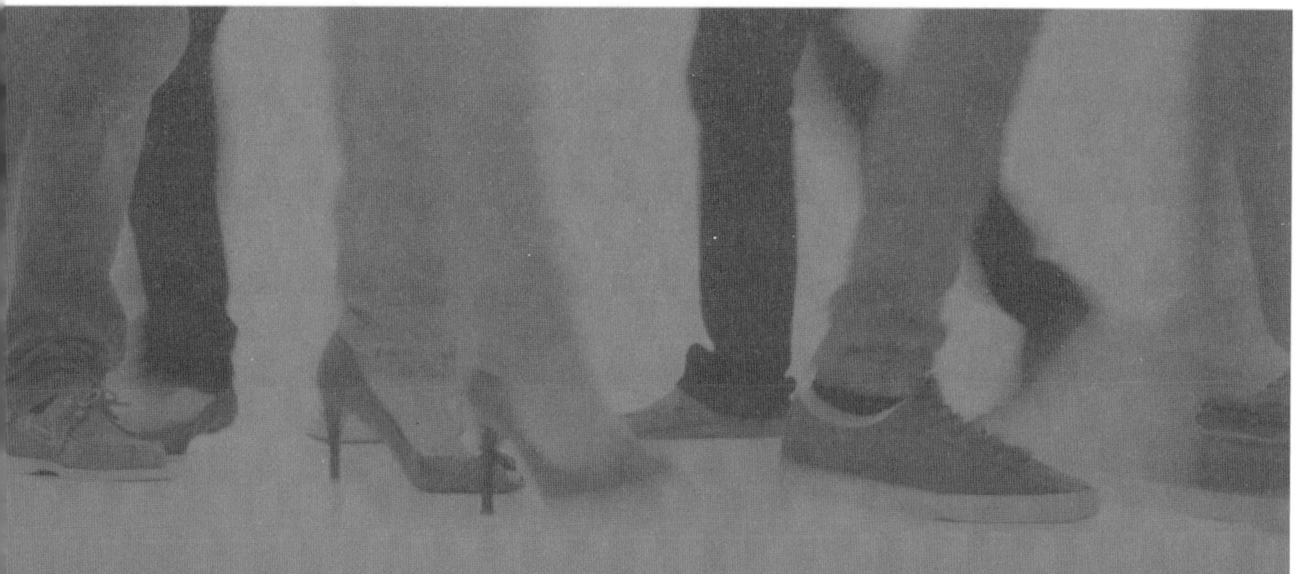

청년창업자를 위한 Biz & Law

강봉희 · 최은희 · 김미혜

이 교재는 학생들을 비롯한 청년들이 관심있어 하는 분야에서 적합한 아이디어를 창출해 내고 직접 사업계획서를 작성해 보는 것을 목적으로 한다. 그 과정에서 개인적으로 느끼고 경험하는 부분을 발견하고, 해결 해보려는 노력에 열정을 발휘 하도록 하고 창업아이템을 가지고 경진대회, 아이디어 공모전, 특허출원 · 실용신안권 취득 등 시장경제에 뛰어들어 도전 해 봄으로써 성취감과 개인의 가치를 창출하도록 구성하였다.

도서출판 GS인터비전

머리말

시작이 절반이라고 했던가!!!

수년간 경험해온 것(대학 강의, 연구소 활동, 창업컨설팅 등)들을 정리한다는 의미로...

무엇인가 눈에 보이는 결과가 있어야겠다는 생각을 했다.

그동안 강의를 통한 자료들을 토대로 수업시간에 활용할 책을 처녀작으로 만들었고, 시행착오를 통해서 부족한 부분을 완성해야겠다고 생각하고 있었다.

이 책의 완성에 대한 심적인 부담감은 있었으나... 생각의 전환을 하기로 했다.

부족하지만 그래도 하느님께로부터 받은 달란트를 누군가에게 나눌 수 있는 기회가 주어진다면......

저자의 일천한 지식이 다른 사람에게 조금이라도 도움이 된다면....

그것이 기쁨이 될 것이라는 작은 생각으로 작업에 임했다.

그 과정에 같은 마음으로 함께한 최은희변호사, 김미혜 교수등 아름다운 두 사람을 만난 것에 기쁘고 감사하다.

시간이 흘러도 마음속에 늘 품고 있는 생각을 끄집어내어 행동으로 옮기는 작업은 역시 쉽지 않다는 것을 다시 한번 경험했다. 하지만 용기를 낼 수 있었던 것은 강의를 통해서 도입해 본 창업아이템 발굴 작업과 사업계획서 작성의 결과물을 도출해 내는 시도는 학생들로 하여금 또 다른 희망을 품게 하고 자신감과 도전의식을 갖게 하였고, 창업경진대회 및 각종 공모전에서 수상을 하는 결과를 가져왔다.

또한, 창업컨설팅을 통해 도움을 드렸던 분들도 여전히 자신의 fit한 요인을 계속 찾아내면서 행복해 하고 있다.

이런 현상을 보면서 요즘같이 취업이 힘들고 어려운 환경에서 각자의 core key-factor를 찾아내어 적용하면서 그들이 웃을 수 있다는 것에 대해서 저자는 만족하고 감사했다.

이 책은 학생들을 비롯한 청년들이 자신이 관심 있어 하는 분야에서 적합(fit)한 아이디어를 창출해 내고 그것을 가지고 본인이 직접 사업계획서를 작성해 보는 것을 목적으로 한다. 그 과정에서 개인적으로 느끼고 경험하는 부분(gap)을 발견하고, 그것을 해결 해보려는 노력에 집중(commitment)하는 열정을 발휘 하도록 자극한다.

그것을 통해서 작게는 자신에 대한 자신감고취와 긍정적 강화를 기대하고, 크게는 실제로 창업아이템을 가지고 경진대회 및 각종 아이디어 공모전에 도전할 뿐만 아니라 특허출원・실용신안권 취득 등 시장경제에 뛰어들어 도전 해 봄으로써 적극적이고 무엇인가를 창출 해 낼 수 있다는 성취감과 개인의 가치를 창출할 것을 기대해 본다.

저자 자신을 채근할 때 항상 일깨우는 글이 있다.

여행 중에 가장 먼 여행이 "머리에서 가슴으로까지의 여행" 이라고 회자되고 있고, 평생을 두고 하는 여행이 "가슴에서 손끝, 발끝까지의 여행"이라고 한다.

실천을 요구하는 글귀라 생각된다. 이 책을 읽은 모든 분들이 자신이 가지고 있는 core key-factor를 발견하고 밖으로 끄집어내어 작은 결과물이라고 만들어 냈으면 하는 바램이다. 왜냐하면 적어도 고민한 흔적만큼은 그 결과에 상관없이 자신을 위로해 주기 때문이다. 따라서, 이 책을 완성하기까지 보낸 시간들만큼은 저자들 스스로가 위로를 받을 것이라 생각된다.

출판을 허락해 주신 GS인터비전 사장님과 출판사 식구들과 이병관 박사에게도 감사의 마음을 전하고, 10년 전 대학 강의 때 만나 지금까지 인연이라고 부족한 사람을 따르고 있는 Body & Balance 한재문 원장에게도 고마움을 전한다.

모든 것이 때가 있다고 했던가!!! 야구에 적시타라는 표현처럼 이 책을 읽은 모든 분들이 자신들이 생활하는 환경에서 적시타를 쳤으면 하는 바램이다.

2011년 2월

대표저자 강봉희

차례

Part 3. Activity

Part 4. Law & Biz

Part 6. Bring it on!

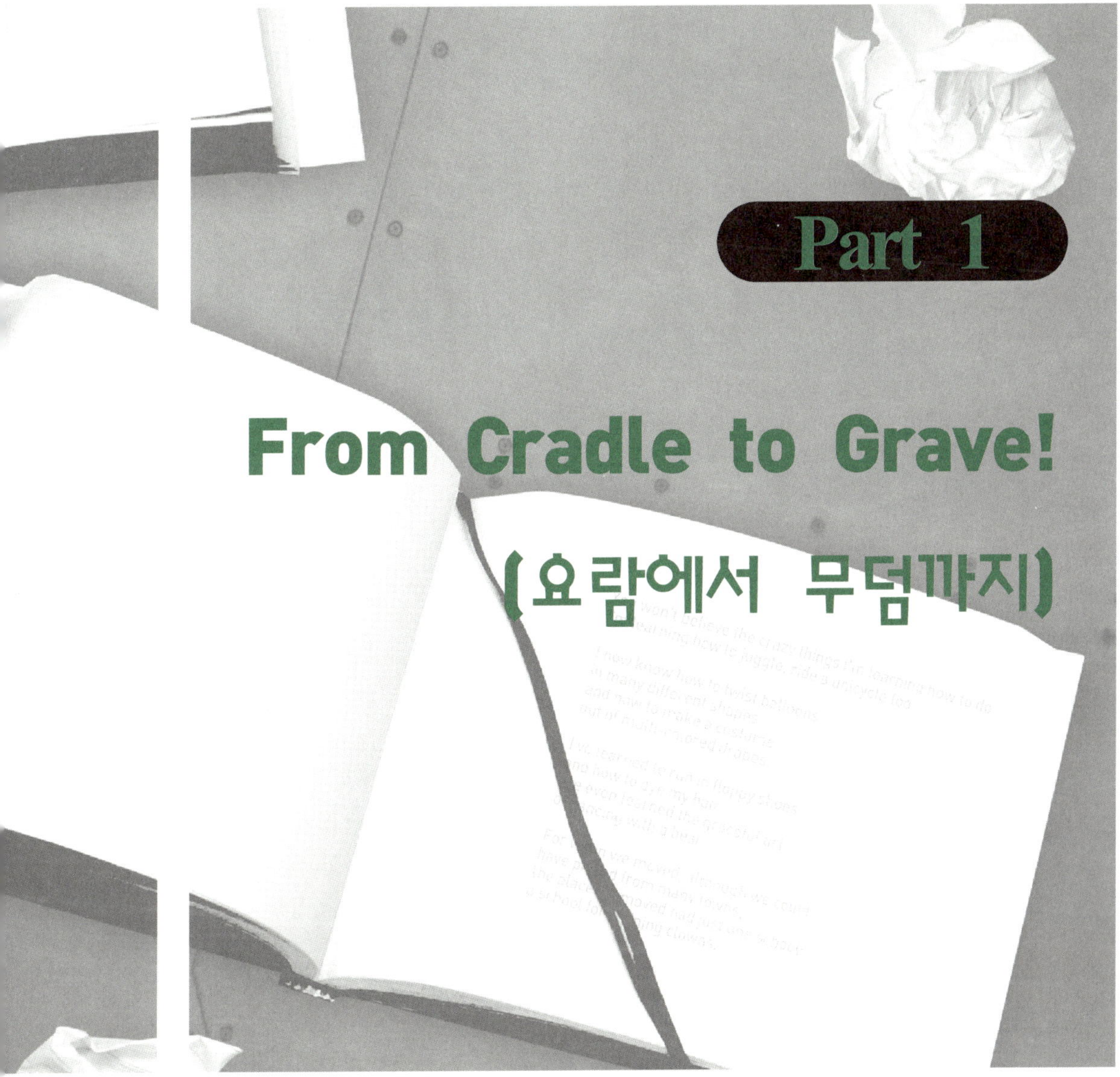

Part 1

From Cradle to Grave!

[요람에서 무덤까지]

1장

CEI(Chief Executive I)에서 CEO(Chief Executive Officer)로

1.1 CEO(Chief Executive Officer)란!

최고경영자라는 단어는 원래 군사용어로써 최고지휘관을 의미하였다. 그러나 미국식 경영 활동 방식에서 기업의 의사결정과 관련하여 최고 의사결정권한을 가진 자라는 의미로 사용되어지면서 그 의미가 비즈니스 용어로 자주 쓰여 지게 되었다. 일반적으로 기업을 대표하고 경영활동의 전반적인 사항을 총괄하여 지시하고 책임을 지기도 한다.

최고경영자는 공동의 목표를 가진 어느 한 조직이나 단체 등에 대해서 종합적인 경영전반에 대하여 책임을 질 수 있는 가장 높은 위치에 있는 사람으로서 최고경영책임자 라고도 표현한다.

한 조직을 이끌어가는 훌륭한 경영자가 되기 위해서는 스스로의 올바른 가치관의 확립과 조직 구성원들이 공감대를 형성할 수 있는 경영철학과 이념을 가지고 있어야한다. 아울러 리더로서의 카리스마를 가지고 시기적절한 지혜로운 의사결정을 내릴 수 있는 판단력과 리더십이 필요하다.

따라서 최고경영자(Chief executive officer, CEO)는 조직을 이끌어나가는데 있어서 마주치게 되는 여러 가지 대상(사건, 사람, 상황)에 대하여서 의사결정을 내려야하고, 그 결정에 대한 계층별 책임 범위의 크기 또한 그가 맡은 역할에 따라 달라진다.

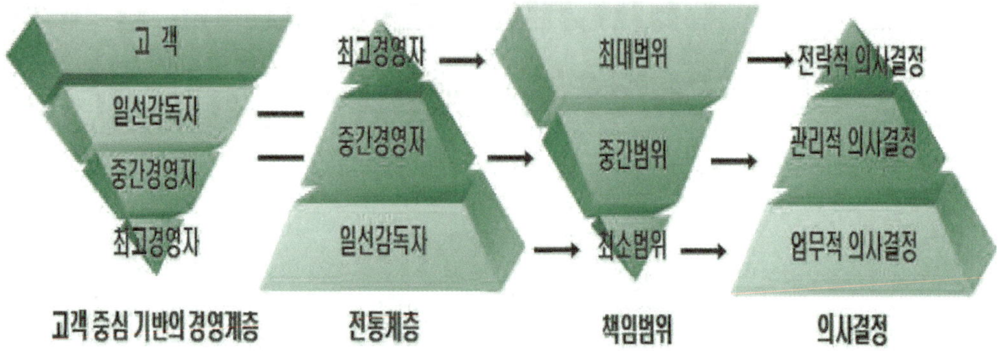

그림 1.1 경영자 계층별 의사결정책임의 범위

위의 그림은 일반적으로 경영계층은 최고경영자, 중간경영자, 일선감독자로 구분하여 하나의 피라미드구조를 이룬다. 각 계층별로 의사결정책임의 범위는 최고경영자가 책임의 범위가 가장 큰 형대로 역 피라미드로 표현할 수 있다. 마찬가지로 고객중심기반의 경영계층은 고객의 가치를 최우선순위로 두고 경영활동이 이루어지는 구조를 이룬다. 의사결정의 종류에는 최고경영자는 전략적 의사결정, 중간경영자는 관리적 의사결정, 일선감독자는 업무적 의사결정을 내린다.

1.2 CEI(Chief Executive I) 란?

CEI(Chief Executive I)이란 저자가 CEO(Chief Executive Officer)의 개념에서 유추하여 만든 새로운 개념이다. 이는 조직의 우두머리로서 경영자적 리더십을 발휘하기 위해서는 무엇보다도 먼저 자기 자신의 "생각"과 "말"과 "행동"에 대해서 책임지고 관리 해 나가는 것이 필요하다는 의미이다.

최고경영자(Chief executive officer, CEO)정의에 따르면 공동의 목표를 가진 어느 한 조직이나 단체 또는 정부에 구성되어진 부서 등에 대해서 전체적이고 종합적인 경영전반에 대하여 책임을 질 수 있는 가장 높은 위치에 있는 사람을 최고경영책임자라고도 표현한다.

이러한 개념을 개인에게 비추어 볼 때 바로 개인이 자신의 목표를 가지고 그 목표를 달성하는 과정 및 결과에 대한 책임을 질 수 있는 당사자이기 때문에 자신 스스로에 대한 최고의 우두머리가 되는 것이다. 그것이 바로 "최고경영자"-"나" CEI(Chief Executive I)라고 할 수 있겠다.

최고경영자 "나"(Chief executive I CEI)는 개인이 살아가면서 마추치게 되는 여러 가지 대상(사건, 사람, 상황)에 대하여 크고 작은 의사결정을 내려야만 한다. 그 결정에 대한 책임 또한 자신에게 우선적으로 돌릴 수 있는 카리스마 있는 리더의 역할이 필요하기 때문이다.

1.3 나를 경영해야 하는 이유

한 사람이 세상에 태어나서 죽기까지 수없이 많은 사람들과 사건들을 경험하게 된다.

"Do you have a driving license in your life?"라고 타인에게 질문을 하면 사람들은 그 질문에 대하여 다양한 반응을 보인다. 질문한 사람의 의도를 파악하려고 하는 사람, 무슨 뜻인지 질문 자체를 이해하지 못하는 사람, 또는 나름대로의 기준을 가지고 대답을 하는 사람도 있을 것이다. 하지만 의외로 대답은 "yes" 또는 "of course"로 간단하다. 왜냐하면, 살아(live)있기 때문이다. 이 세상에 태어난 모든 사람은 자신의 이름을 가지고, 출생신고와 더불어 자신의 삶의 여정에 면허증을 취득 하게 되는 것이다. 물론, 주민등록증을 발급받는 성인이 되어야만 책임과 권한에서 독립적일 수 있는 것도 사실이다. 운전을 할 때면 많은 신호들과 여러 차들 속에서 안전운전을 해야 하고 주차장을 찾아서 parking을 하기 위해 크고 작은 의사결정을 내리게 된다. 예로서, 복잡한 주차장에서 주차할 공간을 발견하는 것도 쉽지 않고, 설사 발견을 했다면 안전하게 주차를 해야 하는 것 또한 운전자가 내려야하는 의사결정의 몫이다.

"사람은 누구나 무언가를 팔아서 살아간다."는 스코틀랜드 작가인 로버트 루이스 스티븐슨의 말처럼 자본주의 사회에 살아가는 모든 사람들은 각자의 달란트를 이용하여서 재화를 창출하고 소비하는 활동을 하게 된다. 그 과정 속에는 시간이 흘러감에 따라 항상 변화하는 환경요인 들이 작용하고 있다. 그 환경요인은 개인 스스로 조정이 가능한 미시적인 환경 또는 1차적인 환경(가족·친구·동료 등)이 있으며, 혼자의 힘으로는 조정이 불가능 하므로 그 환경에 적응 해 나가기 위한 대응전략이 필요한데, 그것을 거시적인 환경 또는 2차적인 환경(사회적·정치적·경제적·기술적·글로벌 등)이라고 한다.

불확실한 환경에서 살아가면서 부딪히는 많은 사건과 상황, 그리고 사람과의 관계 속에서 이루어지는 많은 요인들의 작용을 통해서 개인 각자가 그럴 때마다 자신이 처한 환경에서 크고 작은 문제를 해결하기위한 의사결정을 해야만 한다. 곧 스스로가 자신을 경영해 나가는 최고경영자"나"(CEI)가 되는 것이다.

예로서, 점심시간에 식사를 무엇으로 하며, 어디에서 누구와 함께 할 것인가 하는 작은 선택부터 대학생들의 경우 취업문이 좁고 경쟁이 치열한 상황에서 자신의 미래에 대한 포트폴리오를 어떻게 구상하고 실천할 것인지에 대한 고민 등 매 순간마다 의사결정과정에서 떠오르는 고려대안들에 대하여 가중치를 두고 선택을 해야 하는 것이 일반적이다.

1.4 사람의 마음은 무엇 때문에 움직이는가?(동기부여)

인간의 마음을 움직이는 것을(동기유발) 욕구라고 한다. 그것은 사람의 행동에 바탕이 된다. 인간은 스스로의 내적상태에서 일어나는 욕구와 외부자극에 의해서 생겨나는 욕구가 있다. 일반적으로 Need와 Want의 개념을 혼용해서 사용하는데 흔히 요구(필요) 또는 욕구라고 표현되어진다. 이러한 욕구는 자극(내·외적)을 받아서 활성화 되면 그것이 동기로 변한다. 즉 욕구는 한 사람이 기대하고 생각하는 이상적인 상태(ideal state)와 현재 상태(current state)에서 느끼는 차이를 말한다. 그 차이의 정도에 따라서 욕구의 강도가 결정될 뿐만 아니라 동기유발이 된다. 이러한 개념을 이해하기 쉽게 예를 들어서 설명하고자한다

표 1.1 욕구관련 용어의 의미 구분

욕구관련용어	의 미	구 분
Need (필요, 요구)	배가 고프다.	단순히 일차적인 본능적 필요에 따른 자연스러운 현상을 말한다.
Want (욕구)	순대국밥이 먹고 싶다.	배가 고프다는 Need에 대한 대상이 구체화되는 것을 의미한다.
Motive (동기)	국밥을 먹으러 갈까?!!??	욕구를 행동으로 옮길 수 있도록 하는 (원동력이 되는) 에너지를 말한다.
Intension (강화, 진지한)	국밥 먹으러 지금 가자!!!	피스톤이 발사되기 직전의 형태처럼 욕구를 행동으로 실천하기 위한 직전의 상태를 의미한다.

1.5 Maslow의 욕구단계이론

인간이 환경에 적응하면서 살아가는 데 가장 많이 부딪히고 고민하는 부분이 인간관계이고 그 속에서 자아실현을 해 나가기 위해서는 무엇보다도 자신의 행동이나 생각들이 많은 부분의 의사결정에 비중을 차지하게 된다. 과연 사람들의 가장 기본적인 욕구는 무엇일까? 라는 고민을 하게 되는데, 그것은 사람마다 움직여지는 동기이론을 가지고 일부분은 설명이 가능할 것이다. 인간에 대한 행동과학의 발전은 심리학, 사회학, 문화인류학 등과 함께 종합적인 과학학문으로 연구가 진행되고 있으며, 최근에는 인간행동의 과정이나 내용 또는 강화이론들의 중요성이 부각되고 있는 실정이다. 실용주의 입장에서 '사회적 안정감'을 기본적 욕구로 본 설리번(H. Sullivan)과 프로이드(S. Freud)는 '쾌락의 추구'가 행동을 일으키는 기본적이 욕구가 된다고 보았다. 인간행동의 대표적인 내용이론 중에서 Maslow의 욕구단계이론을 설명하고자 한다.

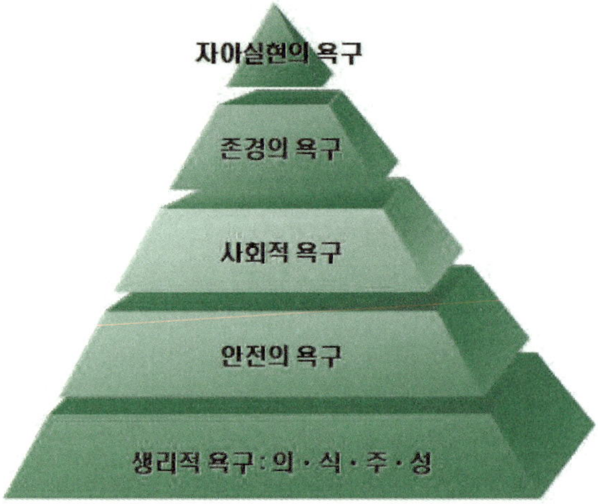

그림 1.2 Maslow의 욕구5단계

Maslow는 인본주의 심리학의대가로서 인간을 동기유발 시킬 수 있는 욕구가 <그림 1.2>와 같이 5가지 계층적 구조가 있다고 주장한다. 인간의 욕구는 계층별로 가장 낮은 욕구부터 충족시키면서 상위욕구를 충족시키고자 한다고 설명하고 있다. 각 욕구단계별 특성을 가지고 있으므로 그 욕구를 차례대로 채워야만 다음단계의 욕구로 발전한다는 것이다. 이 부분이 Maslow의 문제점으로서 비판의 여지가 있는 부분이기도 하다. 왜냐하면, 실제로 우리가 제품을 구매하는 상황(생리적 욕구, 안전의 욕구, 사회적 욕구 등)이나 어떤 의사결정을 내려야 할 때 한 가지 이상의 욕구가 동시에 발생하고 그것을 충족시키려고 하기 때문이다. 하지만 인간의 기본적인 욕구를 설명한다는 측면에서는 많은 기여를 했다. 이들을 각각 구분하여 설명하면 다음과 같다.

1. 생리적 욕구(Physiological needs)

사람이 생활하면서 먹고, 자고, 입는 것과(의 · 시 · 주 · 성) 관계된 삶의 가장 기본적인 욕구를 말한다. 실제적으로 생리적 욕구의 대부분의 요소들은 사람의 직업이나 임금수준, 작업환경등과 관련되어서 나타날 수 있는 점이 대부분이다.

2. 안전의 욕구(Safety needs)

안전 또는 보장(Security needs)의 욕구라고도 표현한다. 부모가 자식들에게 안부의 인사를 나눌 때나 운전을 할 때나 길을 건널 때 조심하게 되고 그렇게 표현하는 부분을 예로 들 수 있겠다. 즉, 인간의 신체적인 위험, 여러 가지 불특정한 환경으로 부터의 위험, 직장에서의 직업특성상의 위험 등으로부터 벗어나고자 하는 욕구를 말한다. 최근에는 사람들의 수명이 길어짐으로 해서 나타나는 고령화 사회에서의 노후의 삶에 대한 심리적인 부담감을 줄이려고 하는 욕구들이 팽배해지고 있다. 그것을 겨냥한 새로운 타겟 시장이 형성되고 제품들이 생산되는 것이 현실이다.

3. 사회적 욕구(Social needs)

'인간은 사회적동물이다' 아리스토텔레스의 말처럼 누구나 사람들과의 관계 속에서 더불어 살아가고자 하는 욕구를 말한다. 어린아이들이 사춘기에 접어들면서 정체성을 확인하게 되는데 친구들 간의 우정이나 이성간의 교제를 하게 되는 것 뿐만 아니라 성인이 되어서도 직장이나 또 다른 단체에 귀속되어서 함께 하기를 희망하는 욕구를 말한다.

4. 존경의 욕구(Self - esteem needs)

옛 속담에 '찬물도 위·아래가 있다.' 라는 말이 있듯이 다른 사람으로부터 자신의 위치를 알려주고 거기에 맞는 존경을 받고자 하는 욕구를 말한다. 또한 자신에 대한 존중감을 높이는 욕구로서 성취욕이 강한 사람들은 일반적으로 자아존중감이 높은 경향이다. 직장에서 업무를 통해서 뛰어나고 싶은 욕구, 타인보다 독특하고 차별성 있고 싶어 하는 욕구, 이러한 욕구들의 실천에 따른 성과로 (승진, 보상 등) 인정받고 싶어 하는 욕구를 말한다.

5. 자아실현의 욕구(Self - actualization needs)

자신이 가지고 있는 달란트를 찾아내고 발전시키려는 노력을 하는 것으로써 부족한 부분을 배우고자하는 학문에 대한 열정이나 동호회에 소속되어 자신의 끼를 맘껏 발산하며 자신의 존재감을 확인하고, 능력에 만족 하는 욕구를 말한다. 개인의 끊임없는 자기계발을 통하여 스스로의 만족과 더불어 각각의 결과에 대한 의미를 부여하며 가치관을 정립 해가는 가장 상위의 욕구를 말한다.

자신을 잘 경영 해나가는 대표적인 인물 - 안철수 교수

의사, 프로그래머, 경영자 안철수 교수는 의대에서 기초의학을 연구하면서, 컴퓨터 바이러스에 호기심을 갖고 결국은 백신프로그램을 만들어낸다. 그 후 컴퓨터프로그램을 위하여 의대 교수직을 사퇴하고 안철수 연구소를 설립하는 과감한 결정을 내린다. 안 교수는 어느 대학의 강연에서 성공이나 실패나 똑같이 발목을 잡는다고 표현한다. 인생의 중대한 결정을 할 때는 성공했거나 실패했던 과거를 잊어버리는 것이 중요하며, 과거에는 상관없이, 과감한 결정을 내려야하고, 그 결과에 욕심을 내어서도 안 되며, 선택에 주어진 상황만 보고, 그 선택에 대하여 의미를 붙이고 재미있게 느끼고 잘 할 수 있는지를 생각하라고 한다.

2장

경영의 개념적 정의

2.1 경영이란? (What is management?)

우선 Management라는 단어를 풀어보자.

Management = Man(사람) + age(나이) + ~ment

로 풀어볼 수 있다.

사람이 나이가 들어가면서 겪게 되는 시행착오와 경험들의 결과로 단순하게 설명할 수 있다. 즉 장·단기적으로 목표를 달성하기 위하여 관계요인들의 유기적인 활동을 통해서 만족할 만한 성과를 이루어내는 것을 의미한다고 하겠다. 또한, 사람이 생명을 유지하고 살아가기 위해서는 음식을 먹고 다른 환경으로부터 상호 에너지를 주고, 받는 것처럼 조직 또한 내·외부환경과의 상호작용을 통해서 유지하고 성장해 나가게 된다.

경영을 사전적 정의에 따르면 재정을 제외한 가계·기업·기타 국민 경제를 구성하는 개별 경제의 단위라고 요약 정의되어 있다. 경영은 경영학의 연구대상을 이루는데, 경영학의 방법론의 상의에 따라 여러 가지 의미로 사용된다. 특히, 미국의 경영학은 개방시스템(open system)에서의 관리(Managing)의 개념으로 경제성의 원리에 따른 개별경제의 활동으로 보고, 경영의 대상을 영리·비영리 조직을 포함한 경영활동의 의사결정과정 시스템으로 인식하고 있다.

개인이나 조직은 어떠한 목표를 달성하기 위해서 여러 가지 노력을 기울이게 된다. 일반적으로 최소의 비용으로 최대의 효과를 기대하는 경제원리가 작용하게 되는데, 요즘 같이 급속하게 변하는 환경의 구조 속에서는 무엇보다도 시간을 줄이(reduce time) 려는 "속도"의 개념이 가장 중요하게 다루어지고 있다. 그것은 바로 비용을 줄이게(reduce cost, reduce time)됨으로써 수익과 직결되기 때문이다. 이러한 효율적인 운영과 성장을 기대하기 위해서는 적극적이고 진취적인 활동의 경영이 필요하다.

<그림 2.1>에서 보는 것과 마찬가지로 환경 속에서 상호작용하는 요인들의 기본적인 흐름이 투입, 변환, 산출의 과정을 반복해서 거친다. 투입요소에는 사람, 자본, 정보, 전략 등 인적, 물적 자원을 투입하게 되고, 그 투입된 요소들이 계획, 조직, 조정, 통제활동을 통해 변환되어 산출의 형태로 나타나게 되는 것이다.

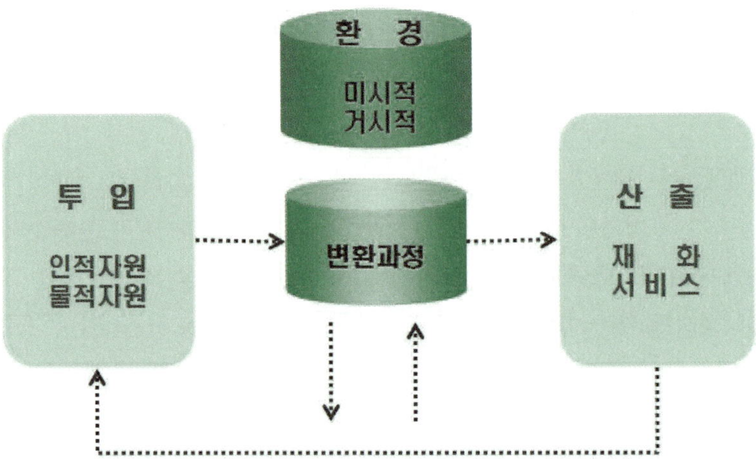

그림 2.1 개방된 환경에서의 기본적인 경영 과정

따라서, 경영은 개인이나 조직이 그들의 목적을 달성하기 위하여 인적 · 물적 자원을 투입하여서 계획 · 조직 · 조정 · 통제 활동을 통해 재화나 서비스를 생산해내는 연속적인 과정이다.

2.2 경영자란? (What is manager?)

Manager라는 말의 의미를 일반적으로 주로 "스타"나 연예인들을 관리해 주는 사람을 매니저라고 흔히들 이해하고 있는 것처럼 관리자 또는 경영자라고 하는데 그 속에는 계획을 비롯한 전체적인 포트폴리오를 구상하고 운영한다는 의미를 내포하고 있는 것이다.

경영자는 조직을 운영하는 단체(종교단체, 대학, 군대, 정당, 악단, 기타 등)를 책임지고 있는 단체장이나 영리를 추구하는 기업의 최고책임자가 경영에 관하여 전반적인 의사결정을 내리고, 경영활동의 전체적으로 수행하는 역할을 맡게 되는 것이다.

따라서 경영자(Manager)란 개인이나 조직이 그들의 목적을 달성하기 위한 최고의사결정을 내리고, 일련의 경영활동과정을 시스템적으로 수행해 나가는 주체이다.

2.3 경영자의 유형과 역할

경영자는 조직의 성격에 따라 요구되어지는 역할도 다르고 유형도 구분되어진다. 그 기준은 소유권과 경영권을 얼마나 차지하고 있느냐에 따라 나누어 질 수 있다. 일반적으로 소유경영자, 고용경영자, 전문경영자로서 그 유형을 구분한다. 조직의 규모가 커짐에 따라 소유권이 주식의 형태로 나누어지고 변하게 되고 크기의 정도에 따라 전문경영인이 필요하게 된다.

(1) 경영자유형

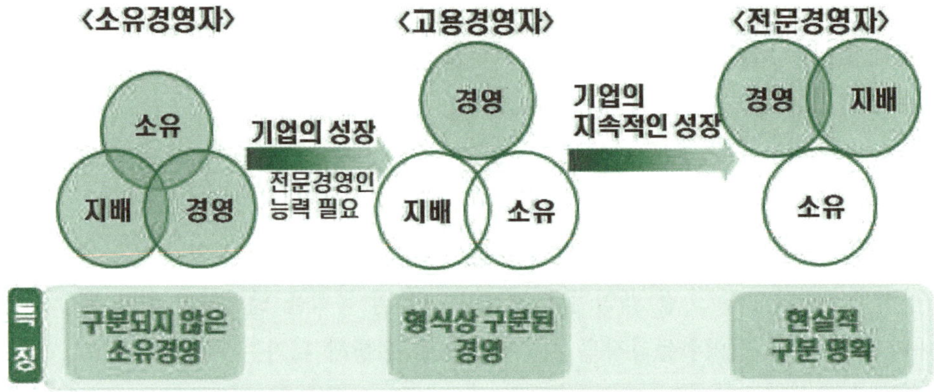

그림 2.2 경영자유형

1) 소유경영자

개인이 자본의 출자와 경영활동을 하는 경영자를 말한다, 소유경영자는 기업을 운영하는 전체적인 기능(자금조달 및 운용, 의사결정, 계획, 조직, 조정, 통제 등)을 담당한다. 일반적으로 중소기업이나 소규모 기업에서 볼 수 있는 경영자 유형이다. 그러나 대규모 조직에서도 자본의 출자의 크기의 정도와 그 조직의 경영에 직접 참여한다면 소유경영자라고 할 수 있다.

2) 고용경영자

기업의 성장에 따라 조직의 규모가 커지게 되면 경영활동이 복잡해지는데 소유경영자의 능력의 한계에 부딪히게 됨으로써 다른 사람을 고용하여 경영관리기능을 위임하게 되는 형태를 말한다. 고용경영자는 위탁받은 기업이 대리경영자로서 그 기업의 경영활동을 수행하여 기업가의 이익을 대신 달성하게 해 주는 것이다.

3) 전문경영자

기업의 경영활동의 정도가 매우 복잡해짐에 따라 빠르게 변화하는 환경의 변화에 탄력적으로 대응하는 전략을 수행할 수 있는 전문적인 능력을 발휘할 수 있는 경영자가 필요하게 된다.

또한 주식회사의 형태를 기업들이 주주들의 소유주식에 따라 지배구조에 영향을 미치게 된다. 이러한 이해관계로 인해 기본적인 기준이 설정되고, 그에 따른 전문적인 지식과 능력을 갖춘 전문경영자가 등장하게 된다.

최근에는 전문경영자로 인해 소유와 경영의 분리가 가능해 졌으며, 주주 및 이해관계자들의 영향력에 의한 기업운영보다는 전문적이고 공익성을 가진 전문가의 경영활동이 두드러지는 편이다.

(2) 경영자역할

경영자의 역할은 경영활동을 체계적으로 연구한 대표적인 Mintzberg의 연구가 있다. 그는 경영자의 역할을 크게 대인관계(Human relationship), 정보관리(Infomation management), 의사결정(Decision making) 세가지 관리활동으로 구분하였다

표 2.1 경영자의 역할

구 분	역 할	내 용
대인관계	① 대표자・상징적 우두머리 역할	조직을 대표하는 역할로서 조직・내・외부의 행사 및 법적인 부분과 행정 처리에 서명을 하는 대표자의 역할
	② 리더	직원들의 동기부여 및 인적자원관리(모집・선발・훈련 등)활동에 대한 책임을 진다. 아울러 조직 구조간의 통합이나 OJT 및 승진・해고등의 역할
	③ 메신저	외부환경의 변화에 따른 정보수집 및 확보와 더불어 이해관계자들의 관계 유지 및 조정 역할

표 2.1 경영자의 역할

구 분	역 할	내 용
정보관리	① 정보탐색	외부환경의 변화와 조직 내부의 갈등 및 변화의 움직임을 수시로 살리며 유용한 정보를 탐색하고 분석·평가 하는 역할
	② 정보 보급	조직 내·외부의 정보탐색을 통해 얻은 정보를 조직 구성원에게 알려주는 역할
	③ 대변인	각 계층별로 주어진 업무 결과에 따른 보고를 하는 성격을 띠는 것으로서 조직 내·외부의 환경요인들에게 조직의 경영활동 전반에 관한 정보를 알리는 역할
의사결정 활동	① 기업가	기업 운영 전반에 따른 아이디어 확보 및 실행과 더불어 경영상태의 개선에 대한 노력
	② 혼란조정자	조직 내 구성원들의 갈등 조정 및 위기 상황에 대한 대책 마련
	③ 자원할당역할	경영활동의 투입요소(사람·자본·정보 전략)들의 적정한 배분 및 Pertcpm에 따른 시간 및 자본조정
	④ 협상자	기업 활동에 필요한 내·외부 계약 과정을 대표·협상하는 역할

출처 : Henry Mintzberg, "The manager's Job : Folklore and fact," Havard Business Review, July-August 1975, pp49-61

2.4 성공적인 경영자란?

시시각각으로 급변하는 시장 환경에서 성공하기 위해서 경영자에게 요구되는 것은 그러한 변화에 대응하고 도전하는 혁신적인 자세가 필요하고, 글로벌한 시장에서 고객지향적인 마인드를 가진 경영자가 되어야 할 것이다. 또한 내부고객이라고도 표현하는 종업원들의 동기부여를 잘 시켜서 조직운영의 효율성을 높이는 리더십 있는 경영자가 되어야 할 것이다. 그러기 위해서는 경영자의 긍정적인 자세와 끊임없는 열정과 도전의식이 필요하다.

무엇보다도 1차적으로는 자기관리를 체계적으로 수행하는 지혜로운 경영자가 우선적으로 되어야 한다. 기업의 최고의사결정권자인 CEO(Chief executive officer)가 되기 전에 자신의 문제를 잘 해결해 나가는 최고의사결정자인 "최고경영자-나"-CEI(Chief Executive I)로서 준비가 먼저 되어야 할 것이다. 그러기위해서는 자신의 가치를 높일 수 있는 요소를 발견하고, 끈임 없는 노력과 변화에 대한 도전적인 자세와 적극성이 필요하며, 성실함과 열정이 전제되어야 한다.

2.5 나를 둘러싸고 있는 환경은?

경영자(개인 · 조직)는 자신을 중심으로 상호작용하는 환경요인과 다양한 관계요인을 분석해 볼 필요가 있다. 그것을 수식으로 표현하면 다음과 같다.

$$P = f\,[M, E, RF]$$

(P : performance, M : manager, E : environment, RF : relation factor)

사람들은 누구나 자신을 둘러싸고 있는 환경들과의 상호작용 속에서 의미를 부여하여 행복이라는 가치기준을 나름대로 정하고 생활한다. <그림 2.3>에서 보는 것처럼 자신을 중심으로 미시적 환경요인(가족, 친구, 동료, 기타)과 기업인의 경영활동에 직접적인 영향을 미치는 과업환경요인(정부, 노동조합, 주주, 고객, 경쟁자, 공급자, 금융기관, 언론기관 등) 그리고 사회 전체적으로 경영활동을 수행하는 모든 조직이나 기업에 영향을 미치는 거시적인 환경요인(정치, 법률, 경제, 기술, 사회, 문화, 국제환경)이 있다.

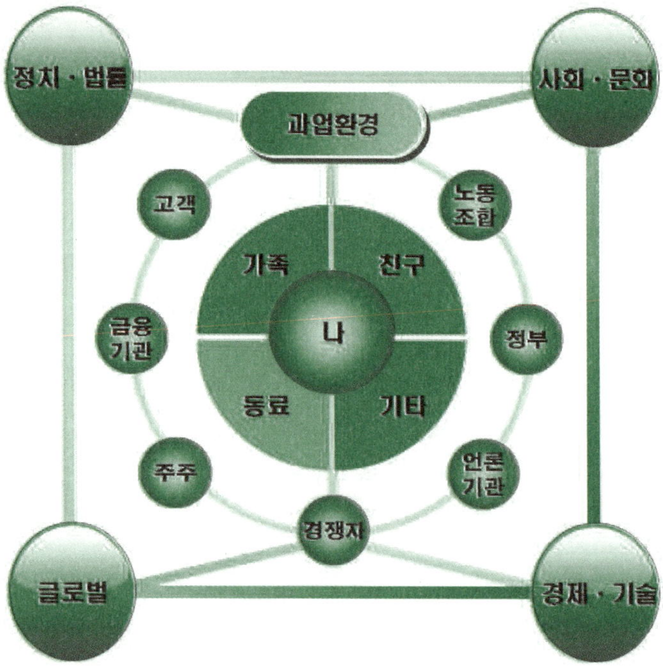

그림 2.3 Are you happy?

(1) 거시적환경요인

- 정치 · 법률 : · 개인이나 조직의 활동에 영향을 미치게 되는 각종 규제와 법적인 제약을 말한다.(예 : 상법 · 세법, 독과점규제법, 소비자 보호법, 공해방지법, 노동법 등)
  · 그 시대 사회의 정치 성향이나 권력의 집중도에 따라서도 개인이나 조직은 활동에 영향을 받게된다.(예 : 정권 교체시 정책 변경, 기업의 구조조정 등)
- 경 제 : · 시장 경제내 영향을 미치는 요인들의 변동은 개인이나 조직의 활동에 영향을 받는다. (예 : 물가, 금리변동, 환율 등)
  또한, 사회 전체적인 경기 성격(호황, 침체)에 따라서도 영향을 받게 된다.

■ 기 술 : ・18개월마다 컴퓨터 처리 속도가 달라진다는 무어의 법칙처럼, 빠른 기술적 변화(정보통신, 컴퓨터, 바이오 등)는 급속도로 이루어지고 있다. 이러한 환경의 변화에 민첩한 대응전략이 필요하다.

■ 사회・문화 : ・한 개인이나 조직의 성격을 나타내는 것(전통, 가치관 등)을 문화라고 한다. 이 문화는 개인(조직)의 활동과 가치관에 영향을 미친다.(예 : 여성의 권익 보호 주장, 3D 업종 기피현상, 다문화 가정 탄생 등)

■ 글 로 벌 : ・인터넷의 급속한 발달과 빠른 성장은 세계시장을 한 눈에 움직일 수 있을 정도의 속도와 정보 전쟁속에 살고 있으므로 이러한 영향요인은 앞으로도 개인(조직)에 큰 변화를 요구하는 환경요인이다.

(2) 과업환경

■ 정 부 : ・정부는 국가 경제를 활성화시키고 리더하면서 여러 가지 기업활동을 지원하거나 법을 통하여 제한하기도 한다. 벤처기업 육성, 특별 금융지원, 규제완화 등 기업이 경영활동을 수행하는데 커다란 영향을 미친다.

■ 노동조합 : ・조직을 구성하고 있는 종업원들이 자신들의 의견을 대표하는 조직의 형태로서, 노조는 의견을 제사하거나 파업 등의 방법으로 기업활동의 방향을 수정하도록 영향을 미친다.

■ 주 주 : ・기업의 주식을 구입하는 형태를 취하고 있으며, 주식보유수나 그 특징에 따라 대주주 또는 소액주주 집단으로 구분되어 지는데 그들은 주주총회에서 대표이사를 임명하거나 이사를 선출하여 경영활동의 방향에 영향을 미친다.

■ 고 객 : ・제품에 대하여 구매력이 있는 사람들을 넓은 의미로 소비자라고 표현한다. 고객은 기업의 매출에 영향력을 줄 수 있는 실제적인 구매자라고 할 수 있다. 최근에는 기업간 경쟁이 심화됨에 따라서 고객의 역할

과 기업에 미치는 영향력이 커지고 있다. 특히, 인터넷을 이용한 여론을 주도하여 기업 경영활동에 제동을 걷기도 한다.

■ 경 쟁 자 : · 기업발전에 가장 큰 영향력을 미치는 환경으로서 같은 시장을 두고 시장점유율과 성장률로서 경쟁을 한다. 환경의 변화에는 가끔씩 파트너십을 발휘하여 전략적인 대처를 하기도 한다.

■ 공 급 자 : · 제품의 원료공급이나 제품을 생산하기 위해 사용되어지는 자원을 제공하는 개인 또는 조직을 말한다. 특히, 공급자나 협력업체들의 전문성이 높아지고 발달 되므로 상호 밀첩하고도 보완적인 관계를 이루어야 한다.

■ 금융기관 : · 기업 경영활동에 필요한 자금을 대출해 주거나 수신 기능을 담당해 주는 기관(보험 · 은행 · 증권 · 신용금고 등)을 말한다. 기업은 금융기관을 통해 자금을 원활하게 운용할 수 있도록 지원을 받게 됨으로써 상호간의 긴밀한 관계가 요구된다.

■ 언　　론 : · 인터넷을 비롯한 각종 매스컴들은 기업의 이미지에 직 · 간접적인 영향을 미친다. 기업은 이 언론을 적극적으로 활용하여 전략을 사용한다.

Part 2

How to!

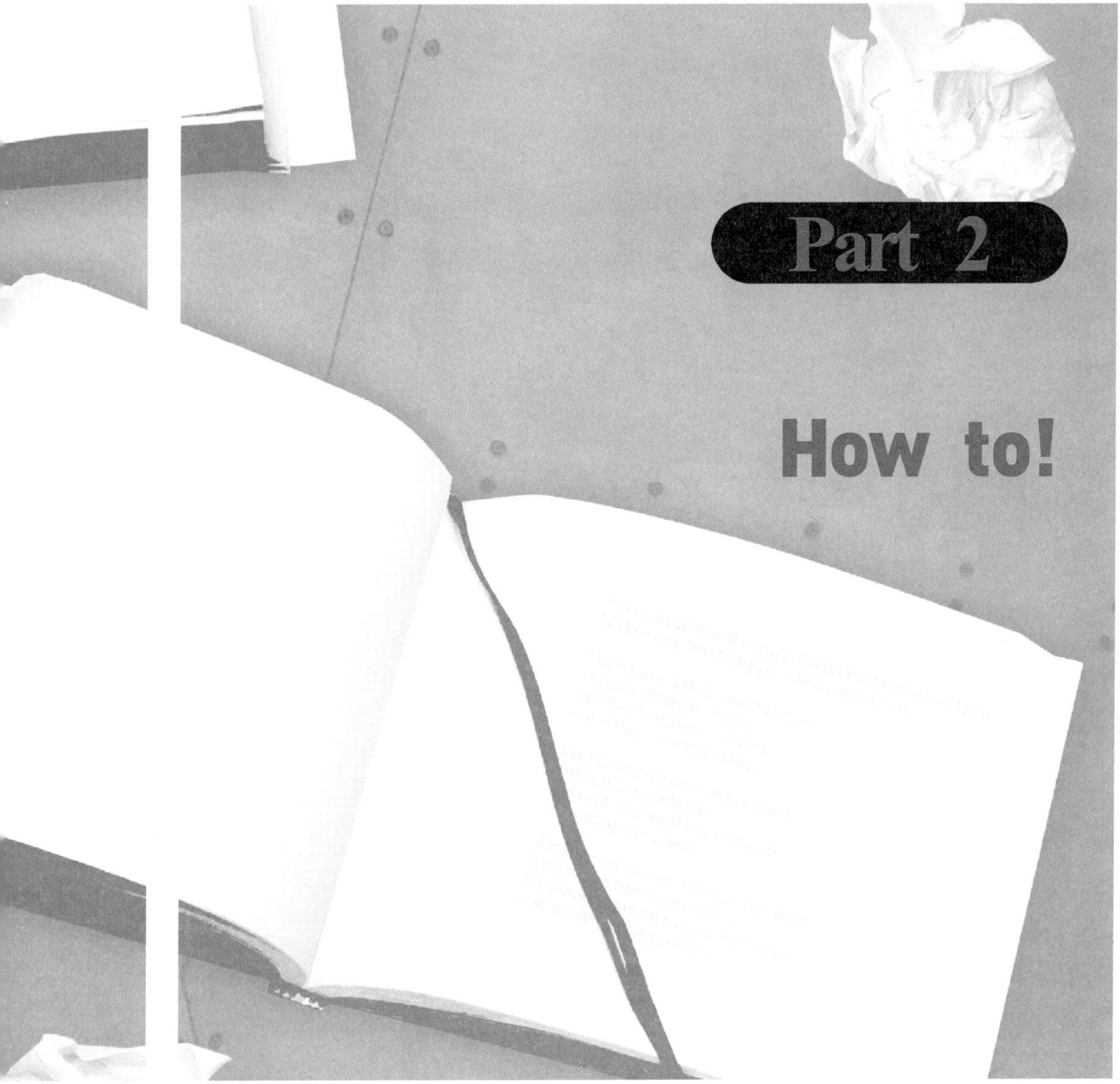

창업

3.1 창업이 필요한 이유

(1) 환경적 요인

급속하게 변화하는 국·내외시장 환경은 개인이나 기업이 탄력적인 경영활동을 해야 하는 가장 근본적인 이유이다. 기업의 구조조정이라는 부분은 결국 평생 자신을 몸담고 일해 온 직장을 포기해야 하므로 평생직장이라는 개념이 흐려지고, 평생 직업을 갖게 되는 새로운 직업관이 생기게 된다. 평생 직업이라는 개념이 더 현실적으로 느껴지고, 적용이 빠른 대상은 비단 은퇴를 앞둔 직장인뿐만이 아니라 청년들의 일자리 창출이 더 큰 문제로 부각되고 있는 것이 현실이다.

2010년부터는 일자리 창출이 우리나라 국가 시책으로 해결해야 할 주요과제로써, 그 대안으로 창업에 대한 관심은 더욱더 높아진 상태다.

특히, 1인 창업에 대한 정부의 제도적 지원은 창업을 희망하는 사람들의 창업아이템을 개발하고 사업화시킬 계획이다. 이러한 창업의 바람이 불고 있고, 다양한 형태로 창업관련 사업이 발전되는 이유는 인터넷의 발달로 소비자를 비롯한 시장 환경의 변화와 더불어, IT 기술의 발달은 개인주의적 성향이 더 강해지면서 개인의 창조적인 성향을 공유할 수 있는 새로운 문화나 시장 환경이 탄생하게 된다.

예로서 독일은 1인 기업지원 프로그램을 만들어 사용하고, 미국은 민간협회 위주의 캠페인을 벌이면서 1인 기업에 대한 다양한 정책을 정부차원에서 지원하고 있다. 우리나라도 아이디어와 창의적인 서비스로 승부하는 1인 창조기업을 적극 돕겠다고 발표하였다.

(2) 개인적 특성

사람은 누구나 무엇을 팔아서 살아간다는 로버트 루이스 작가의 말처럼, 사람은 노동을 통해서 재화를 받아들여야 하는 것이 기본적인 삶의 방식이다. 따라서 환경변화에 대한 위기의식을 기회로 삼는 긍정적인 마인드를 가지고, 창업에 대한 눈을 떠 보는 것 또한 새로운 도전이 될 것이다.

인간은 가장 기본적인 욕구를 충족하고도 성취욕구를 달성하고자 하는 본능을 가지고 있다. 개인의 역량을 발휘하는 창조적인 사고나 도전적인 정신이 그러한 욕구를 뒷받침 한다고 볼 수 있다. 그것을 적용할 수 있는 새로운 물질 개발 및 특허・새로운 교육 문화 및 제도, 실생활의 아이디어 개발 및 제품특허, 대체 에너지의 개발, 신약개발 등은 모두 새롭고 창의적인 도전이며 새로운 성과이다. 그 성과물을 제품으로 시장에서 보급될 수 있는 것이 넓은 의미에서의 창업이라고 할 수 있다. 또한, 사람은 개인과 관련된 여러 가지 형태의 환경과의 관계 속에서 의사결정하고 행동을 하는 자율성과 독립성을 가지고 있다. 어떤 행동을 하는데 있어서 자신의 능력과 책임이 수반되므로, 그에 따른 결과를 가지고 행복의 기준을 삼기도 한다. 그러한 행복을 추구하기 위해서 사람은 계획(Plan)・실행(Do)・평가(See)의 단계를 반복해서 거치며 생활한다.

➥ 정부의 창업지원 정책

<정부, 2012년까지 기술창업 등 3대 분야서 청년 창업자 3만명 양성>

정부는 2010년 8월에 청년창업과 관련하여 2012년까지 3만명의 청년 창업자를 양성하겠다고 발표했다. 그 분야는 기술창업과 지식창업, IT응용 등 3대 분야 이다. 중소기업청은 "제9차 국가고용전략회의"에서 '청년기술・지식창업 지원대책'을 보고했다. 그 내용은 유망분야별 청년 창업자 양성・위기극복 및 지속성장 지원・실패기업의 재기지원・기업가정신 확산이다.

먼저, 청년창업자 3만명 양성은 기술창업, 지식창업, IT응용 등을 3대 유망분야로 설정하여 정부의 지원이 대학과 연구기관은 기술창업, 지자체는 지식창업, 산업체는 IT응용부분을 공동으로 추진하게 된다.

기술창업 활성화를 위해서 2011년에는 예산은 788억원으로 지원사업규모를 확대하여 아이디어 개발초기부터 제품으로 완성될 때까지 전 과정을 지원할 예정이다.

지식창업분야는 서울시에서 시행하고 있는 청년창업모델을 전국으로 확대하여 2011년 4월까지 3200명 이상의 청년창업자를 선발 및 양성할 계획이다.

IT응용 분야는 1인 창업이 용이한 신규 분야에 대해서 창업지원 대책을 수립할 예정이며 대학에 앱 창작터(11곳) 및 글로벌 앱 지원센터를 설치・운영함으로써 2012년까지 청년 앱 1만명을 양성할 계획이다.

- 창업R&D지원 및 특례지원 확대= 창업기업 전용 R&D사업 규모를 2011년에는 1000억원으로 증액해 창업 3년 이내 초기기업의 기술력 강화를 위해 투자된다. 150억원 규모의 '엔젤투자 매칭펀드'를 새로 조성하여 청년 창업에 대한 엔젤투자 확대를 유도한다.
- 기업가정신 확산 및 실패기업 재기지원=정부는 범사회적 기업가정신 확산의 컨트롤타워 역할을 수행할 민관 합동의 '청년 기업가정신재단'설립을 확정하고 내년까지 200억원 규모의 재원을 조성한다. 녹색성장 분야 등에 대한 기술보증 지원 시 벤처기업 CEO의 연대보증범위를 해당 보증금액의 일정비율로 축소해 연대보증 의무를 완화하고 올해 중 벤처기업 CEO에 대한 신용회복지원의 신청요건도 확대, 벤처 CEO의 채무상환 부담경감을 시킨다.

3.2 창업의 개요

(1) 창업이란?

창업이란 새로운 가치를 창조하는 과정(Creation Process)으로써, 필요한 시간과 노력의 투입을 요하며, 수반되는 위험을 감수해야 하며, 성공적일 경우 금전적인 보상과 개인적인 만족감, 그리고 독립감을 보상으로 제공해 준다고 정의하였다.[1](이상문 외 2007)

또한 창업이란 창업자가 이익을 얻기 위하여 자본을 이용하여 사업아이디어에서 설정한 재화와 서비스를 생산하는 조직 또는 시스템을 설립하는 행위라고 정의하였다.[2](김태규 2002)

Joseph A.Schumpeter[3](1983)는 창업을 새로운 것으로 변화시키는 하나의 과정으로 보았고, 그 방법은 기존의 방법을 파괴하는 "창조적 파괴(Creative destruction)"의 힘이라고 하였다.

결국, 창업이라는 것은 새로운 것에 대한 도전이며 혁신적인 작업이라 할 수 있다. 다시 말해서, 개인이나 조직이 그들의 목표(가치창출, 만족, 이윤추구 등)를 달성하기 위하여 새로운 사업을 시작하여 경영자로서 경영활동을 새롱해 나가는 연속적인 과정이라 하겠다.

(2) 1인 창업이란?

1인 창조기업협회의 정의에 따르면, 1인 창조기업이란 "개인의 창조적인 아이디어나 기술, 전문지식 등을 가진 사람이 운영하는 1인중심 기업"이라고 표현한다. 사업자 등록을 해서 창업활동을 하는 개인사업자, 주식・유한회사의 법적기업이 있고, 예비창업자나 프리랜서의 형태를 취하는 잠재적 기업까지도 표현할 수 있다.

즉, 1인 창업이란 경쟁 환경에서 개인이 행복한 삶을 추구하기 위한 필요한 요소들(가치창출・만족・부)을 획득하고자 하는 선택의 지속적이고도 반복적인 순환과정을 겪는 경영활동을 말한다.

그 속에는 자신의 강점(핵심역량)을 살릴 수 있는 Fit한 요인(아이디어, 기술, 전문지식)을 찾아내고 개발하며, 현실적 상태와 이상적 상태와의 차이점(gap)을 극복하려는 의지와 집중력을 겸비한 몰입(Commitment)의 세가지 요소가 서로 합쳐져서 성공요인으로 작용하게 된다.

1인 창업의 장점은 무엇보다도 CEI(Chief Executive - I, 최고경영자-나)로서의 실천이

1) 이상문 외 "벤처창업과 성장전략"(2007) p23~24. 박영사
2) 김규태. "창업경영과실무" p17. 형설출판사
3) Joseph A.Schumpeter, The Theory of Economic Development : An Inquiry into profits, capital, credit, interests, and the business cycle(New Brumswick is Transation, 1934,1938) p66

더 명확해진다는 것이다. 모든 일에 대하여 스스로가 독립적인 의사결정을 내릴 수 있으며, 그에 따른 모든 책임과 행동이 자유롭고 창업하기 때문에, 직무에 대한 만족도와 열정이 무한하게 쓰여 진다는 사실이다. 그런 부분에서 지속적인 계발은 전문적인 지식이 쌓여지게 되고, 그 분야의 전문가가 되는 것이다.

이에 반해, 단점은 외롭고 힘든 작업이므로 각종저항(과도한 업무수행, 건강 등)을 극복하는 창업가 정신이 필요하다.

➥ 창업 성공 및 실패사례

[1인창조기업] 스마트폰 대세? 어플로 전세계와 경쟁한다. - 성공사례

1인 창조기업에 대한 대중들의 관심이 뜨겁다. 실업난이 가중되고, 구직자들이 적성을 고려한 직업을 찾다보니까 이왕이면 '소호'창업에 눈을 돌리는 사람들이 많아졌기 때문이다.

1인 창조기업은 문화 콘텐츠, IT, 제조업 분야에서 창의적인 아이디어나 전문기술을 갖고 있는 사람들이 경제 활동에 나서는 것을 의미한다. 이는 주로 지식서비스 분야를 의미하며, 분식집이나 슈퍼마켓 운영 등 생계형 분야와는 구분된다.

한국콘텐츠진흥원(이하 콘진원)은 지난 2009년부터 1인 창조기업을 시범 사업으로 운영하고 있다. 문화부와 중소기업청에서도 예비 창업자들이 성공할 수 있도록 전폭적으로 지원하고 있다.

우선 1인 창조기업의 대상자로 선정되면 사무실을 지원 받는다. 만약 세무 법률회계 특허 등 전문 상담이 필요할 경우에는 전문가들과 연결시켜준다. 콘텐츠 특화 창업교육, 세미나, 공개강좌 등을 통한 교육 지원도 아끼지 않는다. 물론 1인 창조기업을 위한 홍보 마케팅도 신경쓴다. 콘진원은 이 모든 것을 무료로 지원한다.

그렇다고 해서 무조건적인 투자는 아니다. 콘진원은 1인 창조기업으로 결정된 업체에 사업비의 70%만 지원한다. 과제별 한도액은 4000만원, 나머지는 자비로 내야한다.

2010년 1인 창조기업으로 선정돼 콘진원의 지원을 받은 업체는 8군데, 왓슨 테크놀로지, 앱툴, 플레이버 프로젝트, 문와쳐, 캘커타 커뮤니케이션즈, 포브, 더불에이스, 온오프믹스 등이 콘진원과 중소기업청의 지원을 받고 있다.

이 가운데 최근 스마트폰 어플을 이용해 성장하고 있는 업체들이 눈에 띈다.

캘커타 커뮤니케이션즈(대표 고윤환)는 기존의 웹사이트를 모바일 웹 사이트로 자동 변환시켜주는 솔루션을 기반으로 모바일 웹 사이트 구축 및 모바일 사용자경험(UX) 컨설팅 서비스를 제공하고 있다.

캘커타 케뮤니케이션즈에서 만든 '앱랭킹'은 18개국가의 앱스토어 인기도를 수집, 세계 최초로 지능형 랭킹 히스토리 정보를 다양한 플랫폼으로 제공한다. 하루 45만건으로 자료가 방대하지만, 아이디어와 기술력으로 캘커타 케뮤니케이션즈는 이 분야를 선점했다. 자체 연구개발한 '어플 전문 랭킹 서비스'로 앱스토어 인기도 및 시장 분석을 하고 있다.

캘커타 커뮤니케이션즈가 만든 모바일 심파일에도 주목할 만하다. 웹에서 볼 수 있는 심파일을 그대로 모바일에 이식한 것. 이런 독특한 아이디어 때문에 캘커타 커뮤니케이션은 흑자 상태로 전환됐다.

'포브'(대표 이양현)는 스마트폰 어플리케이션을 전문으로 서비스하고 있다.

2008년 11월 설립 이후 교육, 게임, 음악, 소셜네트워크 등 다양한 장르의 어플리케이션 개발 사업을 진행, 현재 총 20개가 넘는 어플리케이션이 상위권에 랭크되어 있다.

최근 교육부문 영어학습 어플로 한국 앱스토어 매출부문 1위를 차지했다. 유로어플로는 4주 연속 1위. 음악 부문에서는 미국 앱스토어에서 유로 어플 2위를 차지하며 기대주로 떠오르는 업체가 '포브'다.

이 외에도 포브는 교육 게임 등 다양한 어플리케이션을 개발할 수 있는 기술력을 갖고 있고, 글로벌 역량을 갖춘 소프트웨어를 개발하기 위해 노력하고 있다.

온오프믹스(대표 양준철) 2007년 웹 2.0과 함께 시작된 온오프믹스는 소프트웨어 제작 기술을 기반으로 국내 최초 세미나, 모임 플랫폼인 ONOFFMIX 운영 관리하는 모바일 솔루션을 개발했다. 이 업체는 SK텔레콤, NHN, 다음, GM 등 많은 클라이언트들과 함께 성장하고 있다.

콘진원 뉴미디어 창업 경진대회에서 최우수상을 수상했고, 벤처기업인증 등을 거쳐 '모임'이라는 한국적인 콘텐츠를 갖고 일류 벤처기업으로 도약하고 있다.

ⓒ아시아경제 > 1인창조기업 > 어플로 전세계와 경쟁한다.

[스포츠투데이 강승훈 기자] 2010.12.28

➥ 창업 실패 사례

컴퓨터 창업자

중견 PC업체 ㅎ컴퓨터가 결국 부도를 냈다. 지난 23일 어음 24억원을 결제하지 못해 1차 부도를 낸 뒤 최종 시한인 25일까지도 이를 막지 못해 최종 부도 처리됐다. 한때 국내 PC 시장 점유율 '3위'라는 위상이 무색할 정도로 ㅎ사의 부도는 순식간에 이뤄졌다. 물론 부도 자체가 '퇴출'을 의미하지는 않지만 이제 막 회생의 기미를 보이던 ㅎ사 입장에서는 직·간접적인 타격을 받을 수밖에 없는 상황이다.

ㅎ컴퓨터는 여러 면에서 아쉬운 기업이다. ㅎ사는 PC산업의 흥망성쇠를 보여준 몇 안 되는 업체다. 맨주먹으로 시작해 '대박 신화'의 대열까지 올랐으며 치열한 PC시장에서도 유수의 글로벌 업체를 제치고 시장 주도 업체로 명성을 쌓았다. 98년 430억원에 불과했던 매출은 99년 1265억원, 2000년 3325억원까지 뛰었다. 2001년에는 코스닥에 입성하며 벤처 신화를 이어 가는 듯했다.

하지만 2002년 적자가 눈덩이처럼 불어나는 데도 불구하고 ㅎ사는 코스닥 공모 자금으로 사옥을 새로 짓고 TV광고를 포함해 연간 수백억원의 마케팅 자금을 쏟아 부었다. 마지 못해 '막차'를 탄 노트북PC 사업도 사실상 실패로 끝났다. 지금의 강웅철 사장이 결국 ㅎ사를 인수하면서 회생하는 듯했지만 결국 부도라는 선고를 받았다.

ㅎ컴퓨터의 이런 발자취는 바로 국내 벤처의 현주소를 그대로 보여 준다. 데뷔는 화려했지만 종국에는 소리 소문 없이 잊혀 가는 대다수 벤처의 모양새가 꼭 ㅎ사와 닮은 꼴이다. ㅎ사는 한 마디로 변화에 둔감했다. 일각에서는 부도 원인을 PC시장 침체에서도 찾지만 이는 일부분에 불과하다. 연이은 자충수가 지금의 ㅎ사를 만든 것이다.

출처 : 네이버 뉴스 - 속보 → IT,과학 / '[기자수첩]ㅎ컴퓨터 부도의 교훈'

➥ 창업 성공전략 10선

1인 기업 창업 성공전략 10선

경기불황이 깊어지면서 다가오는 2009년에는 1인 기업이 크게 성장할 것이라는 주장이 제기됐다.

대구광역시 인가 비영리민간단체 사랑나눔회 회장 김영문 교수는 "2008년 경기불황은 10년 전인 IMF와는 상황이 조금 다르다"며 "따라서 소자본이나 무점포, 재택 등 1인 기업 창업에 관심을 갖는 예비창업자들이 크게 증가할 것"이라고 예상했다.

또한 2009년은 1인 기업의 시대가 되는 원년이 될 것으로 전망하고 1인 기업 시대 성공전략 10선을 소개했다.

1. 정부의 창업지원제도를 잘 활용하라.

현재 정부는 어느 해 보다도 창업시장의 활성화를 위해 많은 예산을 투입하려고 계획하고 있다. 특히 향후 5년간 18만개의 1인 지식기업을 창업시키겠다고 밝히고 있다. 이에 따라 예비창업자들은 창업하고자 하는 분야의 정부지원정책을 사전에 조사하고 정부의 지원을 받을 수 있도록 꼼꼼하게 준비하는 것이 중요하다.

2. 커뮤니티의 운영을 통해 인맥을 구축하라.

불황기에 창업을 할 때에는 충성도 높은 단골고객의 확보가 적정 매출의 확보를 위해 커뮤니티의 운영이 중요하다. 예를 들어, 커뮤니티는 다음(daum)과 네이버(naver)에서 창업길라잡이 카페(XXX/isoho2jobs)와 같이 운영할 수 있는데, 최근 인터넷쇼핑몰 혹은 오픈마켓(open market) 창업자들도 커뮤니티의 개설과 운영에 속속 나서고 있는 실정이다.

3. 키워드 광고를 전략적으로 활용하라.

1인 기업의 당면 과제는 판로개척이다. 이를 위해서는 다양한 홍보전략이 필요하다. 하지만, 1인 기업의 경우에는 인력과 자금의 한계 때문에 많은 홍보비용을 지출할 수 없는 실정이다. 따라서 포털사이트의 키워드 광고를 통해 목표고객에게 가장 효과적으로 홍보할 수 있는 방법을 선택하는 것이 좋다. 예를 들어, 무차별적인 전단지 광고보다는 월1-2만원의 키워드 광고비만 투자해도 하루에 수십명의 목표고객에게 정확하게 홍보할 수 있다.

4. 틈새시장을 공략하라.

1인 기업은 시장에 공급하는 제품과 서비스의 분석을 통해서 틈새시장(niche market)을 찾고 그것에 집중함으로써 경쟁력이 강화될 수 있다. 그렇게 함으로써 한정된 자원을 효과적으로 배분할 수 있는 것이다. 어떤 틈새시장에 집중할 것인가 하는 것은 기업의 제품과 서비스, 창업자의 경험과 노하우, 시장세분화 등을 통해 결정할 수 있다.

5. 숍인숍 창업에 관심을 가져라.

경기상황이 나빠지면 점포의 보증금, 권리금, 월세 등이 급속하게 하락하게 된다. 몇 달 전에 비해 점포비용이 저렴하다고 해서 성급하게 점포를 구했다가는 매출이 조금 상승한다고 하더라도 점포관련 비용에서 막대한 손실을 볼 수 있다. 따라서 숍인숍(shop in shop) 창업을 통해 창업 준비에 따른 고정비용을 절감하고 여유 자금은 나중의 상황변화를 고려하여 당분간 비축해 두는 것이 좋다.

6. 건강과 체력을 잘 관리하라.

1인 기업은 혼자서 멀티플레이어(multiplayer)의 역할을 감당해야 한다. 그렇게 하기 위해서는 건강을 잘 관리할 필요가 있다. 예를 들어, 가까운 거리는 걸으면서 운동을 대신하고, 컴퓨터, 인터넷, 휴대폰 등과 같은 정보통신기술을 효과적으로 활용하여 시간과 에너지를 절약하는 것도 체력관리에 많은 도움이 된다.

7. 아웃소싱을 통해 경쟁력을 확보하라.

1인 기업이 창업의 시점부터 모든 것을 갖추려고 하면 시간이 많이 소모되는 것은 물론 많은 재정이 필요하게 된다. 따라서 아웃소싱(outsourcing)을 통해 창업기업의 핵심요소를 제외한 다른 것들은 외부에서 조달하는 것이 중요하다. 이를 통해 창업에 따른 제반 비용 및 인력수요를 크게 절감할 수 있다.

8. 해외 창업아이템을 벤치마킹하라.

지난 10여년간 한국의 창업시장을 보면 해외에서 도입되거나 벤치마킹한 창업아이템들이 크게 인기를 끌은 것은 물론 수명 또한 상대적으로 길었다는 것을 확인할 수 있다. 특히 미국과 일본의 창업아이템에 대한 선호도가 높았다. 그렇기 때문에 이미 선진국에서 검증된 창업아이템을 벤치마킹하여 국내 시장의 환경에 맞게 도입하는 것도 좋은 전략이다.

9. 수익모델을 다양화시켜라.

실패한 창업자들의 문제 중의 하나는 바로 한 가지 아이템에 지나치게 집착한 나머지 다양한 수익모델을 찾는데 실패했다는 것이다. 특히 불황기에는 적어도 2-3개의 수익모델 혹은 비즈니스 모델(business model)을 개발하는 것이 필요하다. 수익의 원천을 다양화시키는 것이 중요하다.

10. 1인 기업의 창업자를 브랜드화 시켜라.

1인 기업에서는 제품이 브랜드가 되는 것이 아니라 1인 기업의 창업자가 브랜드가 되어야 한다. 고객은 창업자를 보고 창업자가 제공하는 상품과 서비스를 구매하도록 하는 것이 중요하다. 그렇게 함으로써 1인 기업의 수명이 길어질 수 있다.

출처 : 1인 기업 창업 성공전략 10선|작성자 노보 http://blog.naver.com/tjsdud44/140064053732
창업관련 : http://blog.naver.com/fabmaint?Redirect=Log&logNo=80103262804

3.3 창업의 필수요소

일반적으로 창업을 하는 데는 기본적으로 창업자 스스로가 기업가정신(Entrepreneurship)을 함양하고 있어야 하며, 그림으로 표현하면 다음과 같다.

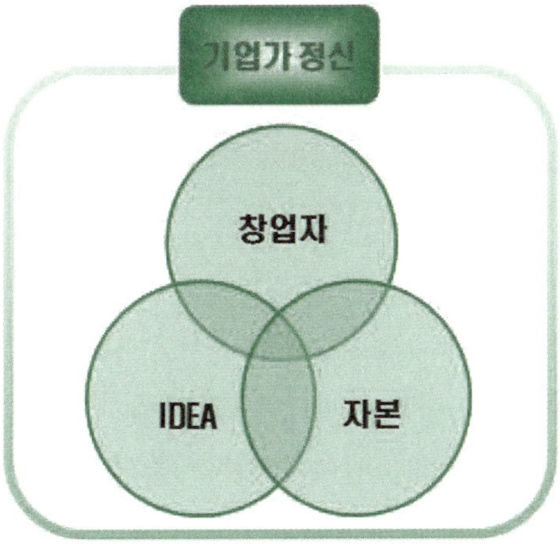

그림 3.1 창업의 필수요소

각각의 요소를 간단히 설명하면 다음과 같다.

(1) 창업자란?(Entrepreneur)

1인 기업 또는 2인 이상의 구성원들이 회사를 처음으로 설립하여 사업을 시작하는 사람을 말한다. 창업자는 새로운 아이디어를 확보하며, 자금의 확보 및 조달을 통해서 사업의 준비단계, 분석 및 시작과 실행과정 등을 주도적으로 이끌어 나간다. 또한 소유자인 동시에 종업원으로서 경영활동을 수행하여 자기사업의 성공과 실패에 대한 책임을 지는 역할을 하는 주체이다.

창업자는 시장경제체제에서 경쟁을 피할 수 없으며, 자원의 희소성 속에서도 수익을 창출할 수 있는 새로운 가치를 창출해 내야 한다. 그러기 위해서는 끊임없이 변화를 추구하는 창업자의 유연성이 요구된다.

창업자는 자신의 가치관과 능력을 토대로 기업 설립 전부터 시작 · 실행 · 실행 후 피드백까지 창업자의 능력을 십분 발휘해야 한다. 이러한 경영활동은 창업가의 기업가정신이 바탕이 되어서 성공적인 창업으로 이끌어 내도록 하는데 매우 중요한 요소로 작용하고 있다.

(2) 창업자로서 갖추어야 할 조건

1) 심신이 건강해야 한다.

먼저, 정신적·육체적으로 건강상태를 잘 유지해야 할 것이며,

2) 개인적 특성

개인적 특성은 자신이 하고자 하는 사업에 대해서는 전문적인 지식을 가지고 있어야 하며(전문성), 새로운 것에 대한 위험부담 및 결단을 내릴 수 있는 도전정신(실험심)이 필요하다. 또한, 성실성과 책임감, 끝없는 아이디어를 개발해 내려는 창조성이 요구된다.

3) 경영능력을 갖추어야 한다.

끝없이 변화하는 환경을 파악하는 민첩함과 분석력이 요구된다. 또한, 포트폴리오를 구축하여 기획을 통한 계획·조직·조정·통제할 수 있는 경영능력자로서의 강력한 추진력이 필요 하다.

4) It's up to you!!

창업자가 되면, 경제에 대한 전반적인 지식을 얻을 수 있고, 다양한 경험을 통해서 사업수완도 배우게 된다. 그 과정을 토해서 물질적으로는 금전적 보상이 주어지며, 자부심과 개인의 자아실현을 통한 만족을 추구하게 된다. 그러나 새로운 가치창출과 만족을 달성하기 위해서는 상황에 따라 불안정한 요인과 난관들이 계속 작용하게 되며, 업무량이 증가되고 때로는 실패도 경험하게 되는 외롭고 힘든 길이 되기도 한다. 마치, 동전의 양면과도 같이, 창업자 자신의 몫으로 받아들이고, 책임져야 되는 부분이다.

(3) 창업자 적성 TEST

다음은 미국의 Baumback이 개발한 도구로써 창업자로서의 적성을 파악 해 보는 검사이다.

표 3.1 Baumback의 테스트(계속)

기 준	그렇다 (3점)	간혹 그렇다 (2점)	그렇지 않다 (1점)
다른 사람과의 경쟁 속에서 희열을 느낀다.			
보상이 없어도 경쟁이 즐겁다.			
신중히 경쟁하지만 때로는 허세를 부린다.			
앞날을 생각해 위험을 각오한다.			
업무를 잘 처리해 확실한 성취감을 맛본다.			
일단 하기로 결심한 일이면 뭐든 최고가 되고 싶다.			
전통에 연연하긴 싫다.			
일단 일을 시작하고 나중에 상의하곤 한다.			
칭찬을 받기 위해서라기보다는 업무 자체를 중요하게 생각한다.			
남의 의견에 연연하지 않고 내 스타일대로 한다.			
나의 잘못이나 패배를 잘 인정하지 않는다.			
남의 말에 의존하지 않는다.			
웬만해서는 좌절하지 않는다.			
문제가 발생했을 때 직접 해결책을 모색한다.			
호기심이 강하다.			
남이 간섭하는 것을 못 참는다.			
남의 지시를 듣기 싫어한다.			
비판을 받고도 참을 수 있다.			
일이 완성되는 것을 꼭 봐야한다.			

표 3.1 Baumback의 테스트

기 준	그렇다 (3점)	간혹 그렇다 (2점)	그렇지 않다 (1점)
동료나 후배가 나처럼 열심히 일하기를 바란다.			
사업 지식을 넓히기 위해 독서를 한다.			
합계			

<평가결과>
63점: '매우 좋은' 창업자 자질을 갖추고 있다.
52~62점: 창업자로 '좋은' 자질을 갖고 있다.
42~51점: 창업자로서 '보통'의 자질을 갖고 있다.
41점 이하: 창업자로서 자질이 '매우 부족'하다.

출처 : Baumback, C. M.(1985) "How to Org. & Oper". a Small Bus. 7th ed. Prentice Hall

표 3.2 대학생들의 창업적성검사(계속)

기준	그렇다 (3점)	간혹 그렇다 (2점)	그렇지 않다 (1점)
주변 사람들로부터 성격이 좋다는 말을 자주 듣는다.			
무슨 게임이든 지기를 싫어한다.			
지금 다니고 있는 학교생활이 마음에 안 든다.			
나는 건강해서 활동하는 데 전혀 지장이 없다.			
주변사람들을 자주 만나는 편이다.			
약속은 무슨 일이 있어도 지키는 스타일이다.			
평소 장사를 해야겠다는 생각을 자주 가졌다.			
창업을 하는 것이 그래도 체질에 맞는다고 생각한다.			
주변 청소가 안되었다 거나 정리가 안 돼 있으면 그냥 지나치지 못한다.			
꼼꼼한 성격이기 때문에 좀처럼 실수를 하지 않는다.			
평소 복장에 많은 신경을 쓰는 편이다.			
예의에 어긋한 행동을 하는 것을 보면 몹시 불쾌해진다.			
평소 사람들과 이야기할 때 자주 웃는 편이다.			
평소 신문을 읽을 때 경제부문에 관심을 갖는다.			
남의 이름을 한번 듣고도 기억한다.			
가족들과 함께 대화를 자주 한다.			
창업정보에 관심을 자주 갖는다.			
직업에는 귀천이 없다는 것에 전적으로 동의한다.			
학교에서 친구들과 자주 어울린다.			
주위에 창업을 한 사람들을 보면 질투를 느낀다.			

기준	그렇다 (3점)	간혹 그렇다 (2점)	그렇지 않다 (1점)
창업을 하는 것이 최고라고 생각한다.			
창업은 누구도 할 수 있다고 생각한다.			
돈을 벌면 불우한 사람들을 위해서 써야 한다고 생각한다.			
평소 친구들의 경조사에는 조사에는 꼭 참가한다.			
남한테 신세지는 것을 도저히 못한다.			
자주 재테크 방법을 생각한다.			
남한테 싫은 소리를 들어도 참을 수 있다.			
사람들을 사귀는데 는 문제가 없다고 생각한다.			
다른 사람이 장사해서 돈을 벌면 부러워한다.			
인내심이 많은 편이라고 생각한다.			
장사에서 가장 중요한 것은 서비스라고 생각한다.			
당장 현금300만원을 친구한테 빌릴 수 있다.			
장사에 필요한 기본자금이 마련되면 당장 시작할 수 있다.			
합계			

<평과결과>

① 90점 이상: 창업에는 소질이 뛰어나다고 생각되며, 성공의 확률이 매우 높다.

② 70~89점: 창업에 다소 흥미가 있는 성격이며, 조금만 노력한다면 매우 좋은 결과를 가져올 수 있다.

③ 69점 이하: 창업을 하기에는 다소 적극적인 사고방식과 서비스 기질이 요구된다. 이점수를 취득한 사람은 부단히 자기개발을 하여 어려울 때 돌파구를 찾을 수 있는 적극적인 사고방식의 전환훈련이 필요하다.

출처 : 김영문(2009), "한권으로 끝내는 창업길라잡이 창업학", 법문사

➥ 창업자의 성공 및 실패 사례

[창업자의 성공사례]

『 개인 온라인 쇼핑몰 』

- 3억 빚쟁이가 4층 건물 주된 인터넷쇼핑몰창업 성공방법

인터넷쇼핑몰창업은 가상공간에 상점을 하나 만들어서 오프라인처럼 판매하기 때문에 더 많은 노력을 해야 합니다. 그 속에서 황금시장처럼 거대한 시장이 존재하고 있는데, 인터넷쇼핑몰창업은 이 시장을 성공으로 이끌어 내기위한 기초단계입니다. 인터넷쇼핑몰창업의 홈페이지를 만들어 호스팅작업으로 웹에 올리고, 물품을 판매하고 성공에 이르기까지의 과정을 작성한 3억 빚쟁이에서 4층건물주된 인터넷쇼핑몰창업 성공노하우 서적이 출판되어 소개드립니다. 내용일부 저는 군복무후 대학2년에 사업(장사)를 시작하였습니다. 컴퓨터에 관심이 많은 저에게 컴퓨터매장 창업은 당연한 인생의 수순이고, XT에서 시작된 컴퓨터판매업은 성공하였습니다. 그러나 너무빨리 성공을 알아버려, 무리한 사업확장과, 세번의 컴퓨터매장 도둑이 들어 꿈을 앗아가 버렸습니다. 방탕과 한숨속에 술을 마시고, 결국 음주운전으로 1년면허 취소! 운전을 할수 없어 인터넷쇼핑몰창업을 결심했습니다. 일단 친구의 판매제품을 쇼핑몰을 만들어 2000년 시작한 인터넷쇼핑몰창업 그것은 인생역전이었습니다. 인생은 새옹지마라는 말이 맞는것 같습니다. 3억의 빚 카드대금, 은행대출, 아버지 환갑잔치가 끝난뒤 부조금을 챙겨서 그냥 올라오면서 전화로 돈좀 빌려간다고 해야 했던 아픔은 결코 잊을수 없는 아픈 과거였습니다. 재고없이 간단히 인터넷쇼핑몰을 창업하여 성공하는 방법, 마케팅방법 등을 작성하여 보았습니다.

각종 인터넷쇼핑몰창업 성공사례와 홈페이지 기술서들이 많이 존재하지만, 창업 성공사례의 내면에는 시스템적인 후원과 경제논리가 복잡하게 엮어있어서, 포괄적이고, 교과서적인 지식으로는 결코 성공하기 힘들다는 결론을 맺을 수밖에 없습니다. 인터넷쇼핑몰창업시 네이버,야후,다음 등과 같은 포탈사이트와, 옥션, 지마켓, 인터파크 등 공동경매 사이트의 시스템을 정확히 이해하지 못하고 노력하는 것은 나무를 보고 숲을 보지 못하는 것과 같습니다. 포탈과 공동경매 시스템에 보여지는 인터넷쇼핑몰창업 본론에서 설명드릴 2가지의 성공열쇠를 가지고 노력해야만 성공할수 있습니다. 조카를 행정고시 수석으로 합격하게 만든 사촌형에게 며칠전 '교과서를 중심으로한 열심히 노력하라는 평범한 대답을 생각하면서' 딸의 행정고시 수석합격비결을 지나가는 말로 물어보니 [시스템]이라는 의외의 대답이 나왔습니다. 좀더 나아가 풀이해보면 [환경과 동질화]입니다. 인터넷쇼핑몰창업 시스템을 이해하고 그것에 맞는 환경을 만들고 주변인이 모두 동질화 되어야 한다는 것입니다. 무조건적인 열심히 노력하는 것이 아닌 전체적인 시스템을 이해하고 열심히 노력할 때 좋은 결과물을 얻을수 있습니다.
인터넷쇼핑몰창업시 검색엔진 포탈사이트를 이해하지 못하고, 옥션,지마켓,인터파크의 공동경매 사이트의 시스템을 이해하지 못하고, 열심히만 노력한다고 성공이 보장되는 것은 아닙니다. 조그만 연못에서 혼자 낚시를 하면 5마리의 물고기를 잡을수 있지만 바다에서 낚시를 하게 되면 수천마리의 물고기를 잡을수도 있고, 때에 따라선 대어를 잡을수도 있습니다.
지금부터 인터넷쇼핑몰창업 성공사례의 허와 실, 인터넷쇼핑몰창업 성공사례를 토대로 한 성공방법, 그리고 앞서말한 성공의 두가지 열쇠를 바탕으로 한 실제로 바로 사용해 볼수 있는 마케팅 방법과 인터넷쇼핑몰창업 시스템 구조에 대해 설명 드리겠습니다.

■ 온라인 쇼핑몰, 특화된 전문화 브랜드로 승부

최근 온라인 쇼핑몰 성공 사례를 보면 '틈새' 시장을 공략하거나 전문화된 브랜드로 공략한 쇼핑몰들이 성공을 거두고 있다. 온라인 창업 전문강사로 활동하는 최재용씨는 "전문화된 쇼핑몰은 마니아층으로부터 인기를 얻어 충성도 고객 확보가 유리하다는 장점이 있다"며 "여러 쇼핑몰을 벤치마킹하며 나만의 노하우로 만드는 것이 중요하다"고 말했다.

면접의상 쇼핑몰 캐빈크루(www.cabin-crew.co.kr)를 운영하는 육경미(29) 대표는 온라인 창업으로 이상 실현의 대안을 찾은 대표적인 사례. 스튜어디스가 꿈이던 육 대표는 자신의 노하우를 바탕으로 항공사 실기 시험을 앞두고 있는 후배들에게 예쁜 면접의상과 정보를 쇼핑몰을 통해 전달하고 있다.

면접의상이라는 틈새 시장을 공략, 면접 시험이 집중되어 있는 기간은 평소보다 매출이 2~3배 증가하기도 한다. 육경미 대표는 "혼자서 쇼핑몰 관리와 배송 등 모든 일을 처리하기 때문에 몸이 열 개라도 부족할 지경이지만 면접에 합격했다는 전화를 받을 때마다 일에 대한 보람을 느끼곤 한다"고 말했다.

캠코더 악세서리 쇼핑몰 아쿠아캠(www.kscstore.com) 박상훈 대표(41)는 쇼핑몰 대표라는 직함보다 영화촬영감독이 더 친숙하다. 대학 교수와 수중촬영감독을 겸하고 있는 박상훈 대표는 수중촬영 장비라는 틈새시장을 공략해 성공가도를 달리고 있다.

박 대표는 '스태디캠 스쿨'이라는 온라인 카페를 개설, 고객들과 의사소통의 장으로 활용한다. 촬영감독이라는 직업을 활용, 촬영장비 사용방법과 실제 세트 장면을 찍어 게시판에 올린 동영상이 입소문을 타며 단골고객도 늘어나기도 했다.

오프라인에서 잃은 길을 온라인에서 찾은 경우도 있다. 스폼(www.spom.co.kr)은 동대문 스포츠상가 업체 23곳이 온라인으로 뭉쳐 만든 전문 쇼핑몰. 동대문 운동장이 재개발되며 50년 전통이

사라질 뻔했다.

하지만 서울시의 지원을 받아 종합스포츠 전문 쇼핑몰을 인터넷에 열어 '제 2의 전통'을 이어가고 있다. 이병권 조합 대표는 "도매상으로 운영하던 상점들이 온라인에 쇼핑몰을 개설함으로써 가격 경쟁력은 물론이고, 상품을 등록 • 판매하기 한결 편해졌다"고 전했다.

■ 쇼핑몰 창업, 아이템 선정부터 신중하게 접근해야

온라인 쇼핑몰을 준비하는 예비창업자는 소위 '대박' 신화를 꿈꾼다. 여기저기 '대박' 소식을 접하며 자신의 꿈을 키우는 것은 좋지만 철저한 준비가 부족해 사업을 접는 경우도 많다.

전문가들은 쇼핑몰 창업 시 정확한 컨셉트를 갖지도 않고 시작하면 안된다고 충고한다. 전문 교육 기관에서 재고관리, 검색 광고 등 기본적인 마케팅 지식을 기른 뒤 접근해야 한다.

메이크샵 김영철(39) 총괄이사는 "일손이 많이 필요한 온라인 쇼핑몰을 블로그, 미니홈피처럼 쉽게 생각하다간 낭패를 보기 십상"이라며 "철저한 사전준비와 장거리 마라토너와 같은 끈질긴 자세가 필요하다"고 조언했다.

■ 적극적인 언론홍보를 하라

제가 아는 학생은 일본에서 생활소품들을 들여와 옥션과 G마켓에서 판매해 대학 등록금을 마련하는 학생을 보았다. 또 한 분은 수제화와 가방을 파는 분인데 옥션과 G마켓에서 교육을 받고 수제화와 가방만을 전문으로 하는 오픈마켓에서 팔다가 잘 팔리니까 쇼핑몰을 운영하게 되었는데 한달에 7000만원의 매출을 올리고 있다. 여동생과 둘이서 상품 사진 찍고 판매를 하면서 큰 적지 않은 매출을 올리고 있다.

또 한 사례는 잘 알고 있는 '미서니된장' 이다. 이분은 된장을 예쁘게 포장해 선물용으로 판매하고 있다. 부모님이 시장에서 된장을 팔고 있는데 어떻게 하면 잘 팔릴까 연구하다 된장을 시장에서처럼 비닐봉지에 담아 파는 것이 아니라 예쁜 용기와 주머니에 담아 판매하게 되었는데 그것이 적중하자 많은 언론에 보도 되면서 성공한 케이스 이다.

또 다른 한 분은 속옷 전문으로 파는 분인데 일본에서 속옷만 들여와 전문으로 판매를 하는 분다. 일본 수입 속옷 전문매장을 온라인 에 오픈 해 성공을 거두었다.

또 특색 있는 쇼핑몰로 성공한 다른 케이스는 '트루 디팬스'라는 곳인데 호신 용품만 전문으로 파는 곳입니다. 전기 충격기, 스프레이 등을 판매하고 있다. 이 상품이 좋은 점은 판매가가 비싸고 사용을 자주 안하니까 반품, A/S가 없다는 것이다.

또 다른 케이스로는 술안주만 전문으로 하는 '술안주 닷컴'이다. 쥐포, 오징어, 치킨 등을 세트로 꾸며 2~3만원에 판매하는 곳입니다. 술안주만 팔아서 지난 월드컵 때 엄청난 매출을 올렸습니다. 맥주는 마트에서 사오고 안주는 주문만 하면 집으로 오도록 만들어 성공을 거두었다.

또 다른 곳은 군대 간 애인에게 선물을 주는 '곰신 닷컴'이라는 곳이 있다. 고무신 닷컴에 클릭만 하면 바로 남자친구에게 줄 선물을 세트로 구입해 보낼 수 있다.

또 빅 속옷을 전문으로 파는 곳이 있다. 요즘 체형들이 커지니까 이런 큰 옷을 전문으로 판매하는 곳이다. 이 사이트는 고객이 한정되어 있지만 그 한정된 고객은 가격이 비싸도 구매하게 되어 있고 때로는 고객이 직접 찾아와 제품을 구입해 가기도 한다.

따라서 인터넷 4억 소녀, 미서니 된장, 빅 속옷 등은 바로 언론에서 띠워 주어 성공한 케이스이다. 그냥 가만히 있으면 언론의 조명을 받기가 어렵다. 그분들이 직접 언론에 나갈 수 있도록 발로 뛴 결과 이다. 진실게임 등등 다양한 프로를 통해 언론에 노출을 시도하고 홍보자료를 만들어 기자들에게 보내기도 하여 성공한 케이스 이다.

출처 : http://blog.naver.com/1271004?Redirect=Log&logNo=70084147835

➥ 창업자의 실패 사례

잘되는 장사 뛰어들면 망한다.

너도 나도 몰려 제 살 깎기 경쟁 세상물정 어둡고 조급한 명퇴자는 실패 0순위 ....

『명퇴자의 창업 성공확률은 자영업자 성공확률의 절반』이란 말이 있다. 명퇴자들은 장사로 성공하기가 그만큼 어렵다는 얘기다. 최근 극심한 불황으로 창업 성공률이 20%대 이하로 떨어졌다는 게 창업전문가들의 공통된 지적이고 보면 지금 명퇴자들의 처지가 어떤지 쉽게 짐작할 수 있다. 명퇴자들이 창업에 실패하는 가장 큰 이유는 세상물정에 어둡다는 사실을 망각하고 단기간에 승부를 내려고 서두는데 있다.

「문맹자가 글을 배우듯」 차근차근 따져가며 경험을 쌓아야 하는데 『인생에 한번 실패했다』는 초조감에 앞뒤 안 재고 창업에 나서는 경우가 많다는 것이다.

『단기간에 손쉽게 많이 벌 수 있다』는 주변의 사탕발림 꼬임에 가장 쉽게 넘어가는 것도 바로 명퇴자들이다.

'단기간에 승부'가 화근

96년초 재벌그룹 계열사에서 명예퇴직한 유모씨(50)가 이런 케이스. 유씨는 작년말 「찜질방」이 유망업종이란 「소문」만 듣고 퇴직금을 몽땅 털어 인수했다. 주인이 회원고객도 많고 성업 중이라고 해 권리금까지 두둑하게 지불했다. 그런데 인수 직후 손님이 눈에 띄게 줄기 시작했다. 『아차』해서 주변을 살펴보았더니 다른 찜질방도 사정은 마찬가지였다. 설상가상으로 전주인이 가게를 내놓기 직전 회원권을 3분의 1 이하 시세로 판매해 회원고객을 늘린 사실도 드러났다. 유씨는 현재 가게를 내놓은 상태지만 문의조차 끊겨 이러지도 저러지도 못하는 처지다.

이처럼 명퇴자들은 인기업종에 우르르 막차를 탔다가 「상투를 잡는」 경우가 많다. 탕수육체인점 찜질방 비디오방 양념통닭체인점 등 유행업종에서 「뒷북을 치는」 것도 대부분 세상물정 어두운 명퇴자들이다. 유행업종의 수명은 길어야 2~3년, 짧으면 6개월인데도 오래 갈 것으로 오판한다. 또한 이런 업종은 그만큼 경쟁이 치열하다는 사실도 깨닫지 못한다. 「삼위일체전략연구원」 김명규원장은 『업종의 라이프사이클 상 인기가 있는 「성숙기」는 이미 「쇠퇴기」에 접어든 것으로 보아야한다.

이 때 뛰어들면 반드시 실패한다. 업종이 막 알려지기 시작할 때를 놓쳐서는 안된다』고 말했다.

최근 폭발적인 인기를 모은 전화방도 명퇴자들이 낭패를 보고 있는 대표적 업종. 전화방은 시설비로만 7000만원 이상이 드는 고투자 업종인데도 돈을 번다는 소문이 돌자 상당수 가 2억원 이상 투자해 창업에 나섰다가 퇴폐영업 논란이 일면서 당국의 단속이 시작되는 바람에 곤욕을 치르고 있다.

명퇴자들은 대개 창업 준비 기간도 매우 짧다. 직장에서 버림받은 좌절을 단숨에 보상받으려는 초조감 때문이다. 창업대학원 양혜숙원장은 『아무리 짧아도 3개월 이상은 시장조사 같은 준비를 면밀하게 해야하는데 명퇴자들은 이런 여유를 갖지 못한다』고 지적했다.

강원도 홍천에서 음식점과 부동산중개사무소를 운영하는 왕모씨(43)의 경우 사전준비 여부가 얼마나 중요한지를 보여주는 사례다. 공무원으로 재직하다 95년말 퇴직한 왕씨는 작년 5월 이곳에서 부동산중개사무소를 개업했다. 부동산중개업은 왕씨의 오랜 숙원사업. 80년대 중반 틈틈이 공부해 일찌감치 공인중개사 자격증도 취득했다. 왕씨는 현재 부동산불황 속에서도 실력을 인정받아 평균이상의 수입을 올리고 있다.

그러나 「사업다각화」차원에서 올초 시작한 음식점은 적자를 면치 못하고 있다. 산채비빔

밥 갈비탕 등 메뉴의 차별성이 떨어지는데다 음식점이 난립한 곳에 개업을 했기 때문이다.

전문성없이 창업했다가 실패하는 것도 가장 흔한 사례 가운데 하나다. 작년초 대기업 부장직에서 명예퇴직한 K씨(45)는 서울 영등포에 보석전문점을 차렸다가 6개월도 안돼 문을 닫아야 했다. 엘리트출신이란 자부심 때문에 「고상한 업종」을 택한 것까지는 좋았지만 문제는 보석에 대한 전문 지식이 전혀 없었던데 있었다.

결국 보석 밀수상으로부터 수천만원어치 가짜 다이아몬드를 사들였다가 자금난으로 문을 닫아야 했다. 보석에 대한 전문지식이 조금이라도 있었더라면 일어나지 않을 사고였다.

전문지식 없이 시작 …'뻣뻣한 고개'도 실패 원인

작년에 서울 양재동에 시계전문점을 차렸다 문을 닫은 이모씨도 전문성 부족으로 실패한 경우. 이씨도 명퇴 후 「깔끔한 사업」을 하겠다는 생각에 2억원이나 들여 시계점을 차렸다. 그러나 정작 시계에 대한 기술은 전혀 없었다. 시계점은 인건비부담 때문에 주인이 수리기술자 역할까지 맡아야 한다는 업계의 상식도 개업해서야 알았다.

어쩔 수 없이 기술자를 고용해야 했다. 비용도 비용이지만 사람이 자주 갈리는 바람에 신용이 떨어져 1년도 지탱할 수가 없었다.

최근 「컴맹」 명퇴자들이 유망업종이란 말만 믿고 CD대여점을 시작했다가 사후 서비스를 제대로 못해 신용을 잃는 사례도 비슷한 경우다.

무리한 투자도 문제다. 특히 대기업간부출신들은 부채가 자본의 몇 배가 넘는 기업풍토에 익숙한 탓인지 빚 무서운줄 모르다 발목이 잡히는 수가 많다. H그룹 임원출신인 박모씨(50)는 올초 퇴직금 1억원에다 대출금 1억여원으로 컴퓨터관련 대리점을 개설했다. 장사는 그런대로 괜찮았다. 그러나 갚아야 할 원리금이 수익금보다 훨씬 많아 지금까지 자금조달에 헉헉대는 상태다. 명퇴자들은 경험부족으로 인해 입지 선정에서 실패하는 사례도 많다. 예를 들어 권리금없는 곳에 창업하면 90% 이상 실패한다는 것은 기본인데도 싼 맛에 권리금 없는 점포를 인수했다 낭패보는 사람이 적지 않다.

역시 명퇴자인 P씨(43)는 작년 하반기 서울 강서구 등촌동에 9000만원을 들여 국수체인점을 냈다. 박씨는 창업비를 아끼려고 권리금이 없는 2층에 점포를 열었다. 그러나 박씨는 2층으로 올라가는 진입 계단이 좁은 사실을 간과했다. 결국 한번 왔던 손님들이 다시 찾지 않는 바람에 얼마전 점포를 주방장에게 헐값에 넘기고 새 업종을 물색 중이다.

체면 따지다가 망하는 사람도 많다. 특히 고위간부출신일수록 「고개가 숙여지지 않아」 단골이 좀처럼 늘지 않는다고 한다. 95년 12월부터 서울 공릉동에서 피자체인점을 운영하는 이모씨(44)는 명퇴공무원. 처음에는 『공직생활을 한 내가 피자배달까지 하겠느냐』며 배달원을 썼다. 그러나 무엇보다 인건비가 만만치 않았고 젊은 배달원이 고객과 마찰을 빚는 경우가 많았다. 지금은 이씨가 배달을 직접 하고 있다. 『만약 지금까지 배달을 꺼렸더라면 적자를 면치 못했을 것』이란게 이씨의 실토다.

출처 : 동아일보사 뉴스플러스 82('97. 5. 8) pp.48-49 이재열 기자

(2) 창업자본

창업자가 회사를 설립하는데 필요한 투입요소(사람 · 기술 · 정보 · 전략 · 설비 등)에 소요되는 자금을 창업자본이라고 한다.

초기에 사업을 시작하는 창업자는 필요한 자금을 조달하는 일이 쉽지 않다. 하지만, 사업초기에 자본 조달의 어려움을 극복하고, 창의적으로 성공을 거둔 애플컴퓨터사(Apple Computer Inc.)와 같은 미국의 기업을 볼 수 있다. 자금의 부족한 상황이 사업을 힘들게 하는 것은 사실이지만, 절망하지 않고 지혜로운 의사결정을 하여 실천한 기업들이 성공하는 경우도 많다.

Jeffry A. Timmos(1994)[4]는 창업자가 창업자금을 조달하는데 고려해야 할 요소를 가치의 창조, 가치 파이의 분배, 위험의 최소화라고 하였다.

- "가치의 창조"는 창업자가 이해관계자(주주 · 종업원 · 고객 등)를 위해, 어떻게 가치를 창출하고, 흑자운영을 하여, 사업의 가치를 수확하는지를 판단하는 것을 말한다.
- "가치의 분배"는 회사운영 활동을 통해 사업결과 발생하는 가치를 배분하는 시점과 방법을 결정하는 것이다. 이 결정에 따라 외부 모험자본이 유치되는 속도와 규모가 달라질 수 있다.
- "위험의 최소화"는 사업기회를 잘 활용하여, 자금의 어려움으로부터 실패하지 않도록, 자금확보 인프라를 주목하고, 자원을 확보하는 노력을 말한다.

자금의 조달방법으로는 자기자본과 타인자본으로 구성된다.

---

4) Jeffry A. Timmons, Now Venture Creation : Entrepreneurship for the 21st Century, Fourth edition(Burr Ridge Irwin, 1994) : 44-447

1) Seed money

창업 준비단계의 자금으로서 창업자는 종자돈(seed money)을 마련하는데, 창업자 자신의 자본만으로도 창업이 가능하다. 경우에 따라서는 동업자나 친척, 동료 또는 잠재고객까지도 자본을 추가하여 조달 활용할 수 있다.

2) Start-up money

창업 시작 단계의 자금으로 자기자본과 개인투자자등의 타인자본을 비롯해 은행 또는 기타 금융기관 등의 자본을 확보하여서 이를 활용할 수 있다.

표 3.3 자금의 조달

자금의 조달: Seed money + Start-up money					
현물출자금	창업자 자금	투자가자금	금융권 대출의 형태 (일반금융)	소상공인을 위한 대출기관 (정책금융)	사채
▪ 창업자와 투자자의 현물 · 동산 · 부동산)	▪ 적금 ▪ 퇴직금 ▪ 유가증권 ▪ 부동산 매각자금	▪ 후원금 ▪ 동업자금 ▪ 주주출자금 ▪ 기관투자 ▪ 특허기술을 이용자금 ▪ 신용보증서	▪ 신용대출 ▪ 담보대출 ▪ 보증보험 ▪ 증권대출	▪ 중소기업청 소상공인 지원센터 ▪ 근로복지공단 ▪ 한국여성 경제인 협회 ▪ 중소기업 진흥공단 ▪ 기타	▪ 친 · 인적 자금 ▪ 동료자금 ▪ 사금융
▪ 중소기업청 소상공인 지원센터 ➪ 소상공인 창업지원자금 ▪ 근로복지공단 ➪ 장기실업자 · 자영업 창업지원 사업, 관광관련 실업자 창업지원 ▪ 한국여성 경제인협회 ➪ 저소득 여성가장생계형 창업지원					

(3) 창업아이디어 (= 사업기회 = 환경 + 시점)

사업(창업)아이디어란 창업한 회사가 생산해 낼 재화나 서비스를 통해서 결국 소비자의 욕구를 만족시킬 수 있고, 가치를 창출 해 내야 한다. 그 아이디어의 원천은 창업자 자신 일수도 있고, 다른 사람에 의해서 생길 수도 있다.

창업전문지인 [5](美)Inc지에 의하면 500대 고속성장기업 창업자의 사업아이디어 원천을 조사해본 결과 창업자 자신의 동종 산업에서 업무를 수행하다 아이디어를 발견한 것이 43%로 가장 많았다. 다른 기업의 사업현황을 보고 개선점을 발견한 것이 15%, 그리고 소비자의 충족되지 않은 욕구의 틈새시장을 발견한 것이 11%순으로 되어있다.

따라서, 자신의 경험에서 쌓여진 전문적인 지식과 기술을 활용할 수 있는 곳에서 Idea를 찾아보는 것이 가장 용이할 것이다. 창업자 자신에게 꼭 맞는(Fit) 아이템을 선정해서 오랫동안 즐겁게 일할 수 있는 업종을 선택하는 것이 유망아이템이라 할 수 있겠다. 그렇게 하기 위해서는 창업자는 일상생활에서 시장지향적인 자세(Market Orientation)를 취하고 있어야 하며, 변화하는 시장 환경에 따라 소비자 욕구의 다양화 및 틈새시장을 개척하는 전략적인 자세를 갖추어야 할 것이다.

창업자가 참신한 아이디어를 통해서 생산해 낸 제품이 시장환경 상태에 적중한다면 그것은 곧 기업의 목표(이익창출)를 달성 할 수 있게 되므로 그러한 사업기회를 포착하는 끝없는 노력이 창업자에게 요구된다. 창업아이디어를 개발하는 과정은 문제의사결정 단계와 비슷하다. 먼저 자신이 창업하고자하는 동기를 확인하고, 그 대상에 대해서 일차적으로 관심을 가지며, 관련정보를 수집하고 분석한다. 그 다음 의사결정할 수 있는 가장 가까운 대안들을 간추려서 평가한 다음 선택하는 과정을 거치게 된다.

결국, 사업아이디어의 실행에 따른 기업의 생산 활동은 수익구조와 직결되므로, 기업의 목적을 달성할 수 있는 이윤창출을 할 수 있는 여건을 제대로 파악해야 하는 것이다. 이러한 여건은 바로 시장 환경과 시점에 맞는 사업기회를 포착하는 것이다.

5) John Case, "The Origins of Entrepreneurship" Inc., Inc.1989.54

(4) 기업가 정신 (Entrepreneurship)

기업가정신은 무(無)에서 유(有)의 가치를 창조하고 축적하는 행위이다. 이러한 행위는 현재 주어진 자원의 제약에도 불구하고 부(wealth)를 창출할 수 있는 기회를 적절히 포착하는 과정이며, 이에는 남들이 못 보는 가치를 감지하는 창의력・보완적 역량을 지닌 이들과의 팀워크, 보유하고 있는 자원뿐만 아니라 외부의 자원도 동원할 수 있는 추진력 등을 요구한다.[6](정승화 2007)

죠셉 슘페터는 창업자의 가장 핵심적인 기능은 새로운 발명이나 유리한 환경 조성이 아니라, 시장에서 구매를 꺼리거나 자금조달의 어려움, 물리적인 위협 등 다양한 저항을 극복하고, 사업을 추진해서 완성시키는 것[7](Getting things done)이라 했다.

창업의 필수요소인 자본・아이디어・창업자 그리고 기업가정신은 기업을 성공으로 이끄는 데 가장 중요한 역할을 한다. **기업가정신은 창업자의 개인적인 특성이 가장 큰 영향을 미치는데, 창업은 새로운 선택과 변화에 대한 강인한 자신감, 도전정신이 필요하다. 또한 자신의 전문성을 확보하고, 성실성과 문제 해결능력 등을 키워나가는 경영자의 추진력이 필요하다고 본다. 곧 추진력은 창업 필수요소만의 적절한 조화와 서로간의 차이를 목적에 맞게 줄여나가는 것이라 하겠다.**

기업가정신을 행동으로 옮겨서 혁신과 도전을 하는 창업자만이 창업을 통해서 얻을 수 있는 부와 새로운 가치에 대한 의미를 부여할 수 있다. 끊임없이 변화하는데 시장환경의 특징은 창업자로 하여금 전문적이고 다각적인 사고와 생산적이고 창의적인 혁신을 요구하게 한다.

기업가 정신을 그림으로 표현하면 다음과 같다.

---

6) 성승화(2007), 벤처창업론 -부창출 경영의 이론과 실제. p3

7) Joseph A. Schumpeter, Capitalism, Socialism and Democracy (NewYork: Harper, 1942, 1976): 83.132

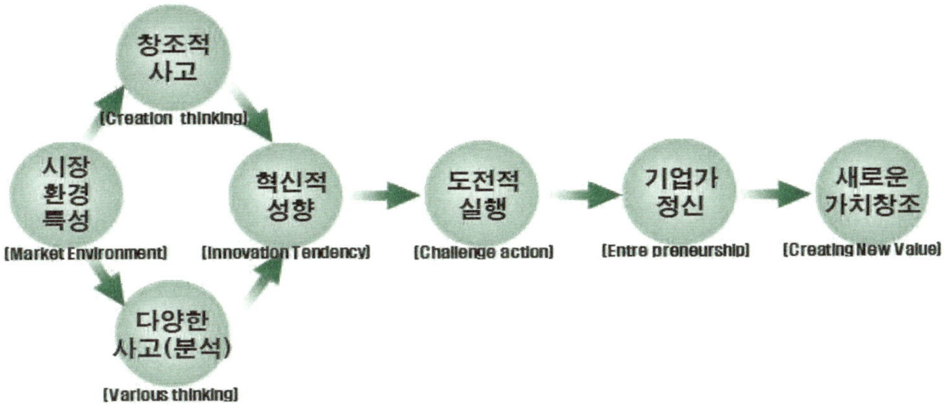

그림 3.2 Entrepreneurship Flow(기업가정신 흐름도)

표 3.4 창업 기업가 특징의 변천

과거	현재	변화된 내용
Local(지역적)	Global(세계적)	▪ 자국적인 것이 세계적 ▪ 지역적 차이 없어짐
측석결정	합의	▪ 개인보다는 공동체 합의에 따른 결정에 무게를 두고 기업활동
값싼 복제품	혁신	▪ 모방이 아닌 자신만의 혁신제품 출시
아이디어	실행	▪ 아이디어를 통한 실행(추진력)이 중요
고립적 모험가	네트워크 구축	▪ 주변 인맥 인프라가 사업기반
기밀유지	공개	▪ 회사 장부의 투명화
초보자	베테랑	▪ 자기 영역에서의 전문가가 성공
일반조직	혁신조직	▪ 과거 전통적인 조직➡거미줄형 조직(피라미드)
자기의존적	탐구적	▪ 타인의 능력 최대한 이용
관련사업협회 회원	웹서퍼	▪ 정보기술을 통한 사업 정보 입수

표 3.4 창업 기업가 특징의 변천

과거	현재	변화된 내용
자동화	혁신	▪ 정보기술활용
주먹구구식 경험	사업곌획서	▪ 체계적인 사업계획서를 통한 사업추진
보스	리더	▪ 부하직원과의 원만한 리더십 발휘
직관	교육	▪ 전문경영교육을 받은 창업가 증가
기존 시장 가격 수용자	가치창조자	▪ 신체품 개발과 가격책정
지분을 통한 경영통제	성과를 통한 경영통제	▪ 회사의 지속적 성장과 성과가 창업자의 경영통제권의 기반
단일 회사 중심	창업자의 경력 중심	▪ 다중 창업을 통해 자기경력개발

자료 : Inc. "The Evolution of the professional Entrepreneur", Special Issue, 1997 : 55-56.

(5) 창업의 중요성 = Core & Value

창업은 개인적으로나 사회적으로 중요하다. 개인적인 측면에서는 부(wealth)를 창조함으로써, 여러 가지 풍요로운 혜택을 누릴 수 있는 여건을 마련하게 되는 것이며, 사회적으로는 새로운 일자리 창출의 효과가 있다. 또한 창업의 성공은 기술적 · 정치적 · 경제적 · 국제적인 환경 등에 영향을 미치게 된다. 미래 창업의 지속적인 성장의 주요인(Key Factor)은 창업자 자신을 비롯한 창업한 기업의 핵심성공요인(Core Key-factor)을 보유하여서 가치창출(Value Creation)을 해나가는 것이다.

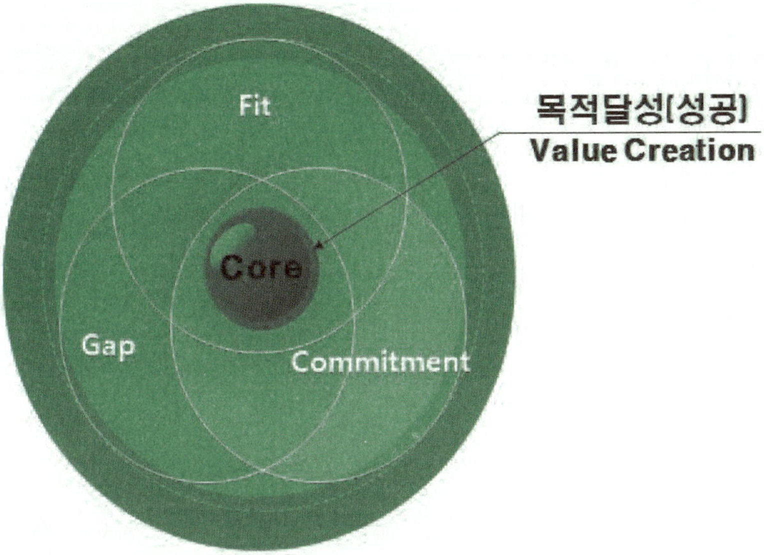

그림 3.3 Core & Value

3.4 창업의 분류

창업의 분류 기준은 다양하다. 크게는 창업의 업종 · 형태 · 방법에 따라 구분될 수 있다.

표 3.5 창업의 분류

창업의 업종	창업의 형태	창업의 방법	기타
▪ 제조업 ▪ 서비스업 ▪ 외식산업 ▪ IT 신기술 ▪ 유통	▪ 프랜차이즈 ▪ 독립형 창업 ▪ 무점포 창업 ▪ SOHO 창업 ▪ 1인 창업	▪ 신규 독립 사업 ▪ 대리점 사업 ▪ 기존 사업의 인수	▪ 투잡스(two-jobs)

(1) 창업의 업종

창업의 종류는 제조업 · 서비스업 · 외식업 · IT신기술 · 유통업 · 퓨전 등으로 구분해 볼 수 있다.

- 제조업은 제품을 생산하는데 다양한 원료들을 가공하거나 제조하는 공업을 말한다. 주로 기계를 이용하거나 노동력을 사용하여 대량생산체제를 갖춘다. 제조업의 종류에는 음 · 식료품 · 제조업, 기계 · 금속 제조업, 전기 · 전자 및 정밀기기 제조업, 자동차 및 운송장비 제조업, 기타 제조업이 있다.
- 서비스업은 제품이 눈에 보이지 않는 형태로써 생산되어지는 제품으로서 지식을 비롯한 각종 업종에서 고객과 이루어지는 영업활동을 말한다. 예로서, 도 · 소매업, 숙박 및 음식점업, 운수 · 통신업, 부동산 및 임대업, 교육 · 오락 · 문화 서비스업 등이다.
- 외식산업은 외식은 가정에서 음식을 조리해서 식사를 하지 않는 것을 말하고, 그러한 식사를 제공하는 업종을 외식산업이라고 표현하며, 단순한 판매가 아니라 식생활의 일부의 공간을 제공하는 서비스를 동반한다. 최근에는 퇴직자 들이 창업을 통해 새로운 출발을 시도하는 경우가 많은데, 소자본 창업으로 할 수 있는 산업으로서 관심이 증가되고 있다. 하지만, 성공률이 높은 편이 아니다. 우리나라의 경우도 한 해 4만여명의 창업자가 발생하지만 50% 정도가 실패를 경험하고 있다.
- IT신기술은 컴퓨터 · 소프트웨어 · 인터넷 등 정보화 수단에 필요한 유 · 무형 기술을 포함한 새로운 개념이다. 정보통신 산업의 발전과 더불어 정보기술은 경제 효과에 가장 큰 영향을 미치고 있다. 이 산업은 기술적인 발전이 소비자의 욕구변화 및 시장가격 형성 등에 관련 자료 수립과 직접적인 연관성이 있음을 말한다.
- 유통업은 제품이 생산자로부터 소비자에게 전해지는 과정에서 이루어지는 업종으로서 생산자와 소비자 간의 효용(시간 · 장소 · 소유)을 극대화 시키는 채널의 형태를 취하고 있다. 예로서 택배회사(물류) · 서비스 대행사(광고 · 시장조사) 각종 중간상 등이 연결되어 있다.

(2) 창업의 형태

창업의 형태는 프랜차이즈 창업, 독립형 창업, 무점포 창업, SOHO 창업, 1인 창업, 기타 등이 있다.

① 프랜차이즈 창업

■ 프랜차이즈 창업이란?

: 프랜차이저(Franchisor, 기술・상품 : 경영 노하우 등을 제공하는 사람)와 프랜차이지(Franchisee, 프랜차이저의 권리를 공급 받는자)가 계약에 의해서 기술의 사용이나, 판매권 등 영업활동에 관련한 권리를 사용하는 것을 말한다. 프랜차이즈 가맹점의 창업과정은 업종 선정부터 시작하는 경우・사업장이 먼저 정해진 경우・점포・업종, 본부 업체가 동시에 결정되는 경우, 본부 업체가 먼저 결정되고 점포가 선정되는 경우로 나누어진다.

■ 프랜차이즈의 특징은!

- 프랜차이저의 상품이나 정보교환, 영업 전략 등을 프랜차이지(가맹점)는 제공 받는다.
- 프랜차이지(가맹점)는 판매에만 전념할 수 있고, 상대적으로 가맹점의 위험부담이 낮다.
- 체인점 간의 동일성으로 인하여 소비자 이미지가 높아진다.
- 프랜차이저(가맹본부)는 사업 확장이 쉬어진다.

■ 프랜차이즈 종류에는!

- 지 역 형 : 대리점의 형태로서 영업범위가 넓고 주로 소매점내 상품을 납품하는 사업형태이다. 예로서 시멘트 대리점, 설탕 대리점, 기타 등으로 소매상에게 제품을 공급한다.
- 섹 터 형 : 좁은 구역에서 소비자나 소매상을 대상으로 배달 판매를 하는 것으로 유통기간이 짧거나 부패하기 쉬운 제품(우유・녹즙・생수 대리점 등)들을 취급한다.
- 입 지 형 : 주변에서 흔히 볼 수 있는 체인점(의류・치킨・음식점)의 형태로서 한 가지 브랜드로서 점포를 개설하고 고객을 상대로 사업을 하는 것을 말한다.
- 방문판매 : 프랜차이즈 체인점 제품을 영업사원들이 고객을 직접 찾아가서 판매하

는 사업(건강식품 대리점, 자동차 대리점, 보험 대리점)의 행태를 취하는데 프랜차이저(가맹점 본부)에서는 광고물지원이나 판촉 등 영업지원을 하게 된다.

- 부실 프랜차이즈 선별요령!
  - 지나친 고소득을 보장하거나 전면광고를 자주하는 경우
  - 파격적인 조건 제시(가맹비 · 보증금 면제)
  - 가계약 또는 계약을 서두르는 경우
  - 프랜차이저 본부의 영업지원자료 제공을 꺼려하거나 거절하는 경우
  - 같은 가맹점 관련하여 4곳 이상은 살펴본다
  - 가맹점 본부의 경영진의 프로필이 명확하지 않은 경우

② 독립형 창업

개인이 발명 · 특허 · 또는 아이디어를 가지고 독립적으로 혼자서 기업을 설립하는 경우이다. 입지선정이나 독립점포의 홍보 등 점포가 정상적으로 시장에서 소비자에게 알려지기까지에는 상당한 시간이 걸리고, 돈이 투자된다. 이것을 극복하기 위해서는 무엇보다 창업자의 아이템의 신선함과 열정이 우선된다.

③ 무점포 창업

판매할 장소를 정하지 않고 경영활동을 하여 이익을 창출하는 형태이다. 예로서 통신판매, 방문판매, 자동판매기 등 통신수단의 발달로 최근에는 인터넷 상에서 산지직송 판매가 이루어지는 웹 마케팅이 선풍적인 인기를 얻고 있으며, 기타 제품들 또한 온라인 마케팅의 형식으로 이루어져, 또 하나의 새로운 판매 유통 채널로 자리잡고 있다.

④ SOHO 창업

가정에서 인터넷을 이용하여 개인 스스로 혼자서 사업을 영위해 나가는 형태로서 재택근무라고도 한다. SOHO 창업이 발전되기 시작한 원인을 정보통신의 발달, 네트워크 기기의 대중화로 적은 비용으로 가정이나 사무실에서 네트워크 환경을 구축하여 SOHO가 가능하였고, 기업의 경비 절감 제도로 인한 Mobile office 제도 등이 SOHO를 발전시키게 되었다. 최근에는 트위터 등 애플리케이션의 발달은 규모에 관계없이 개인적인 SOHO 창업

이 가능하게 한다.

⑤ 1인 창업

1인 창조기업협회의 정의에 따르면, 1인 창조기업이란 "개인의 창조적인 아이디어나 기술, 전문지식 등을 가진 사람이 운영하는 1인 중심 기업"이라고 표현한다. 사업자 등록을 해서 창업활동을 하는 개인사업자, 주식·유한회사의 법적기업이 있고, 예비창업자나 프리랜서의 형태를 취하는 잠재적 기업까지도 표현할 수 있다.

즉, 1인 창업이란 경쟁환경에서 개인이 행복한 삶을 추구하기 위한 필요한 요소들(가치창출·만족·부)을 획득하고자 하는 선택의 지속적이고도 반복적인 순환과정을 겪는 경영활동을 말한다.

그 속에는 자신의 강점(핵심역량)을 살릴 수 있는 Fit한 요인(아이디어, 기술, 전문지식)을 찾아내고 개발하며, 현실적 상태와 이상적 상태와의 차이점(gap)을 극복하려는 의지와 집중력을 겸비한 몰입(Commitment)의 세가지 요소가 서로 합쳐져서 성공요인으로 작용하게 된다.

✤ 1인 창업의 장점은 무엇보다도 CEI(Chief Executive - I, 최고경영자-나)로서의 실천이 더 명확해진다는 것이다. 모든 일에 대하여 스스로가 독립적인 의사결정을 내릴 수 있으며, 그에 따른 모든 책임과 행동이 자유롭고 창업하기 때문에, 직무에 대한 만족도와 열정이 무한하게 쓰여진다는 사실이다. 그런 부분에서 지속적인 계발은 전문적인 지식이 쌓여지게 되고, 그 분야의 전문가가 되는 것이다.

이에 반해, 단점은 외롭고 힘든 작업이므로 각종저항(과도한 업무수행, 건강 등)을 극복하는 창업가 정신이 필요하다.

3.5 창업절차

(1) 창업 절차

창업에 대한 절차는 이미 창업자의 머릿속에서 복합적으로 구상되어지고 있지만 그것을 단계적으로 정리를 해 볼 필요가 있다. 개인이나 조직의 특성에 따라 차이는 있으나 상황과 여건에 맞게 탄력적으로 계획을 세워 실행해야 한다. <그림 3.4>로 설명하면 다음과 같다.

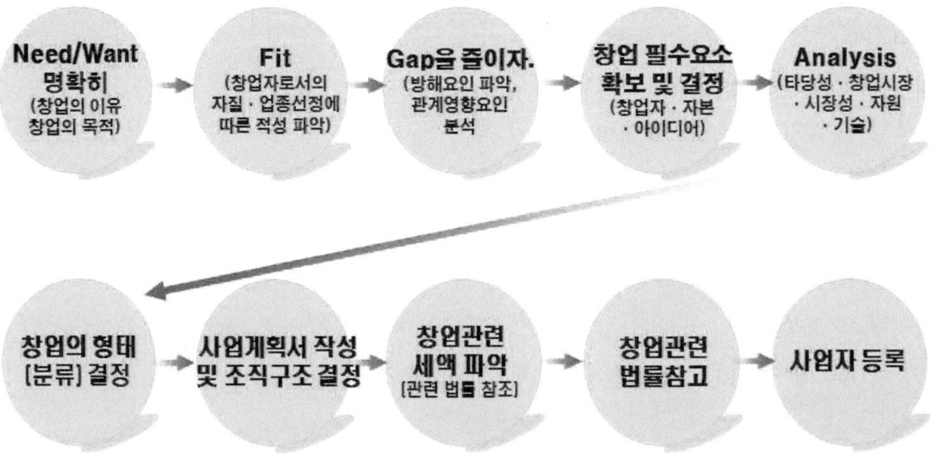

그림 3.4 창업의 절차도

1) Need/Want 명확히

창업자는 자신이 왜 창업을 하려고 하는 가에 대한 이유가 분명해야한다. 창업의 성격상 기업가 정신을 가지고 각종의 진입장벽을 헤쳐 나갈 수 있는 마음자세가 중요한데 창업의 이유나 목적이 불분명해서는 성공할 확률이 낮다.

2) Fit

창업자가 하고자 하는 업종의 선택과 더불어 자신의 적성이나 체질에 잘 맞는 지를 주의 깊게 살펴보아야 한다.

자본의 투자와 더불어 진행되는 일들은 쉽게 시작하거나 도중에 포기할 수 있는 성격의 것은 아니다. 무엇보다도 자신이 원하는 일을 할 때에 즐겁고 만족의 정도가 높아야만 지속성이 있다고 보겠다. 다시 말해서 창업자로서의 자질과 업종선정에 따른 명확한 파악이 우선시 되어야 할 것이다.

3) Gap

창업자 자신이 계획한 것들을 이루고자 하는 동기가 확실 해 지면 거기에 따른 계획적인 실행이 수반된다. 실제적으로 창업아이템을 가지고 현실경제에 시장조사를 하거나 자료 및 정보를 수집하다보면 여러 가지 장애요인을 발견하게 된다.

창업자가 생각하는 이상적인 상태와 현실에서의 현재 상태에서 느끼게 되는 차이를 줄이려는 노력이 필요하다. 그러한 방해요인으로 작용하는 환경요인에는 어떤 것들이 있고 그것들에 대한 gap을 줄일 수 있는 방법도 찾아야 할 것이다.

4) 창업의 필수요소

기업가 정신을 바탕으로 창업자・자본・아이디어를 확보하고 결정해야 한다. 모든 것이 완벽하게 갖추어지면 그만큼 안정적인 상태에서 출발이 가능하다. 무엇보다도 아이디어의 참신성과 창업자의 기업가정신이 뛰어나다면 부족한 부분은 채울 수 있는 것이다.

5) Analysis

창업을 성공적으로 이루기위해서는 아이템의 타당성조사, 시장성조사, 창업시기, 자원의 활용 및 배분 및 기술진의 확보 등이 필요하다. 가장 기초적인 부분부터 전체적인 부분까지 창업의 목적에 맞는 정확한 분석을 해야만 한다.

6) 창업의 형태 결정

창업의 형태는 개인기업과 법인기업으로 구분할 수 있다. 창업자는 자신의 창업성격에 맞는 기업형태를 선택해야한다.

7) 사업계획서 작성 및 조직구조 결정

창업관련 자료 및 기타 여건이 갖추어진 상태가 되면 실행에 옮기기 전에 사업계획서를 구체적으로 작성하고, 거기에 맞는 조직구조를 편성하고 결정한다.

8) 창업관련 세액파악 및 창업관련법률 참고

창업관련 법률을 참고하여 창업초기에 갖추어야 할 서류 및 신고사항을 정확히 파악하여 행정 처리를 해야 할 것이며, 창업 시기에 따른 조세 감면 혜택을 받을 수 있는 부분들에 대한 정보 및 관련 자료를 찾아서 비용을 줄이는 것도 좋을 것이다.

9) 사업자등록

모든 준비가 갖추어지면 세무서에 가서 사업자 등록을 한다.

(2) 창업절차 업종별 Flow

표 3.6 도·소매업의 창업절차

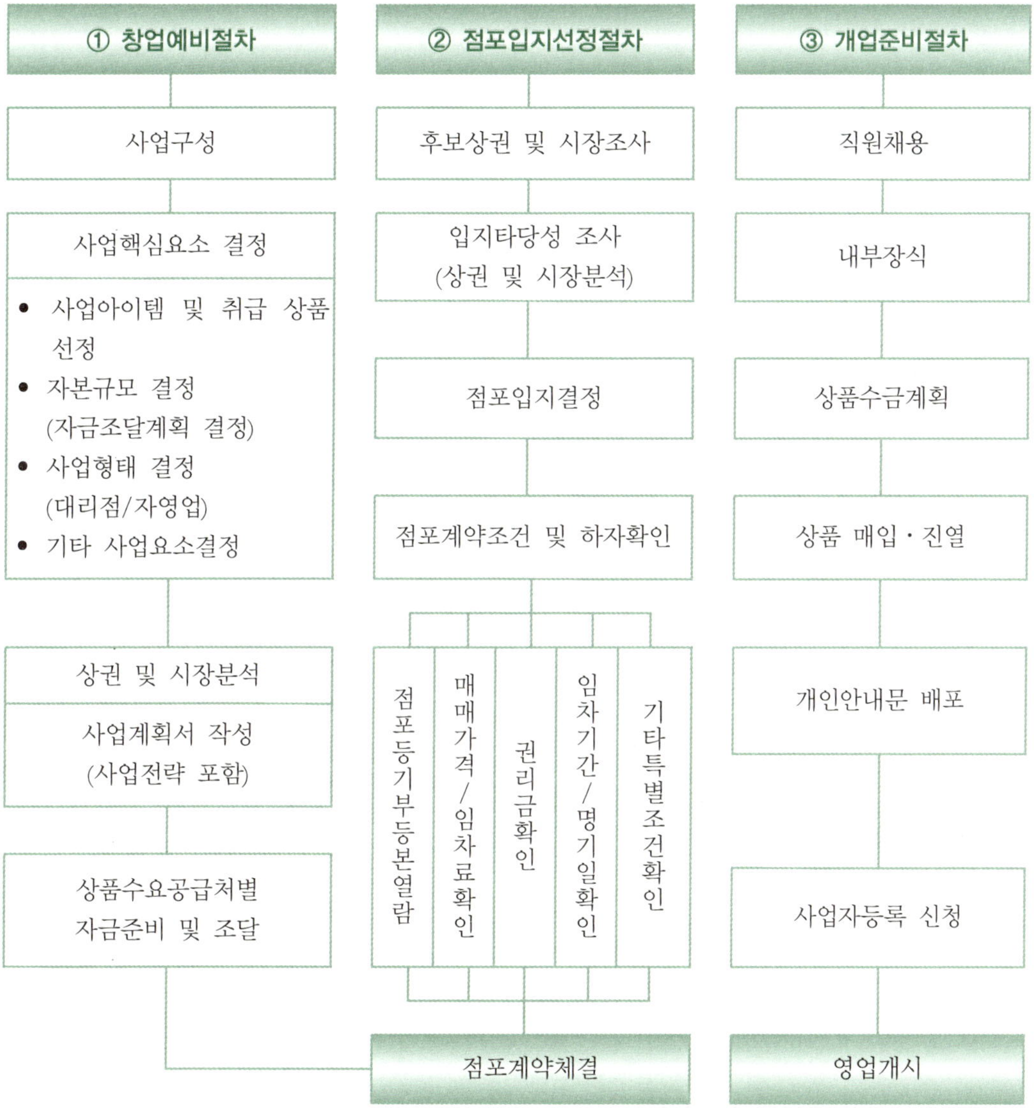

자료 : 소상공인 창업가이드(2001), 중소기업청

표 3.7 서비스업의 창업절차

자료 : 소상공인 창업가이드(2001), 중소기업청

표 3.8 창업 준비시 확인사항

step ① 창업 시 전제조건?
(자신, 가족협력, 지인의 협력, 활용자산)

⬇

step ② 창업 아이템?
(경험, 지식, 자격, 특허, 틈새 아이템, 자산, 인허가)

⬇

setp ③ 창업할 장소?
(입지신정지식, 업종 및 영업 상태에 따른 입지 선정)

⬇

step④ 영업 방침?
(판매처, 취급 상품, 판매방법, 구입처 선정)

⬇

step ⑤ 사업계획 수립?
(투자계획, 손익계획, 손익계산서 작성, 목표 매상고와 비교검토, 월차계획 작성)

⬇

step ⑥ 사업계획서 작성?
(사업계획서 정리 · 작성)

⬇

step ⑦ 창업자본금 상환계획?
(자본 계획, 자금 차입처 선택, 유의점)

⬇

step ⑧ 사업개시 준비?
(사업 형태의 선택, 창업에 필요한 신고, 종업원 확보)

⬇

step ⑨ 창업 첫날 준비?
(개업 안내, 개업기념개최 기획, 오프닝 세레모니)

자료 : 소상공인 창업가이드(2001), 중소기업청

➡ 기업가 정신 성공 사례

휴맥스

휴맥스라는 기업명에 대해서 생소하게 느끼는 사람들이 많을 것이다. 하지만 휴맥스는 업계에서 국내 디지털 위성방송 수신기 업계의 1세대로 성공한 벤처기업, 소니를 맨손으로 꺾은 주인공의 수식을 가지고 있다. 디지털 셋톱박스 방면에서 시작하여 엄청난 성공을 이루고 현재는 셋톱박스가 내장된 일체형 LCD TV, PDP, 홈미디어서버 등 디지털 가전 분야에 진출해 다각화를 추진하려고 하는 휴맥스에는 어떠한 기업가정신이 자리잡고 있을까?

(1) Globalization과 현지화

휴맥스는 변대규 사장과 그의 선후배 7명이 1989년 주식회사 건인시스템이라는 이르으로 설립한 기업이 모체이다. 1995년에는 국내 최초로 동화상 가정용 가요반주기를 개발하여 당시에 폭발적인 인기를 얻어 성장의 기반을 마련하였고 이를 바탕으로 1996년 셋톱박스(디지털 위성방송 수신기) 시장에 뛰어들어 세계에서 3번째로 디지털 위성방송 수신기를 개발해냈다. 그해 유럽으로 이 제품은 920만 달러가량 수출되었다. 당시 휴맥스가 해외진출에 성공한 이유 중 첫째는 바로 현지화의 성공이다.

21세기 글로벌 시대는 국가 간의 장벽이 사라지고 전 세계가 하나의 시장으로 통합되는 현상을 보이고 있다. 이때 가장 핵심적인 문제는 바로 자국에서 만들어낸 제품 혹은 기술이 수출되는 현지에서 충분히 받아들일 수 있는 것인가이다. 변대규 사장은 당시 유수의 벤처기업의 실패 원인을 분석함에 있어서 가장 큰 요인으로 시장에 필요한 제품을 생산하지 않고 자기 자신이 관심이 있는 제품을 생산하는 자세를 들었다.

휴맥스는 세계 주요 도시에 법인을 설립하고 자체 생산, 유통망 형성 그리고 판로 개척까지 직접 실행하였다. 이는 휴맥스의 글로벌 네트워크로 대표되는 경영전략으로 자국에서 생산, 수출 시 현지에서 문제가 생겨 다시 수정해야 하는 긴 시간이 걸리는 문제를 해결하기 위해 현지에서 직접 생산하고 유통까지 실행하는 방법이다. 이렇게 되면 현지 고객들의 다양한 요구들을 각 나라 각 생산라인별로 반영할 수 있기 때문에 현지화가 한결 편해짐은 물론이고 시장에서 경쟁력을 확보하고 유지하는데 큰 도움이 된다. 유럽에서는 유럽의 방식을 따르고 중동에서는 중동의 방식을 따르는 것이 지극히 단순하고 쉬운 말이지만 이는 창업자의 혁신적인 사고가 뒷받침되지 않으면 절대 실행에 옮길 수 없는 중요한 경영 전략인 것이다.

(2) 위기와 Human Maximization(사람의 가능성을 극대화하는, 휴맥스의 어원)

휴맥스가 초반에 유럽 수출로 엄청난 호황을 누리고 있을 때 사상 최대의 위기를 맞이하게 된다. 외환위기가 한창이던 1997년 주 고객이었던 유럽의 한 방송사가 다른 회사에 합병되면서 이미 성사되었던 대량의 수출계약이 파기되었고 설상가상으로 국내의 거래처가 부도를 맞게 된 것이다. 휴맥스는 아무런 조치도 취할 수 없었고 그해 매출은 거의 제로에 수렴하게 되었다. 절망에 빠져 있을 때 변대규 사장은 창업가로서 그리고 기업가로서 중대한 결정을 내리게 된다. 바로 위기상황일수록 풍부한 인적자원풀(pool)을 유지해야만 한다는 것이다. 연구 인력을 통해 연구가 진행될 수 있고 기술이 개발될 수 있다는 단순한 논리를 바탕으로 기술개발까지 이어지는 연구 인력을 충원하기 시작했고 결국 전체 직원의 50%이상이 연구원으로 충원되었다.

사람의 가능성을 극대화 한다는 기업명의 의미에 따라 계속적으로 인적자원을 유지하면서 연구와 개발에 전념한 끝에 휴맥스는 전 세계 어느 동종 업계 기업과도 차별성이 있는 휴맥스만의 기술을 개발하기에 이른다. 유럽시장에서 이러한 성과가 잘 나타났는데, 유럽시장 CAS(수신제한장치)관련 문제를 해결한 것이 그것이다. 유럽의 유료방송의 경우 해킹의 문제가 빈번하기 때문에 방송사마다 CAS를 사용한다. 하지만 이러한 CAS가 표준이 없고 각 방송사별로 다른 기술을 채택하고 있어서 셋톱박스 업체의 경우에는 이러한 CAS들은 모두 해결할 수 있는 기술이 필요하다. 휴맥스는 위기 때 개발해 놓은 기술들로 하여금 이런 문제들을 손쉽게 해결할 수 있었고 결국 유럽시장에 큰 점유율을 확보할 수 있게 되었다. 나중에 중동시장에 진출할 당시에도 중동시장이 같은 종류의 CAS문제를 겪고 있어 이를 해결하여 진출하는데 큰 어려움이 없었다.

21세기 기업가의 필수 정신인 인간중심전략을 이용하여 위기를 극복한 휴맥스의 예는 비단 이뿐만이 아니다. 인간중심전략은 기업과 소비자 간의 신뢰뿐만 아니라 기업 내부에서 경영자와 종업원 간의 신뢰, 기업과 정부간의 신뢰 등 모든 이해관계자의 신뢰를 바탕으로 한다. 휴맥스는 그들의 매년 재무제표를 가감 없이 공개하여 그들의 예상수익률이 좋지 않을 경우에는 다음 예상수익이 감소할 것이라고 솔직히 이야기하는 것으로 유명하다. 이는 정부와 기업 간의 신뢰뿐만 아니라 기업과 기업, 기업과 소비자의 신뢰를 유지하여 해당 기업이 연속성을 가지고 경영을 지속해 나가는데 긍정적인 영향을 미쳤다.

(3) 마케팅전략과 휴맥스의 미래

휴맥스가 유럽에 진출하여 성공할 수 있었던 것은 기술력이 바탕이 된 현지화의 성공도 있지만 적절한 마케팅전략도 큰 비중을 차지한다. 당시 세계 셋톱박스 시장에서 방송사 등의 대량 주문고객이 대상인 폐쇄형 시장은 필립스, 노키아 등 거대기업이 장악하고 있었다. 휴맥스는 이미 이러한 대기업과 경쟁한다면 승산이 없다는 것을 알고 있었다. 따라서 주력시장을 유럽의 일반 소매시장으로 특화시키고, 자체 유통망을 확보해 나갔다. 이러한 차별화 전략으로 1997년 영국에 해외생산 현지법인을 설립한 데 이어 프랑스에도 연구소를 설립, 유럽진출의 교두보를 마련했고 유럽 각지의 현지 유통망을 성공적으로 구축하여 현재 40%에 가까운 점유율로 세계1위를 차지하고 있다.

휴맥스만의 차별화된 마케팅전략은 틈새시장을 공략하는 기업가정신에 부합되는 중요한 사실이다. 관련 시장에서 이미 독점하다시피 하고 있는 거대기업들에 맞서 차별적이고 창조적인 전략으로 승부하면 반드시 성공할 수 있다는 사실을 보여준 휴맥스의 성공사례는 후대 벤처창업을 하려는 이들에게 상징적인 사례가 될 것이다. 위에도 언급했듯이 최근 휴맥스는 미래전략을 디지털 가전 분야로 정했다. 일부 시장의 우려는 있지만 풍부한 자금과 기술력을 바탕으로 직접 대기업과 경쟁하지 않고 기술적인 차별화를 통해 틈새시장으로 성공할 수 있다는 강한 자신감을 가지고 있는 휴맥스의 또 다른 성공사례는 그리 멀지 않은 시기에 만나 볼 수 있을 것이다.

자료 : "기업가 정신" 이건창저 / 무역경영사(2009)

➥ 기업가 정신의 실패 사례

윤석민 웹인터내셔널사장은 기업가정신의 정의에 대해 "무언가 만들고 창조해내고 싶은 열망"이라고 말했다. 그 열망이 상품이나 서비스나 가치가 되고 누군가 돈을 지불하고 그 열망을 누군가 따라 하는 과정이 기업가정신의 확산이라고 했다.

1997년. 만 29세였던 윤석민은 만개했다. 그가 창업한 웹인터내셔널은 인터넷 업종 최초로 코스닥에 이름을 올렸다. 벤처라는 말조차 생소하던 때다. 네이버가 삼성SDS에서 분사하기 전 시절이었다. 웹인터내셔널은 국내에서는 처음으로 직원에게 스톡옵션을 나눠주며 벤처문화를 이끌었다.

회사는 번창했고 그는 자산 1000억원대 부자가 됐다. 하지만 그는 상장 이듬해 회사를 팔았다. "금액은 밝힐 수 없다"고 했지만 적지 않은 돈을 받았을 것이다. 부러움 속에 비난을 함께 받았다. 그는 '기업가정신을 실종한 젊은 부호'로 매도됐다. 많은 시간이 흘렀고 이제 그의 이름은 뉴스에서 보기 힘들다.

기자들은 더 이상 그를 찾지 않는다. 그의 직업은 여전히 기업가다. 라떼스토리라는 온라인 커뮤니티 회사를 운영한다. 회사는 서울 석촌동 상가 건물에 있었다. 10평 남짓한 곳이다. 윤석민 대표를 만난 것은 몸소 창업과 성공·실패를 경험한 그가 기업가정신의 본질에 대해 말해 줄 수 있을 것 같았기 때문이다.

창업을 꿈꾸는 청년에게 도무지 딴 세상 얘기 같은 대기업 오너의 성공 줄거리가 아닌 현실적인 얘기를 들려줄 것으로 기대했기 때문이다. 1994년 KAIST 박사과정이던 윤석민씨는 돌연 중퇴를 결심했다. 창업하고 싶어서였다. 그는 "아이디어를 실현해 보고 팔아 보고 싶었다"고 회고했다.

"아이디어가 너무 넘쳐 걱정일 정도였다"고 했다. 과외로 번 돈 1000만원과 신용카드 2장으로 사업을 시작했다. 홍대 근처 반지하 골방에 사무실을 차렸다. 그의 꼬드김에 넘어온 KAIST 후배 다섯 명이 합류했다. 골방 생활은 2년 가까이 계속됐다. 그사이 PC통신 천리안과 나우누리에 보드게임을 공급하고, 삼성전자에 PC게임을 납품했다.

그 후 당시로는 혁신적인 '인트라넷' 기술을 들고 테헤란밸리에 진출했다. 그는 '인터넷 업계에 떠오르는 무서운 아이'가 됐다. 웹인터내셔널이 개발한 '인트라오피스'는 대기업에 공급됐다. 지하 골방 기업에서 어엿한 법인으로 바뀐 웹인터내셔널은 1996년 매출 40억원을 올렸고 이듬해 코스닥에 입성했다.

사람들은 그가 '대박'을 터뜨렸다며 스포트라이트를 들이댔다."대박이라는 말을 혐오했습니다. 대박은 도박이나 복권에 적용되는 말이잖아요. 그냥 내 분야에서 세계에서 10명 안에 드는 것이 꿈이었어요."상장 이듬해 그는 생의 전환점을 맞는다. 회사를 매각한 것이다.

선진국에서는 회사를 창업해 키운 후 좋은 가격에 파는 것이 자연스러운 일이지만 한국에서는 그때나 지금이나 흔치 않은 일이다. "나라가 외환위기 공포에 휩싸였어요. 정말 대공황이 올 것 같았습니다. 두려웠죠." 그게 전부는 아니다. 그는 "한계를 느꼈고 피로했다"고 말했다.

"더 능력 있는 사람이 회사를 인수해 더 가치 있게 키워줬으면 하는 기대가 있었고 미국으로 유학을 가 공부를 더 하고 싶은 마음도 있었다"고 했다. 기업가정신이 좀 더 세련되려면 이런 기업가도 필요하다. 자신의 한계가 100이라고 판단하면 200, 300으로 키워줄 누군가를 찾아 파는 것이 합리적이다.

불굴의 의지로 회사를 지키는 것이 기업가정신의 절대 덕목은 아니다. 하지만 그의 바람대로 되지 않았다. 그가 창업한 웹인터내셔널은 매각 후 한국디지털라인으로 이름이 바뀌었고 그 유명한 '정현준 게이트'의 주인공이 됐다. 윤 대표는 "결과적으로 실패한 결정이었고 천추의 한으로 남는다"고 말했다.

유학을 가려 했던 결심도 돌아섰다. 외환위기가 끝나고 열풍처럼 불어온 벤처 붐이 그를 유혹했다. 그는 다시 창업했다. 아이템은 가족 커뮤니티 사이트. 수익 모델이 막연했던 이 사업으로 윤 대표는 막대한 손실을 봤다. 그 다음에는 e-러닝 사업을 벌였다. 역시 실패했다. 윤 대표는 최선을 다했다고 생각했지만 지인의 생각은 달랐다.

"윤 대표, 배고프지 않은데 헝그리 정신이 나오겠어?" 그사이 그는 웹인터내셔널을 매각해 번 돈을 거의 날렸다. "매각 당시 모친께 드린 돈을 제외하면 남은 게 없다"고 했다. 그는 요즘도 하루 종일 사업 걱정, 자금 걱정을 한다. 다시 옛날로 돌아갔다. 그에게 물었다. "왜 그 고통스러운 사업을 하느냐?" 그는 "타고난 천성 같다"고 했다.

다시 물었다. "기업가정신도 타고나는 것이라고 생각하나?" 그는 "탁월한 기업가는 타고나는데, 타고나는 기업가가 적기 때문에 교육과 훈련이 필요하다"고 말했다. 윤 대표는 기업가정신을 타고난 사람으로 스티브 잡스를 꼽았다(인터뷰 내내 그는 스티브 잡스 얘기를 했다).

"스티브 잡스가 추구한 것은 돈이 아니었어요. 그랬다면 그의 인생 항로나 궤적이 그렇게 나타나지 않았겠죠. 그는 자기가 세운 회사에서 쫓겨났지만, 정신은 잃지 않았습니다. 그는 고생하고 고민하며 고객이 원하는 것을 생각했고 창조해냈고 전략적으로 성공시켰습니다. 성공 여부와 상관없이 스티브 잡스는 기업가정신의 표상입니다."

그는 기업가정신의 정의에 대해 "무언가 만들고 창조해내고 싶은 열망"이라고 말했다. 그 열망이 상품이나 서비스나 가치가 되고 누군가 돈을 지불하고 그 열망을 누군가 따라 하는 과정이 기업가정신의 확산이라고 했다. "창업은 사랑의 감정과 비슷합니다. 가슴이 뛰고 오로지 그 생각에만 몰입하게 됩니다.

'또라이 정신'도 필요하죠. 우아한 가운데 혁신은 나오기 어렵습니다. 창업 후 사업은 전쟁입니다. 전쟁에서 가장 중요한 덕목은 전략도 무기도 아닌 용기라고 생각합니다. 목숨을 던지는 용기가 필요하죠." 하지만 청년에게 열망만 가지고 모험하라고 말하기는 어렵다. 그 열망이 실현될 수 있는 환경이 없는데 정신만 강조하며 설득할 수는 없는 일이다.

정부가 육성하겠다는 '1인 기업'도 어쩌면 그런 식이다. 윤 대표는 "창업할 때, 회사를 매각할 때 법률이나 재무 조언을 받을 곳이 전혀 없었다"며 "그 후 벤처 붐이 일어났을 때도 창업 환경이나 인프라는 미흡했고 지금도 마찬가지"라고 말했다. 그는 "기업가정신을 강요하고 권장하는 것보다 청년들이 마음껏 씨앗을 뿌릴 수 있도록 환경을 제공하는 것이 중요하다"고 강조했다.

성공과 좌절을 모두 맛본 그에게 예비 후배 창업가를 위한 조언을 부탁했다. 스티브 잡스 매니어답게 윤 대표는 "2005년 잡스가 스탠퍼드 대학에서 한 연설을 들어보라"고 했다. "그 연설을 듣고 심장이 뛰면 기업가정신이 스며 있다는 뜻"이라고 했다. 그래서 일부 옮겨본다.

"때로 세상이 당신을 속일지라도 결코 믿음을 잃지 마십시오. 전 반드시 인생에서 해야만 할 일이 있었기에 반드시 이겨낸다고 확신했습니다. 당신이 사랑하는 일을 찾아보세요. 사랑하는 사람이 내게 먼저 다가오지 않듯 일도 그런 것이죠. 거대한 시간 속에서 진정한 기쁨을 누릴 수 있는 방법은 스스로 위대한 일을 한다고 자부하는 것입니다. 포기하지 마세요. 현실에 주저하지 마세요. … 다른 사람들의 생각에 얽매이지 마십시오. 『지구 백과』라는 책이 있습니다. 스튜어트 브랜드란 사람이 쓴 책인데 자신의 모든 것을 불어넣은 책이죠. 그 책 뒤에 이런 말이 있습니다. 배고픔과 함께, 미련함과 함께. 저는 이제 새로운 시작을 앞둔 여러분이 여러분의 분야에서 이런 방법으로 가길 원합니다. 배고픔과 함께, 미련함과 함께."

이코노미스트 2010년 4월 27일자
김태윤 기자 pin21@joongang.co.kr

기업가정신은 사랑의 감정 같은 것 -- 다시 일어서자 / 경제리더새해각오] 윤석민 웹인터내셔널사장

4장

창업자 고려사항

4.1 5W1H

5W1H(five W's and one H) 는 누가(who), 무엇을(what), 언제(when), 어디서(where), 어떻게(how)를 일컫는 말로서 언론계 등에서 기사 작성 시 기본적으로 들어가야 할 요소로서 기사내용을 파악하는데 핵심적인 역할을 수행한다. 창업을 하고자 하는 사람은 논리적인 생각과 판단이 필요한데, 5W1H를 도입하여 볼 필요가 있다.

① 왜!(why)

왜!(why)는 창업을 하는 이유에 대해서 근본적인 질문을 끊임없이 해야 하는 것이다. 창업의 궁극적인 목표가 무엇이고, 창업을 하는 가정 속에서 일어나는 여러 가지 상황, 사건들에 대한 문제 해결 방식을 고민하고 의사결정을 하는 데 수없이 필요한 부분이다. 그리고 항상 그 질문에 대한 자신의 대답이 확실해야 할 필요성이 있다.

② 누가(who)

'창업을 누가 하는 것이다'라는 의미이다. 개인 혼자서 창업을 할 수 도 있고, 그렇지 않을 수도 있지만, 기본적으로 창업자의 능력과 개인적인 특성을 창업자와 관련된 여러 가지 고려요인들을 파악해야 한다. 만약 창업자 적성에 맞지 않거나 목표와 다르다면 그것을 창업의 시작 전부터 첫 단추를 잘못 꿰는 것이 될 것이다.

③ 무엇을?(what)

창업 시 생산해내는 재화에 대한 부분이다. 즉, 창업아이템을 선정하고, 그것을 실제적으로 제품으로 개발하여 시장에 출시하고, 판매하여 수익을 올릴 수 있는가의 문제이다. 이 부분은 무엇보다도 창업자의 관심분야와 자신의 경험에서 출적된 충분한 지식과 역량이 요구된다.

④ 언제?(when)

창업의 시기를 말하는 것으로, 시장환경 분석과 더불어 시장 내 제품을 진입시킬 시점을 정확하게 포착하여 실행하는 판단력이 요구된다. 마치 야구경기에서 야구선수가 적시타를 쳐서 승리를 이끄는 것처럼, 창업의 시기와 창업제품의 출시 시점을 정확히 파악하는 철두철미한 전략이 요구된다.

⑤ 어디서?(where)

장소적인 의미로서 창업의 입지를 의미하는데, 현대의 시장자체는 온라인과 오프라인 두 개의 시장이 모두 형성되어 있으므로, 어느 장소를 선택할 것인지, 아니면 두 개의 시장을 모두 선정할 것인지에 대한 충분한 심사숙고와 의사결정이 필요하다.

⑥ 어떻게?(how)

창업한 기업의 구체적이고 세부적인 전략을 말하는 것인데 창업과 관련된 여러 가지 요소들을 결합해 나가는 경영활동상의 문제가 요구되는 부분이다. 경영자의 경영철학과 기업가정신을 바탕으로 각 부문별로 (마케팅・인적자원관리・생산운영관리・재무관리・기타 등) 경영관리활동(계획・조직・조정・통제)을 수행해 나가는 실무적인 성격을 띠고 있다.

결국 시장에서 성공할 수 있는 창업과 마케팅 활동의 5W1H를 예시하면 다음과 같다.

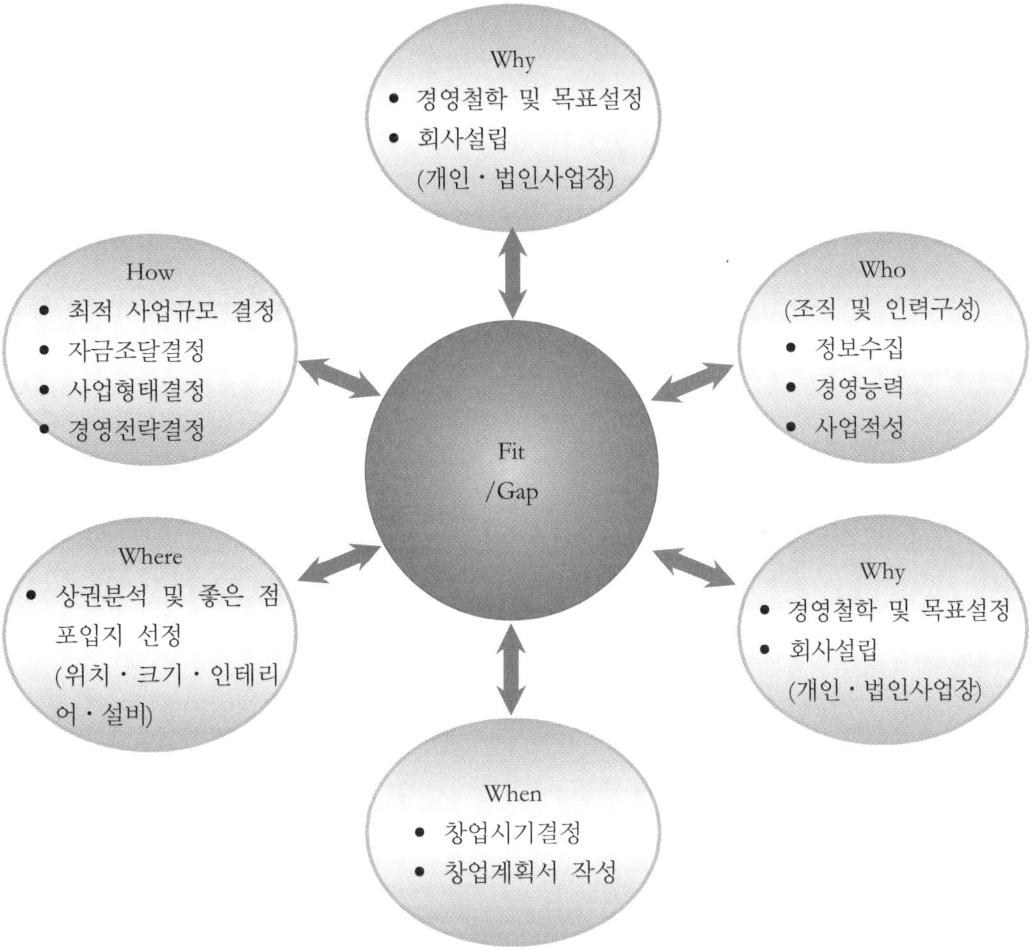
Why
• 경영철학 및 목표설정
• 회사설립
(개인 · 법인사업장)
How
• 최적 사업규모 결정
• 자금조달결정
• 사업형태결정
• 경영전략결정
Who
(조직 및 인력구성)
• 정보수집
• 경영능력
• 사업적성
Fit
/Gap
Where
• 상권분석 및 좋은 점포입지 선정
(위치 · 크기 · 인테리어 · 설비)
Why
• 경영철학 및 목표설정
• 회사설립
(개인 · 법인사업장)
When
• 창업시기결정
• 창업계획서 작성

그림 4.1 창업 5W1H

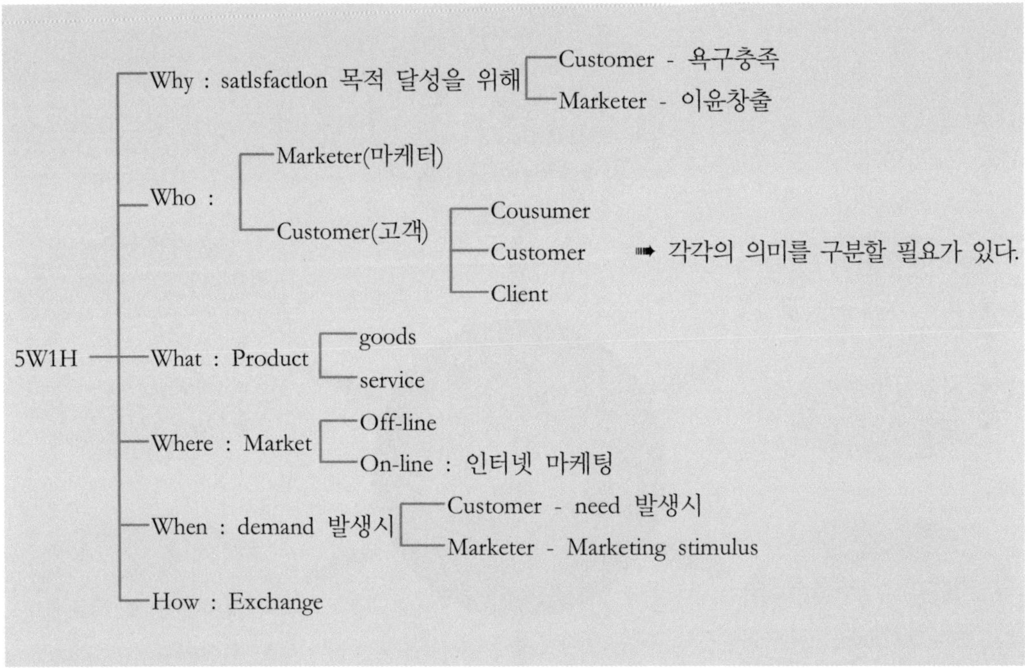

그림 4.2 마케팅 5W1H

4.2 Fit / Gap

① Fit

Fit은 모양・크기가 어떤 사람・사물에 맞다 는 뜻이다.

개인은 태어날 때부터 지닌 본성과 후천적으로 학습되어져 터득된 그 무언가를 가지고 있는데 그것을 개인적인 특성(성격, 장점 및 단점, 소질 또는 재능)이라고 한다.

사회적으로는 교육을 통해서 개인적인 특성이 개발되어질 때 그것을 역량이라는 표현을 한다. 개인/조직이 자신들의 목적을 달성하기 위해서는 각자의 특성들을 발견해 내고, 개발시켜서, 목적에 맞게끔 수정시키고 보완하는 작업을 할 필요가 있다.

하지만 그것은 자신이 불만족을 느끼면서까지 할 필요는 없는 것이다. 입는 옷이나 신발도 자신의 사이즈에 딱 맞을 때 가장 멋있고 아름다운 것처럼, 자신이 행복·만족 할 수 있는 최적의 조건 ,즉 자신이 즐거움을 느낄 수 있고 자아실현을 추구할 수 있는 자신에게 꼭 맞는(fit) 요인을 찾아내어서 서로에게 공유하는 것이야 말로 가장 오래 갈 수 있는 key factor일 것이다.

창업아이템 선정 또한 시기와 환경적 요인을 잘 파악하여 시장에 꼭 맞는 아이템 선정이 필요하다.

② Gap

Gap은 공간적 틈, 시간적 공백, 사람·의견 등을 가르는 격차(gap)를 뜻한다.

어떤 사건이나 상황 속에서 사람들은 그것들을 해결하기 위한 의사결정을 내려야한다. 구성원들이 문제를 해결하는 과정 속에서 한 마음 한뜻을 가지고 공동의 목적달성을 위한 올바른 의사결정을 내린다는 것은 무척이나 힘든 일이다.

그 이유는 바로 구성원들 개인에 따른 격차(gap)가 있기 때문이다. 긍정적으로 표현하면 개성, 차별성, 독특함이라고 한다. 한 가지 목적을 달성하기 위해서는 그 각각의 다른 특징들을 인정해 주고 서로 배려하며 때로는 포기해야 하는 부분은 과감하게 포기할 줄 아는 용기도 필요하겠다.

창업아이템을 개발하는 과정에서 일어나는 현실적인 차이점(관련자료 부족·여건미비 등)들을 정확하게 분석해야 한다.

4.3 21세기 시장경향

우선적으로 창업을 하기 전에 알아두어야 할 시장 환경의 변화 즉 마케팅 트랜드를 살펴볼 필요가 있는데, 대표적으로 고령화·양극화·IT강국·엔터테인먼트·녹색지구·Big Mac·미래의 고객(어린이) 그리고 새로운 틈새시장의 고객층으로 형성되어지는 Bluesumer를 들 수 있다.

(1) 고령화 (실버마케팅)

고령화 사회로 진행이 되면서 65세 이상의 노령인구들을 Tonk족(Tow-only no kids)로 명명되어 지며, 그들을 타겟으로 한 새로운 실버산업의 성장이 계속해서 증가될 추세이다. 지금 우리나라는 세계에서 가장 빠르게 노령화 현상이 나타나고 있을 뿐만 아니라, 은퇴연령이 점점 더 낮아지고 있다. 이러한 현상은 실버세대들에게는 적극적인 노후대책이 필요한 상황으로 바뀌어지고 있다. 실제적으로 보험·금융시장의 상품들은 전성기를 맞이하고 있고, 시장에서의 마케터들은 실버마케팅을 실시하여 실버세대들을 겨냥한 틈새시장의 확보를 위한 마케팅 전략을 강구하고 있다.

(2) 양극화 (양극화 마케팅)

세계적인 장기 불황 및 경제위기는 소득계층의 양극화현상을 겪게 되는 나라들이 나타난다. 이 현상은 하나의 국가에 두 개의 시장이 생기게 되므로 두 개의 시장을 다르게 겨냥하는 사업과 각각의 색다른 사업전략을 구체적으로 세운다면 또 다른 틈새시장의 영역은 무한하다고 본다.

소비의 형태 또한 특정 소비 집단 간의 소비 수준이 양극화 되는 현상이 나타나게 되는데, 소득계층 간의 차이는 소득수준이 높은 계층일수록 고급사치품이나 외제품을 소비하고, 이들을 대상으로 하는 '귀족(VIP) 마케팅' 전략과, 핵심고객을 집중적으로 공략하는 디마케팅전략을 기업들이 주로 사용하게 될 것이다. 실제적으로 저소득 계층은 저가 생필품을 구입하게 되는 등의 '부익부 빈익빈'현상은 앞으로도 심화 될 것으로 보인다. 그러한 원인은 시장경제 위기로 인한 실업과 고금리 등 계층 간의 소득 불균형을 가져오게 된다.

(3) IT강국 (인터넷마케팅·하이테크마케팅)

전 세계 인터넷 이용자 수는 점점 늘어가고 있다 2008년 전 세계 인터넷 이용인구는 14억 명이고, 2012년에는 19억 명을 넘어설 것으로 전망하고 있다. 그만큼 생각의 속도는 빨라지고 있으므로, 인터넷시장에서의 계속해서 입네이트되어지는 마케팅전략이 필요하다.

인터넷 마케팅은 인터넷의 특성을 이용해서 시장조사, 소비자의 욕구 파악, 효율적인 판매망 확보등을 통한 비용 및 시간의 절감을 가져온다. 홈 페이지를 이용한 웹 마케팅, 푸시 기술 및 이메일을 이용한 인터넷 타깃 마케팅으로 구분되어 설명할 수 있으며, 그 예로 신용 카드 회사나 이동 전화 업체는 고객 데이터베이스를 웹에 연결해 이용 대금 결제나 결제 대금 조회, 연체 조회 등의 다양한 고객 서비스를 제공하고 있으며 시스템 구축비용이 저렴한 것이 장점이다.

아울러 18개월마다 컴퓨터 처리 속도가 달라진다는 무어의 법칙을 보듯이 점점 더 기술이 복잡화 되어지는 현실에 대한 시장경쟁전략이 부단히 요구되어진다.

(4) 엔터테인먼트 (엔터테인먼트마케팅 · 오락마케팅)

엔터테인멘트는 사람들의 즐거움에 대한 욕구를 자극하는 것을 바탕으로 하는 문화 활동으로서 오락이나 여흥 또는 즐거움을 만끽하고자 하는 자들의 모임을 가리킨다. 재미를 추구하는 오락 또는 다른 프로그램을 하면서 기쁨을 맛보고, 카타르시스 작용까지도 기대하게 된다. 특히, 오락게임산업의 발달이나 다른 연예산업의 발달은 하나의 문화로 형성하게 되면서 많은 경제적 가치를 창출하게 되었다.

앞으로도 엔터테인먼트와 관련된 시장에서의 사업은 계속해서 증가될 전망이다. 독일어로 Kitch 라는 단어의 의미는 유치스러운, 저질스러운의 뜻을 포함하고 있다. 그만큼 현대인들은 생활 속에서 많은 스트레스를 받고 있는데 대한 정화작용의 욕구가 강하게 일어나고 있는 것이 현실이다. 그것이 실제적으로도 오감을 자극하는 여러 가지의 형태로 각각의 컨텐츠들의 선정성, 폭력성 등의 문제가 대두되는 것도 사실이다. 따라서 진지함'을 누르고, 재미가 현대의 소비자들에게 우선가치가 된다는 또 다른 부작용이나 우려사항이 생길지도 모른다는 사실을 간과해서는 안 될 것이다.

(5) 녹색지구 (그린마케팅)

무분별한 에너지 사용으로 인한 에너지 고갈의 위기, 과도한 화석연료 사용이 부른 지구온난화 등 친환경에너지는 선택이 아닌 필수다. 지구를 살리기 위한 노력의 일환으로 '즐거운 불편', '녹색에너지' 등 다양한 지구 살리기 운동이 펼쳐지고 있는 것이 현실이다.

<[8]불편한 신실>이라는 영화에서 배우는 "지구를 사랑하는 10가지 방법"을 소개한다.

1. 일반 전구를 형광등으로 교체하세요.

   일 년에 68kg의 이산화탄소가 줄어듭니다.

2. 자동차 이용을 조금만 줄이세요.

   대중교통을 이용하세요. 아니면, 걷거나 자전거를 타는 것은 어때요? 2km만 차를 안타도 600kg의 이산화탄소가 줄어듭니다.

3. 재활용을 열심히 해주세요.

   지금 집에서 버리는 쓰레기의 1/2만 재활용해도 1톤의 이산화탄소가 줄어듭니다.

4. 타이어를 체크해보세요.

   적당한 공기압을 유지하는 것만으로도 기름을 3% 이상 아낄 수 있습니다.

5. 따뜻한 물을 조금 덜 사용하세요.

   물을 가열하는 데는 많은 에너지가 들어갑니다. 절수형 샤워기를 사용하면 1년에 160kg의 에너지를 아낄 수 있어요. 빨래를 할 때에는 찬물이나 미지근한 물을 사용해보세요.

6. 상품 포장을 조금만 줄여보는 건 어떨까요?

   쓰레기를 10%만 줄여도 540kg의 이산화탄소가 줄어듭니다.

7. 겨울 난방온도를 2도만 낮추고, 여름 냉방온도를 2도만 높여보세요.

   1년에 900kg의 이산화탄소가 줄어듭니다.

8) 영화 <불편한 진실> "지구를 사랑하는 10가지 방법"

8. 나무를 심으세요.

   나무 한 그루가 1톤의 이산화탄소를 흡수합니다.

9. 전자제품을 사용하지 않을 때에는 꺼두세요.

10. '불편한 진실' 홈페이지를 방문해서 더 많은 것을 배워가세요.

-네이버 영화 [불편한 진실] (2006)

➡ 녹색비즈니스 사례

녹색 비즈니스, 세계를 위한 신성장 동력
글로벌 기업 정상들, 녹색경제 선도·환경문제 해결 실천 의지 재확인

세계 지도자들이 새로운 기후변화 협상에 있어 난항을 겪는 동안, 전세계 기업들은 기후변화를 비롯한 여러 환경 현안들에 녹색 리더십과 혁신을 통해 앞서 대응하므로 위기를 기회로 탈바꿈하고 있다.

기업들은 전세계적으로 도전에 직면한 환경문제 해결과 온실가스 감축을 위한 새로운 제품 및 서비스를 개발하는 등 혁신적 경영방식을 추구하고 있다. 이는 글로벌 녹색경제로 가는 길임은 분명하지만 아직도 기업들의 환경에 대한 책무는 산적해 있는 것이 현실이다.

이에 세계 최대 다국적 기업들의 CEO 등은 지난 4월21일부터 23일까지 3일간 서울 코엑스(COEX)에 모여'제4차 환경을 위한 글로벌 기업 정상회의(B4E Summit 2010)'를 가졌다.

이번 회의에는 이명박 대통령, 아킴 슈타이너 유엔환경계획(UNEP) 사무총장, 게오르그 켈 유엔 글로벌 콤팩트(UN Global Compact) 사무총장, 바라트 자데오 가이아나 대통령, 모하메드 나시드 몰디브 대통령, 요헨 자이츠 푸마 회장, 찰리 브라운 오피스 디포 인터내셔널 사장 등 세계 35개국에서 1천여 명의 기업, 정부, 비정부기구 관계자들이 참석해 에너지 효율성·녹색성장 전략수자원 관리·청정기술 혁신 등 다양한 분야에서의 해결방안 및 접근방식 마련에 잎장서는 새로운 지속가능성 협약을 논의했다.

또 반기문 사무총장과 앨 고어 전 미국 부통령은 화상 연설을 했다. 반기문 UN 사무총장은 "경제적·환경적 웰빙을 위해 우리에게 필요한 것은 녹색 성장"이라며 "기후변화, 사막화, 생물다양성 감소는 그 자체로 새천년 개발 목표(Millennium Development Goals) 달성에 위협이 되고 있다. 우리에게 필요한 것은 실천, 혁신, 의지이다. 기업들이 주도적인 역할을 담당해주길 기대한다"라고 말했다.

이명박 대통령 또한 기조 연설을 통해 반기문 UN 사무총장의 주제와 뜻을 같이하며 세계 각국이 경제적·환경적 혜택을 모두 확보할 수 있는 발전을 유도할 수 있다고 밝히고, 특히 4대강 정비사업과 같은 대한민국의 녹색성장 촉진 정책 및 특별 계획안을 강조했다.

UNEP, 유엔 글로벌 컴팩트, 세계자연보호기금협회(WWF)와 함께 한국의 환경부·지식경제부·녹색성장위원회가 공동주최한 이번 글로벌 기업 정상회의(B4E)는 '2010년 지구의 날' 행사와 연계하여 열렸다.

특히 정상회의 기간 동안 참가자 및 주요 패널들은 △식량 확보 등 개발 목표를 전반적인 기후변화 전략과 통합 △유역 차원에서의 경제적·환경적·사회적 영향 등 보다 폭넓은 사항을 고려하는 수자원 관리의 새로운 모델 수용 △공급 업체 및 파트너사의 지속가능성 요건 및 기준 수용 요구를 통해 지속 가능한 조달 및 녹색 공급망 확대 등 새로운 환경전략을 제시했다.

또 △투자자 및 자본가가 환경 및 지속가능성 관련 고려사항이 모두 통합된 장기적 투자 관점을 도입하도록 유도 △소비자의 의식 고취를 통한 새로운 소비 패턴 유도 및 새로운 가치를 부여하는 신규 상품 및 서비스 개발 △생태계의 경제적·사회적 가치를 인정하는 기업의 생물다양성 전략 도입 △유엔 글로벌 컴팩트의 '기후에 대한 배려(Caring for Climate)' 및 '기업 CEO 수자원관리 책무(CEO Water Mandate)' 프로젝트 등 유엔의 주요 특별 계획 참여 확대 등 혁신 방안도 제시했다.

아킴 슈타이너(Achim Steiner) UNEP 사무총장은 글로벌 기업 정상 및 재계 참여자들의 환경 문제 접근 방식에 있어 '새로운 패러다임'의 필요성을 역설하며, "20세기식 낡은 경제 모델로는 2050년경 90억 명을 돌파할 것으로 예상되는 60억 인구의 지구가 필요로 하는 저탄소, 자원 효율적인 경제 개발 과정의 실현이 불가능하다. 녹색 경제로의 전환은 결국 불가피한 것이다. 이제 남은 문제는 이러한 전환을 계획에 따라 추진하느냐 아니면 그저 수수방관하느냐이다."라고 말했다.

[특별취재반 = 배철민 편집국장, 권신익·임지혜 기자]

[출처][특집] 녹색 비즈니스, 세계를 위한 신성장 동력 |작성자waterjournal

(6) Big-Mac(뚱보마케팅)

급속히 늘어난 비만인구가 점차 중산층 소비자군 으로 자리잡아가면서 미국 기업들 사이에 "뚱보마케팅"이 새로운 21세기의 마케팅 트렌드로 부상하고 있다. (미국 경제월간 비즈니스 2001.6)

2013년에는 9천만 명에 근접할 것으로 전망하고 있다. 기업들은 비만인구에 대한 시각이 변하고 있으며, 몸집이 큰 사람을 목표고객으로 하는 제품이 출시되고 있다. 기존의 제품보다 크기가 30% 더 큰 그랜드 킹사이즈 매트리스, 최대 3인치나 더 큰 좌석의 도요다 자동차 킹 등을 예로 들 수 있다.

랄프로렌, 토미힐피거 등 유명 의류브랜드상품도 빅사이즈 제품 출시로 매출액이 증가되었으며, 변기좌석, 여객기 좌석, 안전벨트 확장기 같이 몸집이 큰 사람을 위한 아이디어상품이 계속 출시되고 있다. 얼짱, 몸짱을 추구하는 소비자를 대상으로 한 기업제품들의 시장영역의 확보와 더불어, 비만인구를 대상으로 하는 새로운 목표시장이 전개될 전망이다.

(7) 미래의 고객 (키즈마케팅)

소비생활 패턴의 다양함과 풍요로움 · 출산율 저하 · 맞벌이 부부의 증가 등은 자녀 중심의 구매형태가 늘어나고 있다. 아동들의 생활양식이 변화하면서 본인들이 직접 상표를 선택하고, 구매능력 또한 증가하고 있다(65%). 4세-12세 연령층의 어린이를 목표대상으로 이러한 구매형태는 가족구매의사결정에도 영향을 미친다. 유년기에 형성된 상표에 대한 애호도는 어른이 되어서도 그 상표에 대한 감정적 애착(Emotional Attachment) 이 생겨서 상표에 대한 태도를 쉽게 바꾸지 않게 되는 것이 일반적이다. 그런 의미에서 어린이들은 미래의 잠재고객으로서 충분히 마케팅 활동을 적극적으로 수행할 필요성이 있다. 이러한 변화를 예측한 기업들의 마케팅활동과 그에 따른 매출 실적이 급성자하고 있는 것이 현실이다.

(8) Bluesumer = Bluocean+Consumer

"블루슈머"를 잡아라.'블루슈머'는 경쟁자가 없는 시장, 블루오션의 새로운 소비자이다.

시장환경의 변화에 따른 소비자들의 욕구는 세분화의 단계를 넘어 파편화되어가고 있다고 표현 할 정도로 소비자들의 의식수준과 세품에 대한 정보력은 점점 파워풀 해지는 것이 사실이다. 이에 기업은 그들의 변화된 경향에 맞는 새로운 제품시장의 확보 및 그에 따른 마케팅전략이 강구되어야 한다.

① **백수탈출**

- 백수를 탈출할 수 있는 취업 및 창업을 지원하는 서비스

  Ex) 진로 및 적성 검사 대행업, 이미지 컨설팅, 헤드헌터 등

② **똑똑한 지갑족**

- 내수소비량 줄어듦

  Ex) 각종 대여업과 온라인 중고 장터 등 합리적 소비를 돕는 상품과 서비스

③ **나홀로가구**

- 1인 가구, 2월 현재 342만 가구, 95년 이후 14년 동안 2배 이상증가
- 1인 가구를 대상으로 싱글산업 상품과 서비스

  Ex) 즉 1인용 소파, 소형 복합 가전, 미니 아파트

④ **녹색세대**

- 한국 온실가스 배출량은 90년 이후 2배 이상 증가

  Ex) 절수형 변기, 에너지 절약 램프 등 친환경 및 에너지 절약

⑤ **U-Shopper**

- 지난해 사이버 쇼핑규모가 사상 최대 18조1천460억 원 전년 대비 15% 증가

  Ex) 온라인 창업 컨설팅, 쇼핑몰 제품 촬영 대행, 스튜디오 대행 등 쇼핑몰 창업을 위한 상품과 서비스

⑥ **내나라 여행족**

- 지난해 내국인 출구자 수; 1천199만6천명, 전년대비 10% 줄어듦
- 2003년 이후 첫 감소

EX) 아웃도어 의류, 저가 국내여행 상품 등

⑦ **자연愛밥상족 - Well Being Marketing**

- 유해식품과 식중독 때문에 먹거리가 불안하다는 응답이 69%, 수입 농산물도 불안하다는 응답이 87%

Ex) 홈 쿠킹 제품과 간이 텃밭용 화분 및 농기구 등이 유기농 친환경 식사를 위한 상품과 서비스 주목

⑧ **아이를 기다리는 부부**

- 불임으로 건강보험 진료를 받은 환자가 2001년 8만 명--> 2007년 16만4천500명으로 증가

Ex) 불임 방지용 의자, 불임 방지용 남자 속옷, 불임 방지 요가 교실은

⑨ **거울보는 남자**

- 15~24세 남자 청소년들의 고민 중 외모가 9.9%로 3위 차지

EX) 남성용 기능성 화장품, 액세서리, 몸매보정 속옷 등의 남성용 패션 및 메이크업 제품

⑩ **가려운 아이들**

- 인구 1천 명당 아토피 염 발병률이 2001년~ 2005년 76%증가

Ex) 아토피를 방지 할 수 있는 새집증후군 예방 제품, 아토피 치료 캠프

자료 : 통계청(www.kostat.go.kr)

(9) 60대 구매성향

60대 노인들의 구매성향 사례

노인용품 시장 2년새 두배..수입은 6배

보사연 보고서.."잠재수요자 1천500만명"

고령사회 진입에 따라 안마기, 휠체어 등 노인용품 시장이 2년 새 두배로 커졌으나 이중 4분의 1 정도를 수입에 의존하는 것으로 나타났다.

김수봉 한국보건사회연구원 연구위원은 10일 `고령친화용품 소비실태와 현안 과제'라는 연구보고서에서 급속한 고령화로 고령층이 주요 수요계층으로 등장할 것으로 예상된다며 고령친화용품 산업의 지원 및 육성이 필요하다고 강조했다.

보고서에 따르면 2008년 현재 족욕기, 안마기, 휠체어, 전동침대, 운동기기 등 국내 노인용품 시장은 1조3천477억원 규모로 2006년 6천825억원보다 2배 가까이 늘어났다.

개인건강·의료용품이 5천677억원으로 전체 시장의 42.1%를 차지해 가장 규모가 컸고 이어 고령자용 게임기, 장난감 로봇, 악기 등 여가용품이 20%, 배변용품이 12%, 기능저하예방용품이 8.7%로 뒤를 이었다.

특히 수입 규모는 시장 전체의 25.6%인 3천448억원으로 2006년 534억원의 6배 이상으로 늘어났다.

김 연구위원은 "이는 장기요양제도의 실시와 고령인구의 증가 등으로 고령친화용품의 수요가 증가함에 따라 고가 제품을 위주로 다양한 종류의 제품들이 수입되고 있기 때문"이라고 설명했다.

시장규모는 커지고 있지만 산업 현장은 열악했다.

2008년 현재 고령친화용품을 제조·유통하는 기업은 모두 866개 업체로 2006년 376개, 2007년 415개에서 지속적인 증가세를 보이고 있으며 이들 전체 기업의 자본금 합계는 895억원으로 업체당 평균 자본금이 1억300만원에 불과했다.

산업체 종사자 수는 2008년 1만2천424명으로 2007년 6천403명보다 94% 늘어나 향후 새로운 고용시장으로 발전할 가능성이 큰 것으로 전망됐다.

고령친화용품의 소비자는 65세 이상 노인뿐 아니라 이들을 주로 수발하는 50대 장년층도 포함되며 2010년 현재 50대 이상 장년층 671만 명을 고려하면 잠재 수요자가 1천425만명에 달한다.

또한 베이비붐 세대가 65세 이상 노인이 되는 2020년경에는 고령친화용품의 주 소비층이 2천만명에 이를 것으로 관측되고 있다.

김 연구위원은 "고령친화산업을 신성장동력 산업으로 지원하기 위한 제도적 장치를 마련 중이나 아직 초기단계로 연구개발이나 지역특성화 전략에 머물고 있다"라면서 "고령친화 산업에서 우위에 있는 노인보건복지 선진국인 미국, 일본, 유럽연합(EU) 등과의 시장개방에 대비하는 한편 고령화가 진행 중인 중국, 인도 등으로 진출 채비도 갖춰야 한다"라고 말했다.

출처 : 2010년 5월 10일 연합뉴스

(서울=연합뉴스) 정주호 기자

(10) 기타

2011년 소비 주도할 파워집단은?

내년 국내 소비시장을 주도하는 소비자 집단을 유형별로 나누어 가치관과 생활 양식, 매체 이용 방식 등을 조사한 분석 결과가 나왔다.

한국방송광고공사(코바코 · 사장 양휘부)는 29일 2010년 소비자행태조사(MCR) 결과를 토대로 국내 시장을 주도하는 5개의 주요 소비 집단을 도출해 공개했다.

스마트폰을 적극적으로 활용하는 `스마트 모빌리언' 집단, 신상품 구매 의지가 높은 `얼리 어답터' 집단, 부유한 상위 계층인 `프리미어 소비자' 집단, 은퇴했지만 재력을 갖춘 `골드 시니어' 집단, 그리고 성취욕구와 함께 다방면에 관심이 많은 `알파맘' 집단 등이 그것.

젊은 계층은 스마트 모빌리언과 얼리 어답터 집단으로 대별된다.

스마트 모빌리언 집단은 꼭 갖고 싶은 물건은 가격에 관계 없이 구매하는 강한 소비욕구 실현 의지가 있으며, 스마트 기기나 소셜네트워크 등 인터넷 서비스 이용에 익숙하다. 남성과 여성의 비율이 4대6이며, 13~29세까지가 51.7%로 전 연령대 중 절반 이상을 점한다.

학생 계층이 30%로 가장 많았으며, 인터넷과 TV 노출 비중이 높았다. 전체 소비자의 18.7%가 이에 해당한다.

얼리 어답터 집단은 신제품에 대한 구매 성향이 높고 이에 대한 정보를 널리 전파하려는 욕구도 강한 계층이다. 남성과 여성의 비율은 6대4이며, 20대가 30%로 가장 많고, 학생 및 일반 사무직 근로자 비중이 높았다.

이들은 높은 지상파TV 시청률을 보였으며, 신문과 잡지 등 매체를 이용하는 비중도 높았다. 응답자의 6.1%가 이 같은 성향을 보였다.

프리미어 소비자는 국내 정치·경제·사회·문화를 리드하는 상위 5% 집단으로, 높은 소득 수준과 사회적 지위를 바탕으로 한다. 연평균 가구 소득 1억원 이상인 이들은 MCR 조사에 응한 이들 가운데 약 4.3%를 점했으며, 남성과 여성 비율이 55대45, 50대 이상 연령 위주에 사무직 비중이 높았다.

이들은 얼리 어답터 적인 성향도 다분한 것으로 조사됐다.

골드 시니어 집단은 50세 이상 계층 가운데 건강과 노후에 대한 관심이 높고 개인주의적이며 사교적이고, 사회공헌에 대한 관심이 컸다.

전체 응답자의 약 5%에 해당하며, 구체적으로 생활가전과 아파트, 자동차 등에 대한 관심이 높은 집단이다. 매체는 TV와 신문을 선호하며, 지상파와 케이블TV방송 및 라디오 광고에 민감하게 반응했다.

알파맘 집단은 실질적인 가계 활동의 소비주체인 기혼여성 가운데 직장생활을 겸하는 소비자 집단이다.

일을 중시하며, 자녀의 교육에 적극적 투자의지를 보이고, 패션이나 유행에 민감하다. 또 얼리 어답터적인 기질도 보인다. 지상파TV와 라디오 광고에 대한 관심이 높았다.

정헌용 HS애드 팀장은 "광고주들에게 특정 소비주도층을 설득력 있게 제시할 수 있어서 제품의 판매 대상에 맞는 매체 구매활동에도 실질적인 도움을 줄 수 있는 자료"라고 말했다.

기사입력 2010-12-29 10:01

코바코 MCR 조사. jbkim@yna.co.kr.(서울=연합뉴스) 김중배 기자

4.4 입지선정과 상권분석

(1) 입지선정

최근의 시장은 온라인과 오프라인의 동시에 이루어지는 경향도 있다. 아직까지는 점포들이 입지를 선정한다고 할 때는 주로 오프라인에서의 점포의 입지를 의미하는 것이 대부분이다. 흔히들 하는 말로 좋은 입지는'코너 쪽으로 목을 잘 잡아야한다' '점포의 입지가 성공의 70-80%를 차지한다.' 라고 말하는 것처럼 그만큼 입지의 선정은 중요하다고 볼 수 있다. 하지만 실제적으로 시장에서 그렇게 딱 맞아 떨어지거나 좋은 입지를 선정한 다는 것은 쉽지 않은 일이다.

입지를 선정하기 위해서 조사 해 봐야 할 것은 지형 · 지세 · 코너 등의 지리적인 위치를 파악해야하고, 고객의 동향 · 점포의 접근 용이성 · 점포 관련 임대료와 예상수익 · 교통시설 및 도로의 파악과 더불어 입지발전가능성을 살펴 볼 필요가 있다.

1) 지리적 고려요인

- 창업하고자 하는 업종과의 조건의 적합성
- 인접 상권(점포) 내의 규모나 영업상태
- 인구집중도
- 경쟁 점포의 시장 점유율
- 유동인구량
- 상권내의 주택형태나 주민별 소득수준
- 근처지역의 토지이용개발 실태

2) 점포 관련 조건

- 점포 규모
- 도로인접성 여부
- 점포설비 이상유무
- 점포 입주시 제세공과금 등 운영비 수준

- 인접 상권의 구성(업종형태)
- 주차장
- 점포 임대료 수준

이와 같이 점포의 입지 선정은 창업계획의 또 다른 의사결정의 중요한 부분으로서 중요 고려 변수들을 꼼꼼히 분석하고 지혜롭게 판단하는 능력이 창업자에게 필요하다.

표 4.1 입지선정 고려요인

좋은 입지	피해야 할 입지
▪ 유동인구가 많은 곳 ▪ 배후지가 넓고 소득수준이 높은 곳 ▪ 퇴근길 동선에 위치한 점포 ▪ 상권의 중심통로에 위치한 점포 ▪ 인근 상인들의 표정이 밝은 곳 ▪ 금융기관, 대형 유통시설로 가는 길목 ▪ 주변에 노점상이 많은 곳 ▪ 대형 패스트푸드점이 있는 곳 ▪ 권리금이 있는 점포 ▪ 사업장으로 이동시간이 30분 이내인 곳	▪ 오르막길, 언덕 위의 점포 ▪ 맞은 편이 한가한 곳 ▪ 인구가 흘러가는 곳 ▪ 업종이나 주인이 자주 바뀌는 곳 ▪ 대형 경쟁업체가 있는 곳 ▪ 빈 점포나 공터가 많은 곳 ▪ 임대료나 권리금이 유난히 싼 곳 ▪ 주인이 유사업종에 종사하는 곳

자료 : 중소기업청(www.smba.go.kr)

(2) 상권분석

상권이란 영업을 계속 해 나가는 데 있어야 할 고객이 살고 있는 지역적인 특정범위이고 특정의 점포가 고객을 끌어들이는 지리적범위의 정도를 의미한다. 그것은 인위적으로 형성되는 것이 아니라 자연적으로 형성이 되는 것이 일반적이다. 특히, 각 점포가 가지고 있는 특징이나 독특한 마케팅 전략을 하나의 상권을 형성하기도 한다.

지리적 범위에 따라서 1차 상권(점포고객의 50~70%가 거주), 2차 상권(점포고객의 20~25%거주), 3차 상권(기타고객거주) 등으로 상대적 기준으로 필요에 따라 분류할 수 있다.

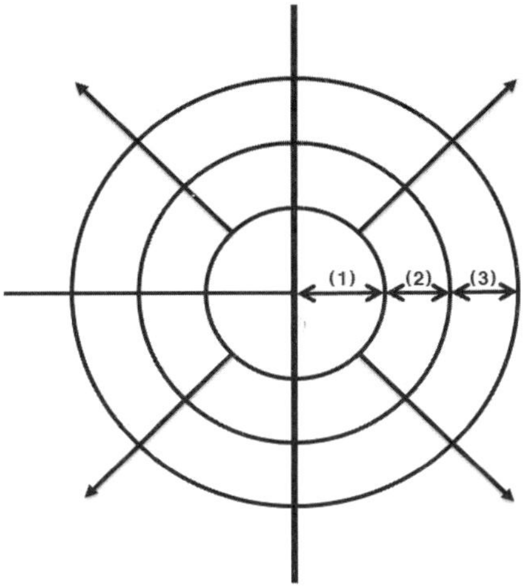

(1) 1차 상권
점포 고객의 60~70%가 거주

(2) 2차 상권
점포 고객의 20~25%가 거주

(3) 3차 상권
기타 고객 거주

적극적인 사고와 영업력으로
상권을 개척한다.

자료 : 이강원, 실전창업, 더난, p.176(2002)

그림 4.3 상권의 정의 및 영역

<상권 조사 단계별 체크 포인트>

1단계: 상권 내 지역정보 수립
- 관공서의 인구통계자료
- 특정기관 조사정보 (방송사, 신문사, 조사업체 자료 등)
- 상업통계자료
- 지역관련 점포조사(점포수, 위치 등)

2단계: 지역상권지도 작성
- 지구별세대수, 인구수
- 교통기관별 표시(역, 정류장 등)
- 지형적인 특성

- 경쟁점 표시
- 소매업종별 점포 표시
- 관련 유통점 표시
- 집객력이 있는 지역시설(체육관, 금융기관, 관공서 등)

3단계: 상권 내 지역 도보 관찰

- 연령별로 구분하여 생활방식 표시
- 교통이용 현황을 통한 상권의 넓이 파악
- 쇼핑 도로 파악
- 거주지, 주거형태, 거주기간, 차량소유 등으로 소득수준 파악
- 혼잡한 점포, 인기 있는 점포 파악
- 고객들의 생활 방식 및 상품의 구매행동 파악

4단계: 그룹방문에 의한 인터뷰 조사

- 지역특성, 거리, 편리함, 차량 진입, 주차의 용이성
- 판촉활동의 영향력 파악
- 클레임 처리, 신용도 체크
- 서비스, 접객태도, 영업시간, 종업원 수 파악
- 이동거리를 늘릴 수 있는 방안 심층 조사
- 사용빈도 조사

자료 : 이강원, 실전창업, 더난, p.186 (2004)

(3) 상권지도의 작성

상권지도를 작성해야만 창업자의 점포입지 고려 요인을 파악하는데 유리할 수 있다. 우선적으로 반경 0.5~1㎞ 구역안에 있는 광역지도와 점포를 중심으로 500 m 반경내내 있는 구역이 보여지는 세부지도로 나누어서 작성해야 한다. (15,000 분의 1 지도・20,000분의 1 지도 준비)

상권지도 내에서 조사할 내용(통행량・경쟁점포수・거주인구・세대수・거주 지역내 소

비자 수준, 각종 시설 및 기관)등을 파악해야 한다.

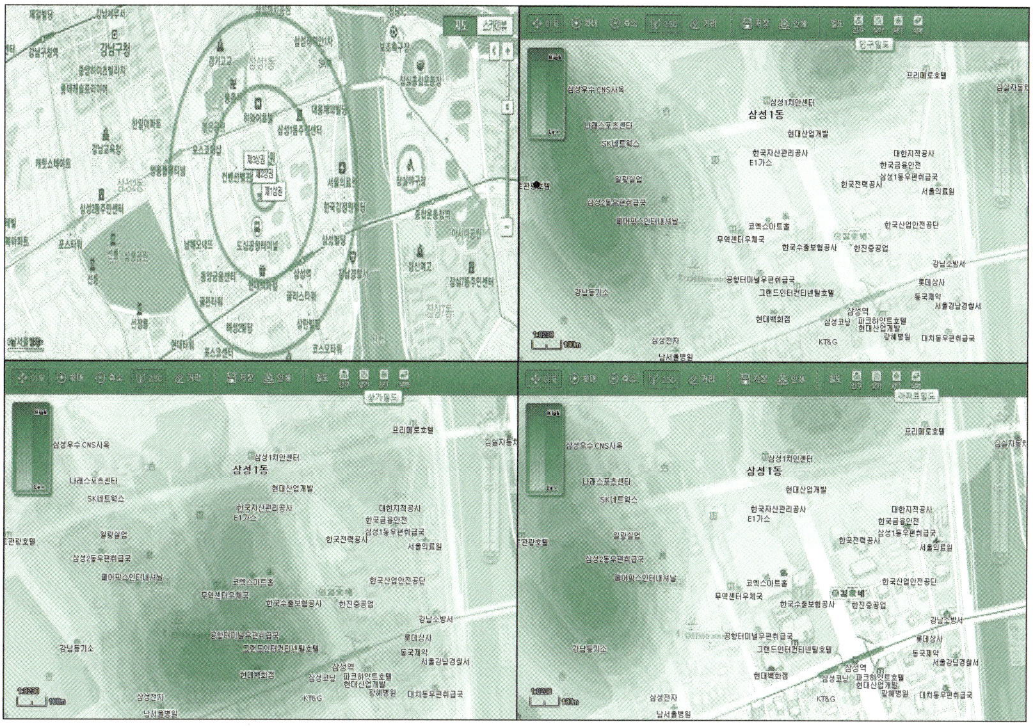

자료 : 소상공인 종합정보시스템 내 상권정보시스템(http://sg.smba.go.kr/)

그림 4.4 상권분석

➥ 상권지도분석사례

- 입지장소 선택이유

- OO 주공 아파트 단지 밀집 지역
(6단지, 7단지 , 8단지)외에도 1단지 부 터 9단지 외에도 주택 및 원룸 밀집지역이 있다. 따라서 유동인구가 많을 것으로 예상된다.

- 주변 시장을 보면 소아과, 안과, 치과 등 다른 의료병원들이 가까운 건물에 하나 이상씩 자리하고 있다.

- 같은 계열의 경쟁업체는 OO도청근처와 OO대학교병원이 있고 거리가 좀 멀기 때문에 크게 문제되지 않는다. 또한 지역이 가깝다고 해서 손님이 몰리는 것이 아니라 전문성으로인해 입소문으로 찾아 손님들이 찾아오고 경우가 많다.

상가주택 | 매매

61평

북도 시 동 【 동 → 아파트 앞 】 201㎡

기본정보 — 최초게재일 : 2009.09.25

소재지	북도 시 동		
건물명	【 동 → 아파트 앞 】	건축구조	
대지면적	201.65㎡	연면적	403.30㎡
지상층수/지하층수	지상 3층/지하 1층	점포수	4 개
방향			
입주가능일	하시	준공년도	
임대가구수	7 가구	주차가능대수	2 대
난방방식	도시가스	난방구조	개별

가격정보

매매가	50,000 만원

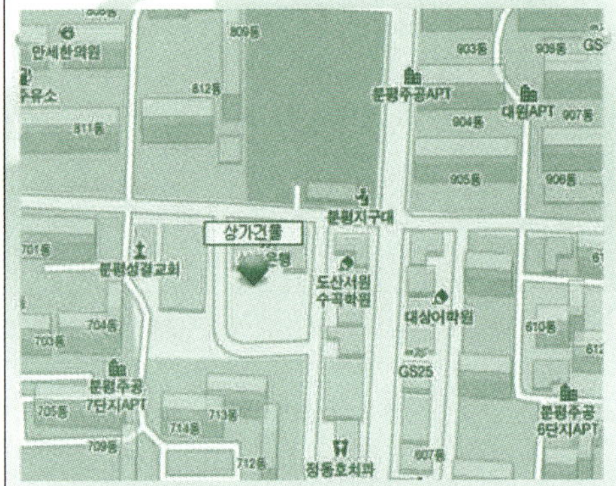

점포 및 시설

- 접수대 및 휴게실 설치

상담실 : 2

진료실 : 5 (두피클리닉실2, 두피 휴식실, 모발케어실2)

인테리어 컨셉 : 화려하지 않고 깨끗한 분위기

기자재 현황 : 1개의 벽걸이 TV구비, 소파, 2개의 데스크탑 설치, 정수기 , 도서

➥ 입지선정 성공 및 실패사례

입지선정 성공사례

[취업 & 창업] '흰자위 상권' 살아남기 제1원칙 "편안한 동네 사랑방이 되세요"

《 창업을 준비하면서 업종 선택 못지않게 중요한 요소는 점포 입지 선정이다. 》

소자본 점포 창업은 입지가 성공의 60~70%를 좌우한다고 할 만큼 창업에서 점포의 입지 선정은 매우 중요한 요소다. 대부분의 창업자는 이른바 '목 좋은' 핵심 상권에서 창업하려는 경향이 두드러지지만 이런 상권은 창업비용이 많이 들고 경쟁도 치열하기 때문에 성공하기가 생각보다 쉽지 않다. 어정쩡한 자금으로는 점포를 구하기조차 어렵다.

요즘은 핵심 상권을 약간 벗어난 중심 상권의 이면이나 동네 주택가, 아파트단지 상가 등 이른바 '흰자위 상권'에서 창업하는 경향이 늘고 있다. 핵심 상권에 비해 경쟁이 덜하고, 권리금이나 보증금이 저렴해 처음 사업을 시작하는 이들에게 위험 부담이 적다. 》

■ 편안한 사랑방 느낌으로

최근 위험 부담이 상대적으로 적은 장점이 있는 이른바 '흰자위 상권'에서 창업하는 경향이 두드러지고 있다. 흰자위 상권에서 창업해 안정적인 소득을 거두고 있는 참숯바비큐치킨 호프전문점 훌랄라의 이혜경 사장이 손님들에게 음식을 서빙하고 있다. 사진 제공 FC창업코리아

설날, 부모님 결혼 잔소리 어떻게 대처했나? 헐리우드 스타들이 쓰는 향수는?주택가 상권은 적은 자본으로 쉽게 접근할 수 있다는 장점이 있다. 큰돈을 벌기는 어렵지만 생계형 창업으로 고정적인 매출을 확보하기에는 가장 적당하다. 특히 주 5일 근무가 보편화되고 여가시간을 가족과 함께 집 주변에서 보내는 이들이 늘면서 동네 상권도 활기를 띠고 있다.

주택가 상권은 유동인구는 적은 대신 고정된 고객을 확보할 수 있다는 것도 특징이다. 이 때문에 가족끼리 편하게 찾아올 수 있는 동네 사랑방 같은 점포를 만들면 좋다. 서울 관악구에서 참숯바비큐치킨 호프전문점 훌랄라(www.hoolala.co.kr)를 운영하는 이혜경 씨(29·여)

는 주택가 상권의 특성에 맞춘 점포를 만들고 창업 6개월째를 맞은 요즘 66m² 크기의 점포에서 월평균 2500만 원의 매출에 800만 원 정도 순이익을 올리고 있다.

가족들의 외식 수요가 많다는 점을 고려해 자장우동바비큐, 참숯떡갈비 등 아이들이 좋아하는 메뉴와 김치바비큐, 된장바비큐 등 어른들이 선호하는 메뉴를 골고루 갖췄다. 유흥가에 있는 치킨호프와 달리 편안하면서도 깨끗한 분위기를 내기 위해 실내조명을 밝게 하는 데 초점을 맞췄다.

또 동네 상권에서는 단골 유치가 관건이라고 보고 초기부터 친근한 서비스를 제공했다. 한 번 얼굴을 익힌 고객에게는 "어서 오세요"가 아니라 "또 오셨네요"라고 반갑게 맞았고, 아이들에게는 예쁜 캐릭터 컵에 오렌지주스를 담아 무료로 제공했다. 이 씨는 "유동인구가 많은 역세권만 고집하지 않고, 주택가 상권이지만 지역에 맞는 서비스를 선보인 것이 좋은 결과를 낳았다"고 말했다.

■ 개성 드러나는 점포로

주요 도로 좌우에 늘어선 점포는 노른자위 점포지만 여기서 한 골목이나 두 골목 더 들어가면 흰자위 상권이다. 이런 점포는 주요 도로를 중심으로 들고나는 고객들이 안쪽으로 한 걸음 더 들어오게 만드는 것이 관건이다.

대표적인 전략 중 하나는 자신만의 개성을 드러낼 수 있는 점포를 만드는 것. 고객의 눈길을 끌고 발길을 잡을 수 있는 인테리어나 메뉴, 경쟁력 있는 가격으로 손님을 끌 수 있다면 얼마든지 성공할 수 있다.

서울 강남구 압구정동 로데오거리에 위치한 이탈리안 레스토랑 '일마지오'(www.ilmazzio.com)는 주요 도로에서 벗어난 흰자위 점포지만 로데오거리를 찾는 젊은이들에게 특별한 맛집으로 입소문이 났다. 79m² 크기의 점포에서 월평균 6000만 원의 높은 매출을 올리고 있다.

입소문의 비밀은 '공짜 피자 무한 서비스'. 평일에 고객 1인당 파스타 메뉴를 하나씩 주문하면 다양한 피자를 공짜로 무한정 제공한다. 공짜 피자지만 정식으로 판매되는 피자와 똑같은 재료와 레시피를 사용해 만든다. 정준희 사장(34)은 "얼핏 생각하면 큰 손해가 날 것 같지만 원가 절감을 통해 피자 비용을 상쇄하고 있어 조금은 남는다"고 말했다.

■ 아파트단지는 교육 아이템이 유리

아파트단지는 주택가와 성격이 비슷하지만 조금 다른 특성이 있다. 인구 밀집도가 높은 데다 중산층 이상의 거주자가 많아 일반 주택가보다 구매력이 크다는 것이 특징이다. 상대적으로 교육에 대한 관심도 커 어린이를 대상으로 하는 교육 아이템을 고르면 유리하다.

서울 강남구 개포동에서 영어도서관 겸 영어독서교실 '닥터정이클래스'(www.drjungeclass.com) 개포점을 운영하는 이보은 씨(48·여)는 어린이들을 대상으로 영어교육을 하는 업종 특성에 맞춰 아파트 단지 내 상가에 입점해 요즘 월평균 800만~1000만 원의 순이익을 올리고 있다. 주변이 아파트로 둘러싸여 있는 데다 개포동 아파트단지는 엄마들의 교육열이 높기로 소문난 곳이라는 점이 점포 선정에 영향을 미쳤다.

강병오 FC창업코리아 대표는 "점포 주변 환경을 고려해 입지와 궁합이 잘 맞는 업종을 선택하고, 목표 고객을 설정해 맞춤형 서비스를 제공하는 등 로컬마케팅을 접목한다면 흰자위 상권에서도 노른자위 상권 못지않은 수익을 올릴 수 있다"고 말했다.

뉴스듣기
유덕영 기자 firedy@donga.com

입지선정 실패사례

실패에서 배우는 성공창업 비결(2) - '우스' 황봉연 씨

입지 · 업종 '궁합' 맞춰 '대박 사장' 변신

지난 2000년 잘나가던 직장을 퇴직하고 뉴질랜드 이민을 떠났던 황봉연 씨(56)는 한국에 돌아온 후 2004년 화곡동에 총 1억 원을 투자, 30평 규모의 '꼼장어(먹장어)' 전문점을 열었다. 그러나 영업 초기 반짝하던 매출은 6개월도 못돼 10만~20만 원 대로 뚝 떨어졌고 고객의 발길도 끊어져 적자 규모가 눈덩이처럼 불어났다. 황 씨는 실패의 원인을 찾기 위해 밤낮으로 주변 상권을 돌며 고민했다. 해답은 간단한 곳에서 나왔다. 꼼장어 전문점이 문제였다. 황 씨 점포는 화곡동 동네 상권에 위치하고 있는데 당시 꼼장어 전문점은 이미 사양길로 접어든 아이템이어서 소형 상권 내에서는 수요를 충분히 확보할 수 없었던 것이다.

황 씨는 화곡동 주변 상권을 분석한 끝에 쇠고기 전문점 '우스(www.woosd-ons.com)' 가맹점을 열었다. 쇠고기는 대중적인 음식인 데다 저렴한 가격에 다양한 소스로 차별화하면 승산이 있다고 판단했다. 결과는 대성공이었다. 지난 2006년 3월 오픈한 이후 현재까지 하루 평균 매출 90만~100만 원대를 꾸준히 유지해 오고 있다. 임대료를 비롯한 재료비 인건비 등 경상지출비를 제외하고도 순수하게 월평균 800만 원을 올리는 대박을 터뜨렸다. 황 씨의 예상이 적중한 순간이었다. 여기서 그는 상권 및 입지와 업종 간의 궁합이 맞아야 한다는 것을 뼈저리게 느꼈다고 한다.

서울 봉천동의 위주현 씨(49・여)도 업종과 상권 및 입지의 궁합에 따라 실패와 성공을 모두 경험한 경우다. 위 씨는 2004년 11월 총 창업 비용 6000만 원을 들여 봉천동에 15평 규모의 호프집을 개업했으나 채 6개월이 지나지 않아 매출이 10만 원대로 반 토막 났다. 위 씨는 결국 봉천동을 떠나기로 결정하고 지난해 9월 점포를 정리, 집과 가까운 등촌동에 총 7000만 원을 투자, 25평 규모의 퓨전선술집&바비큐 전문점 '야미안(www.yamian.co.kr)'을 열었다. 평소 이곳 직장인들이 회식이나 술을 마시기 위해 200m 정도 떨어져 있는 역세권 상권으로 나가야 하고 주변에 식당 외에 별다른 주점이 없다는 점에 착안해 오픈했는데 현재 월평균 매출 2300만 원에 순수익 1000만 원이라는 대박 사장님이 됐다.

두 사람의 사례에서 보듯이 창업의 성공 요인 중 하나는 상권・입지와 업종의 궁합이 맞아야 한다는 점이다. 아무리 좋은 상권과 입지일지라도 업종과 궁합이 맞지 않으면 매출액이 적을 수 있다. 반면 상권과 입지가 그다지 좋지 않아도 잠재 수요를 잘 분석해 적합한 업종을 고른다면 성공 가능성이 높다. 특히 이러한 경우는 창업 비용을 적게 들이고도 짭짤한 수익을 올릴 수 있다.

■ 실패에서 오는 교훈=트렌드 막차를 타는 업종은 동네 상권에 맞지 않다

황 씨는 같은 지역에서 업종만 바꿔서 성공한 대표적인 성공사례로 꼽힌다. 만약 황 씨가 꼼장어 전문점을 고집해 화곡동을 떠나 다른 지역으로 옮겨 장사를 했다면 여전히 적자를 면하기 어려웠을지도 모른다. 황 씨의 경우처럼 그 지역의 상권 규모에 따른 업종과의 궁합은 매출에 절대적 영향을 미친다. 한창 유행하는 업종이라면 황 씨 점포처럼 동네 상권과 같은 소형 상권에서도 어느 정도 수요를 확보할 수 있으나 유행이 서서히 지나가기 시작하는 업종은 중대형 상권으로 들어가야 웬만큼 버틸 수 있다는 것이 창업 전문가들의 공통된 의견이다.

결국 상권 규모 및 유형에 따른 적합한 업종을 선택해야 한다.

위 씨의 경우 하루 매출 10만 원대의 영세 점포를 불과 4개월 만에 2300만 원으로 끌어올렸다. 이러한 성공의 비결은 바로 상권 규모 및 유형에 적합한 업종을 발굴해냈기 때문이다. 만약 위 씨가 등촌동이 아닌 봉천동에서 업종만 바꾸어 영업했더라면 현재의 성공은 요원했을지도 모른다. 집 근처의 상권이라는 장점을 십분 활용해 가까이에서 상권을 자세히 분석할 수 있었던 것이 위 씨의 성공 요인이다. 또한 중대형 상권, 주상복합 상권, 동네 상권 등 상권 유형별 특성에 맞는 아이템을 발굴하는 것이 창업 성공을 위한 지름길이다.

■ **성공 전략과 주의점=궁합이 맞는다고 해서 지나친 경쟁 업종에 뛰어들어서는 안 된다**

해당 지역 상권과 아무리 잘 맞는 창업 아이템이라도 이미 상권 내에 포화 상태인 업종이라면 과감히 포기하고 새로운 틈새시장을 찾아야 한다. 내가 하고자 하는 업종이 과연 지역 상권과 궁합이 맞는지 저울질하기 전에 우선 상권 분석부터 철저히 해야 한다. 연령, 학력, 직업, 인구별 통계자료를 통해 어느 업종 아이템이 상권에 적합한지 분석하는 작업이 선행돼야 한다. 비록 상권과 입지가 그다지 좋지 않을지라도 잠재 수요를 잘 분석해 적합한 업종을 고른다면 충분히 해볼만하다. 특히 궁합이 잘 맞는 업종을 선택한 경우는 창업 비용을 최소화하고 고수익을 창출할 수 있는 지름길이다.

무엇보다 상권 내의 주소비층, 경쟁 점포 수, 소비 수준 등에 따라 적합한 업종을 골라야 한다. 그리고 대형 상권일수록 전문화를 추구하고 소형 상권일수록 아이템 복합화를 추구하는 것이 유리하다. 전문화는 점포의 경쟁력을 높이고, 복합화는 고객층의 폭을 넓힐 수 있기 때문이다. 대형 상권이라도 경쟁이 매우 치열한 업종을 선택하는 것은 신중히 결정해야 한다. 직접 현장을 방문해 해당 상권의 고객 특성을 조사하는 것은 물론 어떤 업종이 높은 수익을 올리고 있는지 살피고, 그 원인을 면밀하게 분석한 후 결정하는 것이 현명하다.

최근에는 주5일 근무제의 영향으로 이면도로에 접해 있는 주상복합 상권의 알짜배기 숨은 점포가 뜨고 있다. 역세권 및 오피스가 상권은 주말이나 휴일의 매출이 뚝 떨어지는 것이 단점이지만 주상복합 상권은 고른 매출을 올릴 수 있는 장점이 있다. 점포 보증금 및 권리금이 아직 높지 않기 때문에 눈여겨볼만하다. '카페띠아모(www.ti-amo.co.kr)'는 젤라토 아이스크림과 고급 커피, 토스트, 포켓 샌드위치 등을 접목한 카페형 아이스크림 전문점이다. 연중 고른 매출을 올릴 수 있도록 아이템을 복합화했기 때문에 고객층이 넓어지면서 역세권뿐만 아니라 주택가 인근의 B급 상권에서도 충분히 영업이 가능해졌다. 보통 아이스크림 전문점 등 테이크아웃형 점포는 유동 인구가 많은 상권에 접근성이 좋은 입지여야 한다는 것이 정설이다.

제 590호 (2007년 04월) 한국경제매거진

창업에 따른 경영관리 기능

5.1 기업의 전략적 수립

그림 5.1 미션 설정에 영향을 미치는 요인

(1) 기업의 사명(Mission) - Going Concern

불확실한 시장 환경 속에서 영속성을 유지하기 위해서는 효율성과 효과성을 달성하고자 하는 창업자의 긍정적인 자세와 노력이 필요하고, 성공적인 전략계획 수립 및 실행이 중요하다. 자신들의 사명을 잘 이해하고 있는 기업들은 대부분 성공적이며, 자원의 배분 및 생산제품에 대해 회사가 나아갈 방향과 방법으로 전략적인 경영활동을 수행한다.

기업의 미션은 근본적인 존재 이유로써 경영자의 철학이나 가치관이 중요한 영향을 미친다고 볼 수 있다. 이렇게 기업의 미션을 설정하는데 영향을 미치는 환경요인을 그림으로 설명하였다.

(2) 기업의 목표 (Goal) - 이윤창출

기업의 사명에 맞게 전략적으로 목표를 구체화시킨다. 궁극적인 이윤창출을 달성하기 위해서 사업 포트폴리오를 설계해야 하고, 시장의 변화에 따라 변화하는 고객의 욕구를 정확히 파악하여 이에 맞는 경영활동을 지속해서 수행해 나가야 한다.

(3) 기업의 목적(Object)

단기적인 계획의 달성으로 각각의 조직들이 체계적으로 나름대로의 독특한 방법으로 기업의 사명과 일관성 있게 의사소통이 되어져야 한다. 그렇게 함으로서 효율성을 극대화 시킬 수 있다.

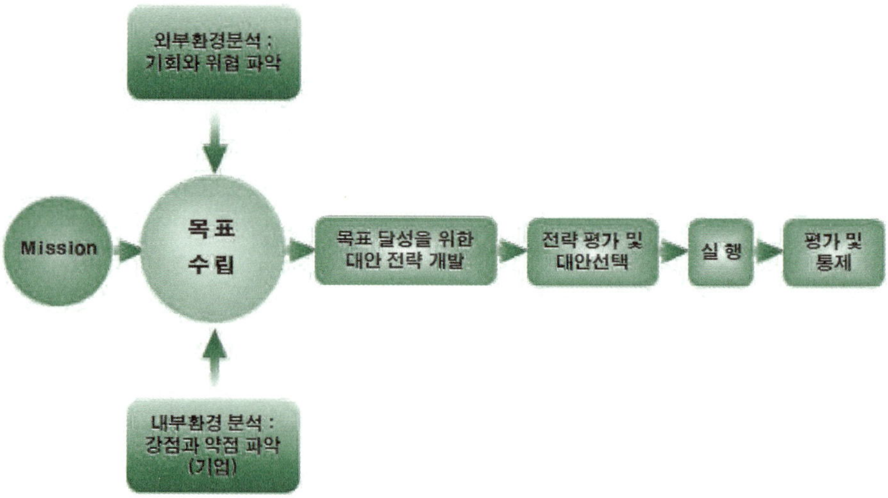

그림 5.2 기업의 전략적 수립

5.2 의사결정이란?

(1) 의사결정과정

다양한 환경(불확실한 환경 · 확실한 환경 · 위험한 환경 등) 속에서 기업가는 기업의 목표를 설정하여 이를 구체적으로 실행하는 과정에서 사건 · 상황 · 사람 등을 대상으로 여러 가지 문제들이 발생한다. 이러한 문제들을 해결하는데 최적의 대안을 결정하는 것은 기업의 효율적인 목표달성을 위한 중요한 요소로써 작용을 한다.

의사결정의 책임의 범위는 최고경영자(창업자 자신이 될 수도 있고 그렇지 않을 수도 있다)가 기업의 운명을 결정하는데 많은 부분을 책임지고 있다. 경영활동을 수행하는 사람에 따라서 차이는 있지만 궁극적인 목적 달성을 위한 정보를 수집하고 분석한 것을 바탕으로 일련의 의사결정 과정을 거치게 된다.

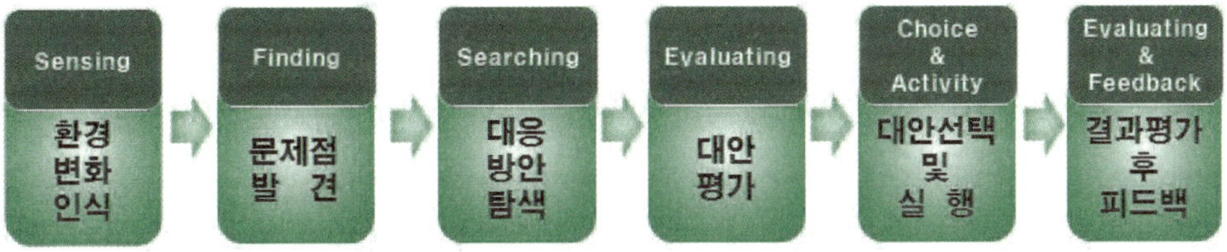

그림 5.3 의사결정 과정 : Decision Making Process

창업자가 이윤을 창출하고, 끊임없는 기업의 영속적인 발전을 하기 위해서는, 위의 그림과 같이 계속되는 의사결정과정을 반복하게 된다. 문제는 그러한 과정 속에서 얼마나 올바른 의사결정이었는가 하는 평가가 나중에 경영성과로 판단되어진다는 사실이다. **따라서 창업자는 새롭게 변화하는 환경을 인식하고(Sensing), 그곳에서 문제점을 발견하여(Finding), 해결방안을 모색하고(Searching), 대안평가를 하며(Evaluating), 선택된 대안을 실행으로 옮겨서(Choice & Activity), 그 결과를 평가하여 피드백시키는 작업(Evaluating & Feedback)을 연속적으로 수행해야만 하는 것이다.**

결국, 의사결정과정은 환경과 끊임없이 상호작용을 일으키는 과정에서 이루어지는 연속적인 과정이며, 논리적이고, 여러 가지 대안 중에서 하나의 대안을 고르고 선택하는 정신적인 지각활동이다. 하지만 최적의 의사결정을 내리는 것은 그리 쉽지 않은 일이다.

(2) 의사결정 행동 모형

창업자를 비롯한 모든 사람은 항상 올바르고 합리적인 의사결정을 내린다는 것은 사실상 불가능하다. 학자들은 완전 합리성에서 나온 경제적 모형(Economic Model)과 완전 비합리성에서 나온 사회적 의사결정 모형(Social Model)에 이르기까지, 연속성상의 범위 내에서 의사결정이 내려진다고 한다. 이 양자 사이에서의 균형을 이루는 의사결정 모형을 만족화 모형(Satisficing Model)이라 하였다.

① 경제적 의사결정 모형은 완전하게 주어진 정보와 환경에서 내리는 의사결정으로서 대안을 분석하는데 있어서 한계가 없으므로 복잡한 의사결정도 어려움 없이 내릴 수 있다.

② 사회적 의사결정 모형은 본인의 의지와는 상관없이 사회적인 영향력이나 압력에 의하여 어쩔 수 없는 의사결정을 내리게 되는 형태이다. 여러 사람이 함께하는 잘못된 생각으로 인하여 개인의 판단이 잘못된 판단으로 기울어지게 되는 현상을 애쉬효과(Asch effect)라고 한다. 사회학자 Asch는 '선의 길이'를 실험을 통해서 개인이 집단이 내리는 의사결정을 받아들여 자신의 의견을 포기하는 비합리적인 의사결정을 하게 되는 결과를 설명하였다.

③ 만족화 의사결정 모형은 어느정도의 한계성을 인정하고 받아들이는 범위내에서의 의사결정 형태를 말한다. 학자 Simon은 제한적 합리성(limited rationality)에 근거한 인간이 가지고 있는 세가지 한계(지(知)적 한계 · 지각(知覺)의 한계 · good enough 성향)를 가정하고 있고, 이에 따라 의사결정을 하고 행동한다고 하였다.

(3) 의사결정 유형

대표적인 의사결정의 유형을 Ansoff는 전략적 · 관리적 · 업무적 의사결정으로 분류하여 설명할 수 있다. 전략적 의사결정(Strategic decisions)은 기업활동에 있어서 외부환경문제와 주로 관련지어서 의사결정하게 되는 것을 말하고, 관리적 의사결정(Administrative decisions)은 전략적 의사결정에 따른 내부관련 문제를 다루는 것으로 기업의 여러 가지 자원을 조직화하여서 최적의 성과를 내도록 하는 것을 말한다.

(4) 의사결정 방법 및 개념구조

의사결정 방법에는 브레인스토밍 기법 · 델파이 기법 · 명목집단법이 있다. 올바른 의사결정 개념구조는 창업자가 올바를 의사결정을 내리기 위해서는 있는 그대로의 자료(data)를 사용자 목적에 맞게 유의미하게 사용하는 정보(information)를 가지고, 지식(Knowledge)은 논리있게 학습이 가능하도록 가공시킨다. 구슬이 서 말이라도 꿰어야 보배라는 속담을 정보에 비유한다면, 어떤 구슬을 합리적으로 선택하여서 좋은 성과를 낼 것인가 하는 문제는 바로 지혜(Wisdom)라 할 수 있다. 최근 급변하는 환경 속에서 무엇보다도 창업자를 비롯한 경영자들에게는 지혜로운 의사결정이 필요할 때이다.

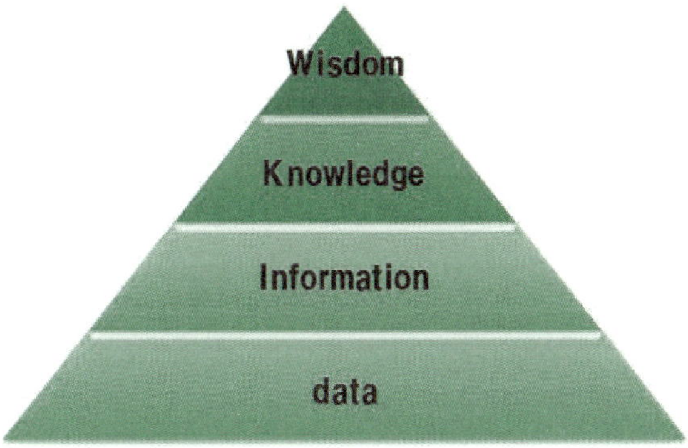

그림 5.4 의사결정 개념구조

5.3 경영시스템의 Framework

(1) 오픈 시스템의 일반적 모형

기업은 환경과 상호작용하는 개방된 구조를 취해서 경영활동을 수행하게 된다. 그 환경은 복잡성과 가변성을 띠고 있으므로 체계적이고 전략적인 구조를 갖출 필요가 있다. 오픈 시스템의 일반적인 모형은 그림 5.5와 같다.

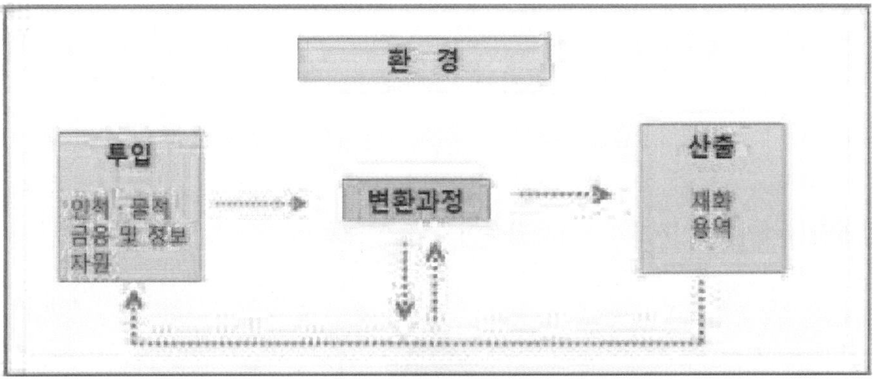

출처 : Don Hellriegel. Susan E.Jackson & John w. Slocum, Jr., Management(2002) : "A Competency - Based Apporach"(Cincinati. Ohio : South - Western). p.58

그림 5.5 오픈 시스템의 일반적 모형

시스템적 접근 방법은 경영자들이 지혜로운 의사결정을 할 수 있도록 일종의 준거틀(Frame of reference)을 제시해 준다. 또한, 경쟁환경 속에서 기업활동을 수행하는데 가장 기본적인 개방시스템을 취하는 조직의 성격을 띠고 있으며, 투입된 자원의 변환과정을 거쳐 재화를 생산해 내고 다시 피드백시키는 유전적인 활동을 수행하고 있다.

(2) 경영활동의 Framework

각각의 구성단위들이 체계적으로 모여서 전체적으로 상호관계를 맺고 있는 형태를 시스템이라고 할 수 있다. 시스템이론은 초기에 과학 및 공학 분야에서 적용시켰으며, 20세기

들어서면서 기업 경영활동에도 도입이 되어 탄력적으로 조직관리를 하게 됨으로써 경영의 효율성을 높이고 있다.

이러한 시스템 개념은 비단 학문에서 뿐만아니라 주변에서 일어나는 여러 환경적인 요인들간의 상호작용속에서도 발견할 수 있으므로 개인이나 조직이 즉, CEI나 CEO가 얼마나 지혜롭게 적용시켜서 경영활동의 극대화를 가져오는가의 문제일 것이다.

Katz와 Kahn 의 오픈시스템 속성 10가지

① Important of Energy(=Input)

모든 자연 및 환경에서 발생하는 에너지(원료)를 받아들인다.

② Through Put(=Transformation)

투입된 에너지(원료)를 목적에 맞게 변형시키는 작업을 한다.

③ Output

변형된 물질을 체계 밖으로 내보내는 역할을 한다.

④ (Negative) Feedback

산출된 결과물에 대하여 잘된 성과에 대해서는 그대로 반영을 시키고, 좋지 않은 성과에 대해서는 반드시 수정(modify) 작업을 통해서 반영시킨다.

⑤ Cycle of event

투입된 에너지를 가지고 변형시킨 결과물들을 시스템내에서 일치성이 아닌 지속적인 순환과정을 겪는 것을 말한다. 기업의 사명은 영속성(going concern)을 띠고 있으므로 결과에 대한 끊임없는 평가와 수정되어진 결과물들의 피드백이 계속되는 특징을 가지고 있다.

⑥ Negative Entropy

엔트로피 작용이라는 것은 열역학 범칙에 의하면 일종의 소멸성을 띠고 있다. 영속성적인 성격을 띠고 있는 기업으로서는 차원들을 소멸되어지는 에너지보다 더 많이 투입시킴으로서 항상 플러스 효과라 일어날 수 있도록 해야 한다. 그렇게 함으로써 저장(save as)의 원리를 적용시킴으로서 시간이 지나도 자료나 지원에 대한 참고 및 반영을 하여 활용할 수 있게 된다.

⑦ Homeostasis

항상성(恒常性)은 시스템내에서의 균형을 이루려는 특징이다. 주변 환경변화에 조화롭게 균형을 유지하면서 내・외적으로 지속적인 상호작용을 균형있게 하는 것을 의미한다.

⑧ Differentiation

조직의 규모가 커짐에 따라 그 역할과 기능을 시스템내에서 차별화 또는 세분화시킴으로써 효율적인 목표를 달성할 수 있도록 하는 것을 의미한다.

⑨ Integration

한 조직의 목표에 부합하도록 구조적으로 분화된 각각의 기능을 통합시켜서 상호작용을 통해 전체적인 관리 수행해 나가는 것이다.

⑩ Equifinality

이인과동성(異因果同性)은 원인은 다르나 결과는 같다는 뜻으로 시스템내에서 경영활동을 수행하는데는 다양한 방법들을 사용함으로써 기업목표에 맞는 탄력적인 경영활동을 수행할 수 있는 특징을 갖는다. 분화된 각각의 부서간에 커뮤니케이션을 통하여 최적의 대안을 선택하는 의사결정의 중요성을 의미한다.

자료 : Daniel Katz and Robert.LKahn,(1966) "The Social Psychology of Organizations" (New York ; John Wiley & Son), pp 19-26.

Katz와 Kahn의 오픈시스템 속성은 기업의 일반적으로 공통적으로 갖추고 있다. 다만 그 차이는 개방성의 정도와 복잡성, 그리고 경영자의 관리 철학에 따라, 영속적인 과정에서, 그 특성은 다르게 나타난다고 하겠다. 따라서 기업의 경영활동의 개방시스템을 전제로 하고, 그림 5.6과 같이 오픈시스템의 수정된 모형을 제시한다.

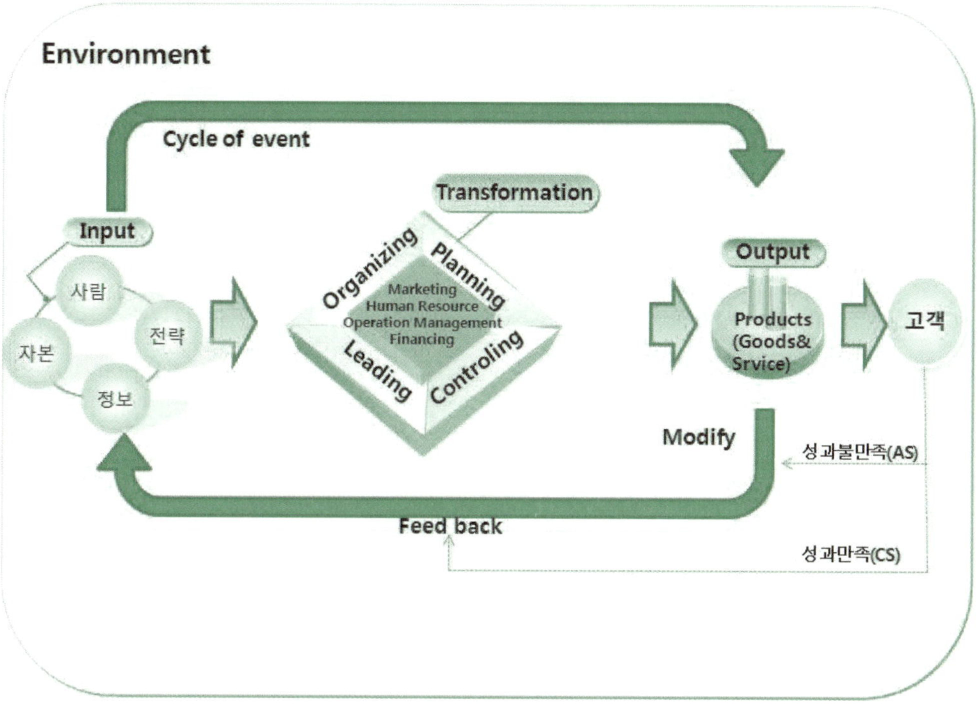

그림 5.6 경영활동의 Framework

물론, 경영자가 기업(경영)활동을 수행하면서 절대적인 기준을 제시하여 적용할 수 있는 최선의 대안은 없다. 왜냐하면, 개인을 비롯한 모든 조직은 끝없이 변화하는 환경의 불확실성에서 관계되어 있는 사람, 조직구조, 기술 등의 핵심요인들과 언제, 어떠한 상황에서나 목적에 맞게 일치시킬 수 있는 올바른 의사결정을 내려야 하기 때문이다. 따라서 경영자에게 필요한 의사결정은 경영활동의 Framework을 기준으로 하여 좀 더 현실적인 경영의 문제를 극복할 수 있는 상황에 대한 파악을 지혜롭게 해야하는 환경에 맞는(상황) 관리관점의 선택이 필요하다고 본다. 그것을 그림 5.7로 제시하면 다음과 같다.

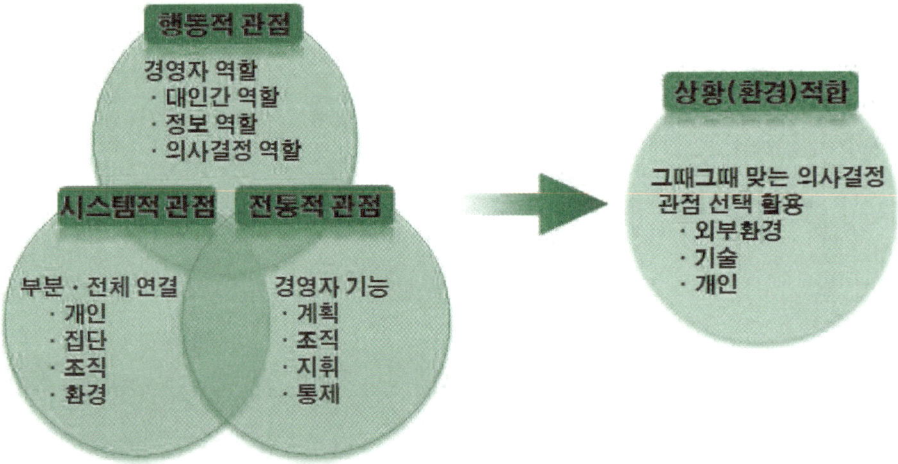

자료 : Don Hellriegel & John W. Slocum, Jr., Management, 7th ed. (Massachusetts ; Addison - Wesley Publishing Company.) 1997. p.62

그림 5.7 환경(상황) 적합 관리모형

즉, 경영자는 때(대인간 역할, 정보역할, 의사결정 역할)에 따라서 역할이 다르고, 시스템 관점에서(개인, 집단, 조직, 환경)도 부분 · 전체를 연결시키는 역할을 해야하며, 경영자의 (계획 · 조직 · 지휘 · 통제)기능 또한 상황에 맞도록 가중치를 부여하여 의사결정을 해야할 것이다.

(4) 경영 관리 활동

기업의 경영활동은 오픈시스템을 취하고 있으므로 순환과정(cycle of event)을 반복해서 겪는다. 기업이 생존하기 위해서도 미래의 변화하는 환경을 예측하고, 그 대응책을 마련하는 준비된 자세일 것이다. 실제적으로도 성공해서 앞서가는 기업은 미래 상황에 대한 현실적이고 정확한 예측 및 사전계획을 수립하는 것이 그들의 강점이다.

기업의 경영활동의 가장 기본적인 목표는 얼마나 효율적으로 조직목표를 달성하느냐 일 것이다. 그 과정을 그림 5.8과 같이 나누어 보면 먼저, 계획(Planning)하고, 그 계획을 달성할 조직(Organizing)을 만들고, 그 조직구성원들이 목표에 맞게 실행할 수 있도록 이끌어나가는 지휘(Leading) 역할을 하며, 그 결과가 목표에 부합한지를 확인하고 평가하는 통제(Controlling)의 과정을 거친다.

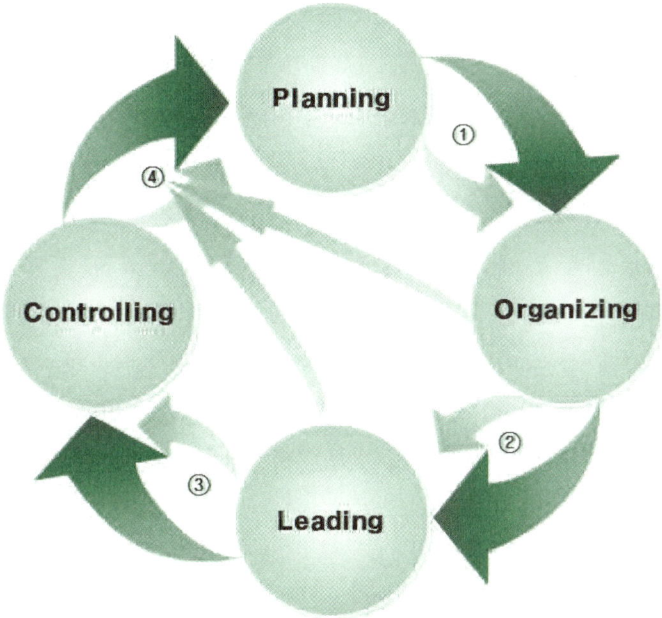

그림 5.8 경영관리 활동

1) 계획기능(Planning)

기업의 경영활동 뿐만아니라 모든 일을 추진하는데 있어서 가장 먼저 고려되고 실행되는 것이 계획활동이다. 왜냐하면, 계획은 그 조직의 성과내 중요한 영향을 미치고 목표를 달성하기 위한 방법에 대한 가장 기초작업이며 방향을 제시하는 나침반의 역할을 하기 때문인다. 계획은 5W1H 입각하여 각각의 경영자 계층별로, 부서간의 활동분야 및 현재 상태를 파악하고 조직의 목표 및 단기적인 목적을 달성하기 위한 과업을 수행해야 한다.

계획의 종류에는 기간별로 장기(Long-term Planning)계획은 5년 이상, 중기(Mid-term Planning)계획은 2~5년정도, 단기(Short-term Planning)계획은 1년 이내로 나뉘어진다. 계획의 성격에 따라 전략계획(Strategic Planning)은 장기적이고 기업 전체적인 차원에서의 계획을 말하고, 최고 경영자가 담당한다. 운영계획(Operational Planning)은 전략계획에 따른 부분별로 생산·인전자원·마케팅·재무 등의 계획을 세우는 것을 말하며, 중간 경영자가 중심이 되어 계량적으로 판단하여 계획을 작성하는 것을 말한다.

2) 조직화 기능(Organizing)

조직이란 공동의 목적을 달성하기 위하여 모인 2인 이상의 집합체를 말한다. 계획을 세운 내용을 실천으로 옮기긱 위해서 조직을 구성하는 조직화 작업이 필요하다. 조직화란 경영 활동의 오픈시스템 특성에 따라 사람·자본·정보·전략 등의 투입요소를 각각의 세분화된 조직구조별로 나누고, 배분하는 체계적인 활동이라 할 수 있다. 구체적인 내용으로는 작업을 세분화하고, 인적자원을 할당하고 배치하며, 자원을 배분하고, 조정시스템을 확립하는 것이다. 이렇게 하는 이유는 어떤 사람이 무슨 일을 해야 하는지는 분명하게 되고, 책임의 소재도 확실하게 된다. 경영자가 조직을 구성할 때 고려해야 할 요인은 분화(전문화)와 통합(조정)이다. 조직구조의 유형은 일반적으로 사업부제 조직·매트릭스 조직·팀 조직 등이 있다.

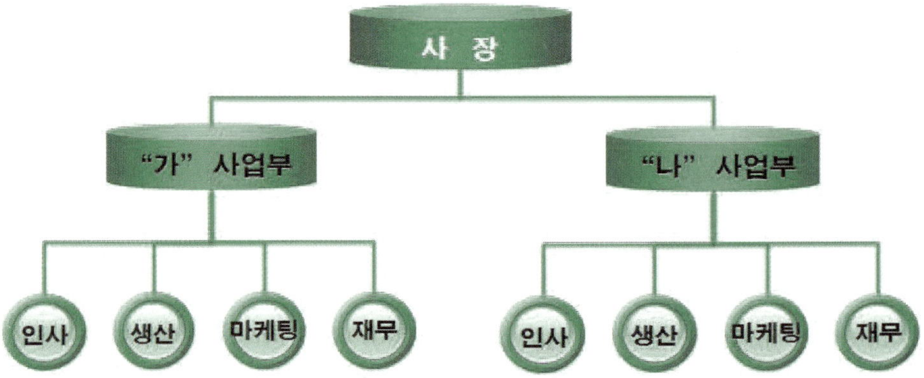

그림 5.9 사업부제 조직(예시)〉

환경변화에 탄력적으로 대응하기 위해서는 기업내에 형성되어진 공식적으로 권위가 부여된 공식적조직과 공식적인 관계가 아닌 직장 내에서의 동료들과의 친교로 발생되어진 비공식 조직을 적절하게 조화시킬 수 있어야 한다. 또한 조직구조의 형태도 과거의 수직적 조직의 형태 보다는 수평조직의 구조를 기업 특성에 맞게 갖춤으로써 빠른 의사결정을 이룰 수 있을 것이다. 아울러 오픈시스템의 네트워크형 조직구조를 설계함으로써 훨씬 더 유연한 의사결정이 가능하게 된다.

3) 지휘기능(Leading)

지휘기능이란 경영자가 그 기업의 목표를 이루기 위하여 기업 경영활동에 관계된 모든 사람들 특히 종업원들이 열심히 근무할 수 있도록 도와주며 이끌어가는 역할을 말한다. 그러기 위해서는 경영자의 리더십이 필요하고, 종업원들의 동기를 유발시킴으로써 조직내에서의 상호간의 커뮤니케이션이 원활하도록 해야한다.

리더십이란 경영자로서 기업의 목표를 달성하도록 종업원들을 잘 이끌어나가는 능력을 말하는데, 경영자 자신의 특성이나 경영철학이 공식 조직에 영향을 미칠 수 있다. 동기유발은 종업원들이 기업의 목표를 달성하는 것이 곧 자신의 목표라고 생각하여 주인의식을 갖고 열심히 근무할 수 있도록 동기를 유발시키는 과정을 말한다.

또한, 원활한 커뮤니케이션은 개인이나 조직내 집단 간의 정보를 공유하면서 각자의 생각・지식・감정 등을 나누는 형태를 말한다. 소통이 어떻게 이루어지느냐에 따라 기업의 성과에도 영향을 내친다.

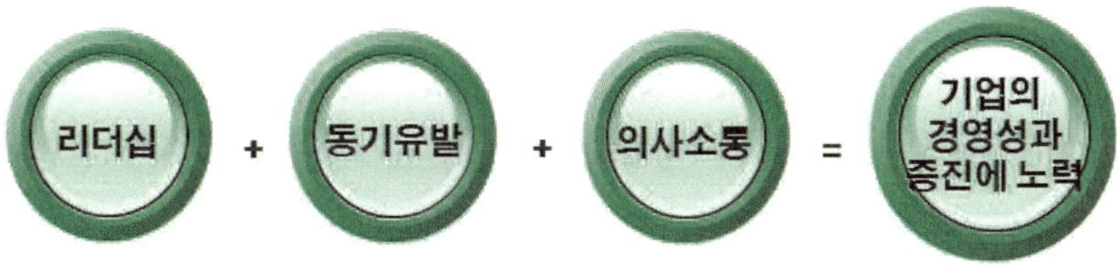

그림 5.10 지휘기능

앞으로의 기업을 이끌어 가는 경영자에게 요구되는 것은 그림 5.10과 같이 민주적이며 대화가 가능한 소통이 되는 리더십과 종업원을 내부고객으로 섬기며 동기를 유발시키는 자세로서 대등한 위치에서 파트너십의 형태로 의사소통이 이루어져야만 성공적인 경영성과가 나올 것이다.

4) 통제기능(Controlling)

통제기능이란 양치기 소년이 양들이 이탈되지 않도록 관리 하는 것처럼 기업이 계획해 놓은 업무가 계획대로 잘 진행이 되고 추진되어 가는지를 확인하면서, 과정에서 일어나는 문제점이나 오류들을 수정해서 피드백 시키는 일을 말한다.

경영자 계층(최고 경영자 · 중간 경영자 · 일선 경영자)에 따라 통제활동의 내용은 달라진다. 통제의 시기는 사전 · 통제 · 업무진행 중에 이루어지는 동시 통제 · 사후통제로 구분되어지며 각각의 부문별로 (인사 · 생산 · 재무 · 마케팅 등) 나누어서 통제 활동이 이루어진다.

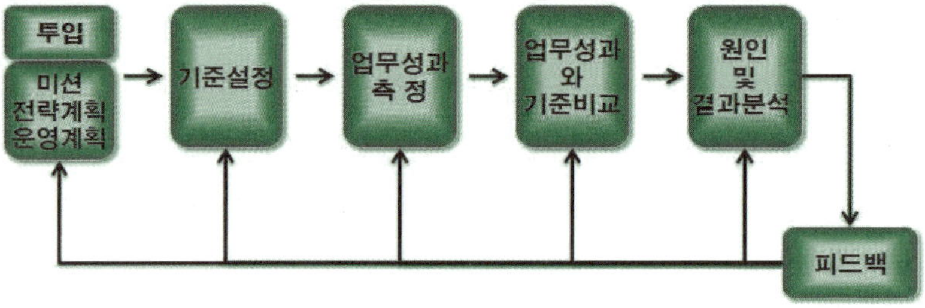

그림 5.11 통제활동 과정

기업의 경영활동은 계획 · 조직화 · 지휘 기능과 관련된 활동은 활발히 진행이 되고 있으나 통제활동은 기업 전반적인 차원에서 이루어지지 않고 부서별로 성과를 측정하는 수준에 머무르고 있는 실정이다. 효율적으로 기업 운영을 하기위해서는 기업 전체적인 차원에서 총괄적으로 이루어지는 통제 활동이 이루어져야만 기업 운영에 불필요한 시간이나 자금의 낭비가 줄어들 것이다. 아울러 끊임없는 수정을 통한 피드백 작업이 있다면 기업은 효율적인 경영성과를 이루어낼 것이다.

Part 3

Activity

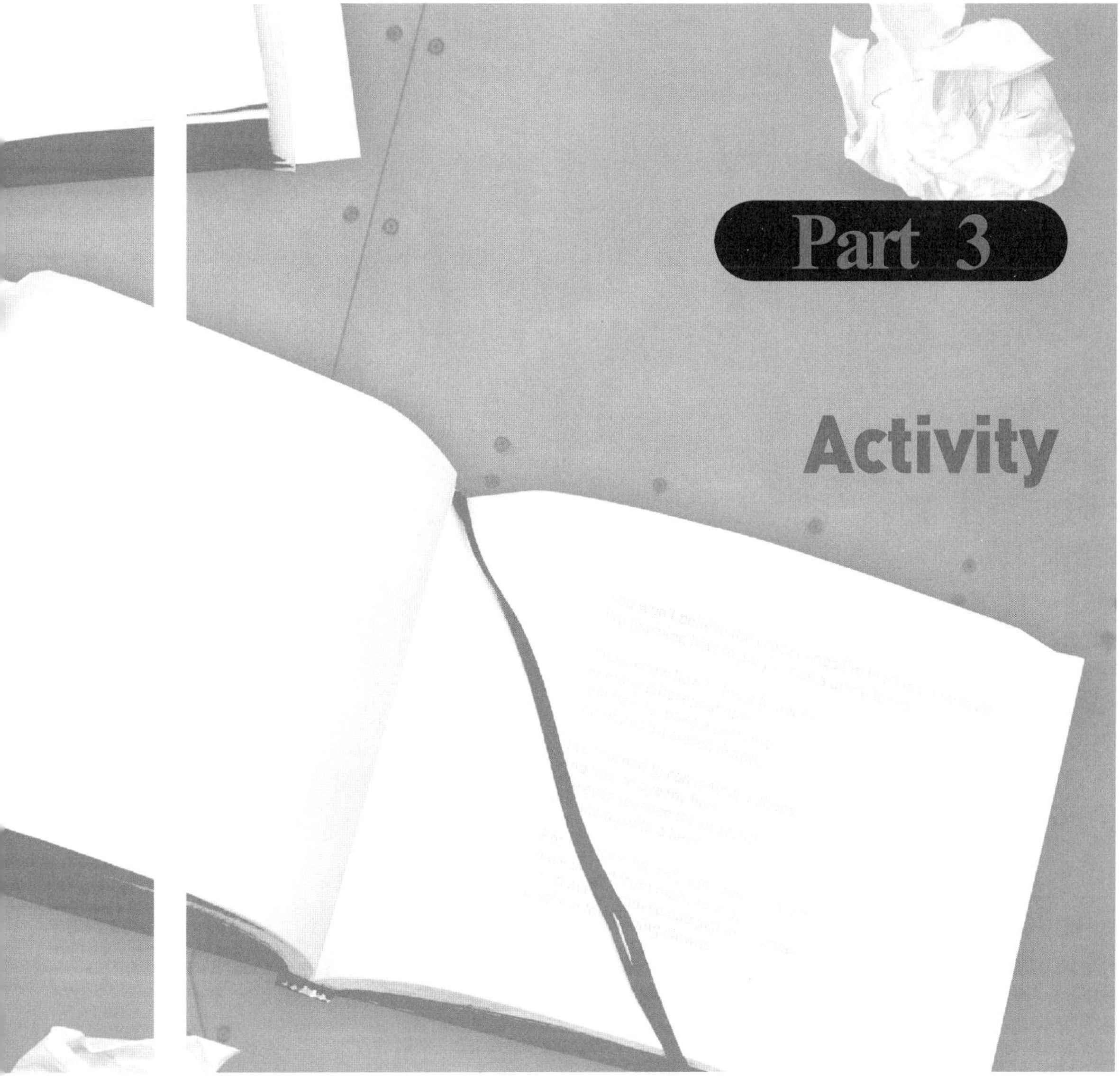

6장

창업 아이템 선정 및 창업 절차

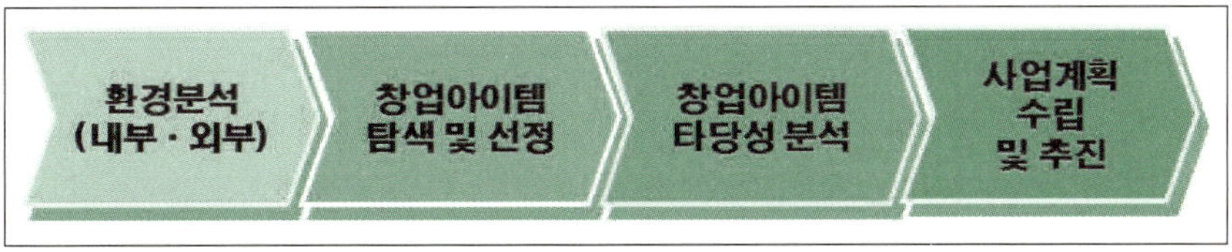

그림 6.1 창업의 과정

6.1 창업아이템 선정 - 사업기회를 포착하라.

창업은 철저한 사전 준비가 이루어져야만 큰 혼란을 겪지 않고 안정적인 구도로 성장이 가능하다. 창업의 과정은 창업자의 동기와 창업의 형태 등에 따라 다를 수 있다. 그림 6.1과 같이 환경에 대한 분석이 이루어지고, 그 다음 창업아이템을 선정한 다음 세부적인 타당성분석과 더불어 사업계획을 수립하고 추진해야 할 것이다.

창업아이템 선정은 사업의 성패와 직결될 수 있다. 시장에서 소비자의 충족되지 않은 욕구가 발생되어 있는 틈새시장을 발견해야 하고, 기존 시장에서 차별화 되어 있기도 해야 한다. 또한 그 두 조건을 갖춘 아이디어가 실제적으로 소비자들에게 널리 인식되어져야 하므로 심각하게 고려해야 할 부분이다. 그만큼 창업아이템 선정은 가장 중요한 의사결정이다.

(1) 사업기회 매트릭스

표 6.1 사업기회의 Matrix

		사업기회의 잠재성	
		크다	작다
사업개념의 명확성	명확	치열한 경쟁 속에서 성공적으로 성장하기 어렵다. B	대부분의 창업기업으로서 5년이상 유지하는 정도 A
	불명확	C 벤처창업의 대상으로서 차별화된 사업개념 확립이 성공의 관건	D 실패기업

출처 : Howard H. Stevenson, "Vintage Directions, Inc.; Feaching Note," Harvord Busness school Teaching Note 393-043(1992) : pp.1~2

다른 기업들이 생각해 내지 못한 사업기회를 포착하거나, 사업을 수행하지 못한 경우등 수많은 기업들은 새로운 사업에 대하여 아이디어를 찾고 관련사업체를 설립한다. 위의 그림에서 처럼 사업기회의 잠재성과 사업에 대한 개념의 명확성 정도에 따라 창업 기업들에 대한 구분이 뚜렷이 되고 있다.

창업의 성공가능성이 큰 “C” 영역의 창업자는 무엇보다도 사전에 철저히 준비된 사업계획서와 독특하고도 핵심역량이 뛰어난 사업아이템으로 체계적으로 발전시켜 나가는 것이 필요하다. 그러기 위해서는 모든 진입장벽을 뚫어내려는 창업자의 강력한 기업가 정신이 요구된다.

(2) 창업아이디어 원천

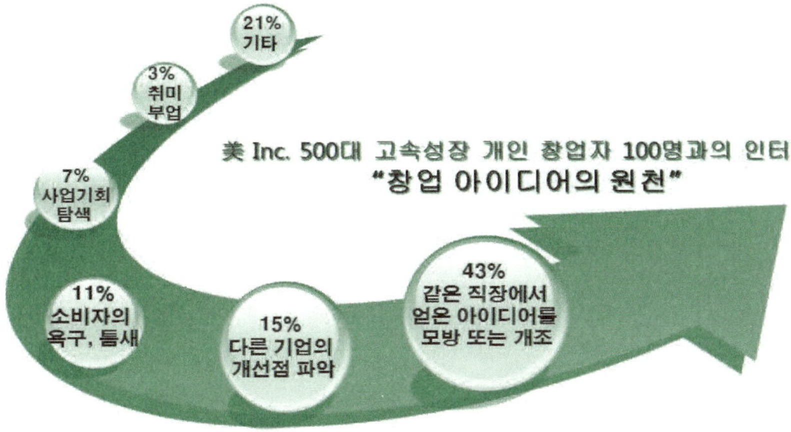

출처 : John case, "The Origins of Entrepreneurship," Inc., June. 1989 : 54

그림 6.2 창업아이디어 원천

창업아이템은 자신의 경험에서 쌓여진 전문적인 기술과 지식을 활용할 수 있는 곳에서 아이디어를 찾아내는 것이 가장 일반적이고 용이하다. 창업자 자신이 창업을 통해서 지속적인 활동을 하기 위해서는 우선적으로 즐겁게 일할 수 있고 끊임없는 동기 부여의 요인들이 작용되어야 할 것이다. 그렇게 하기 위해서는 자신에게 꼭 맞는(Fit) 아이템의 발견과 시장에서의 gap을 줄일 수 있는 아이디어라면 충분히 성공 가능성이 있다고 할 것이다. 변화하는 시장환경에 따라 대응할 수 있는 시장지향적인 자세로 전략이 필요하다.

(3) 나는 어떤 사업아이템을?

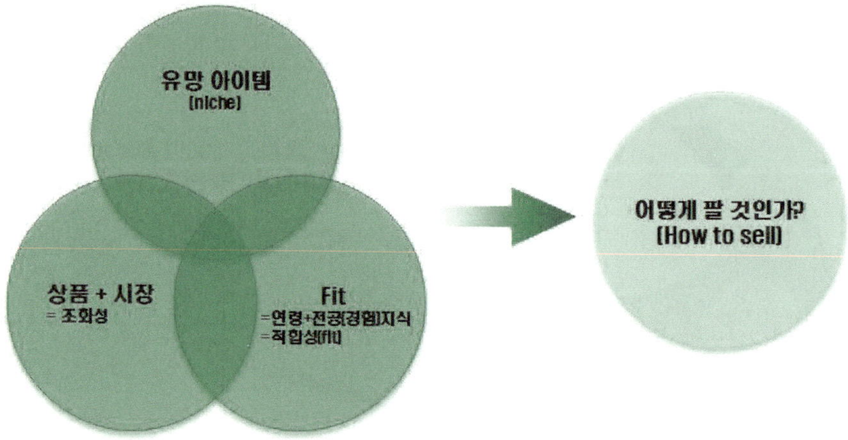

그림 6.3 사업 아이템 선정요소

표 6.2는 창업아이템 선정의 사례들이다.

표 6.2 창업아이템 선정사례(계속)

일번	창업아이템명
1	성공의 Core-Key factor를 찾는 연구소
2	계단을 오르락내리락 할수 있는 바퀴
3	고객이 만드는 케익
4	비대칭 우산
5	뷔페식 호프(수도꼭지에서 술이)
6	아이라인 스티커
7	알콜음료
8	야채두부

표 6.2 창업아이템 선정사례(계속)

일번	창업아이템명
9	의료용 기기
10	천연벽지
11	전자기기 코팅
12	주상복합아파트
13	컨텐츠 산업
14	휴대용 손 마사지기
15	DY건축모형
16	SA급 이미테이션 멀티샵
17	남성 전용 뷰티샵
18	멀티짐 보관 센터
19	수면방
20	실시간 공과금 표시계
21	다용도 전자다이어리
22	의류 리폼샵
23	자가 예약 문자전송
24	탑승자 자동인식 시스템
25	통신장비 보관소
26	증강현실을 이용한 가상탈의실 프로그램
27	피부 가려움방지
28	버스 봉 부착
29	다기능 멀티 터치형 키보드

일번	창업아이템명
30	문구류 유통제조
31	주택환기
32	햇반을 만드는 밥솥

자료 : 대학생 창업아이템 사례모음(2010). Tri et Mono 연구소. 강봉희

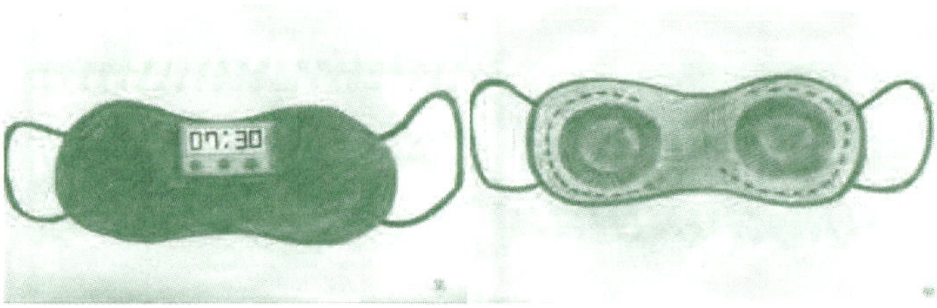

"기존 수면안대의 숙면 기능"
+
"시각,촉각 자극을 이용한 알람 시계 기능"

그림 6.4 백인영 창업아이템 "수면 안대형 진동 발광알람"

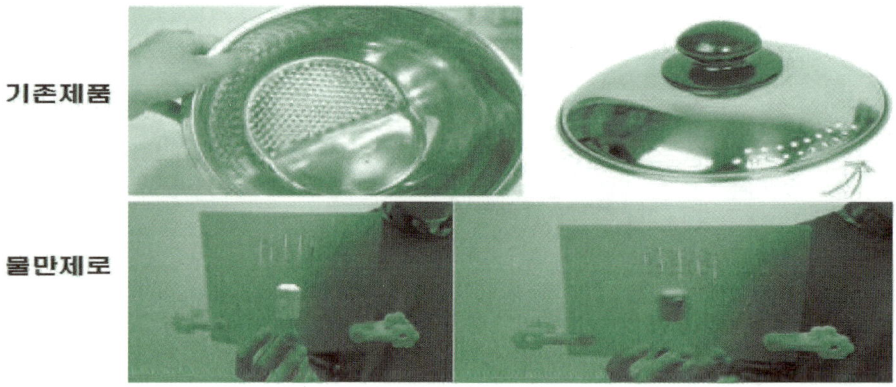

그림 6.5 김동현 창업아이템 "탈부착이 가능한 국물만 걸러주는 채(물만제로)"

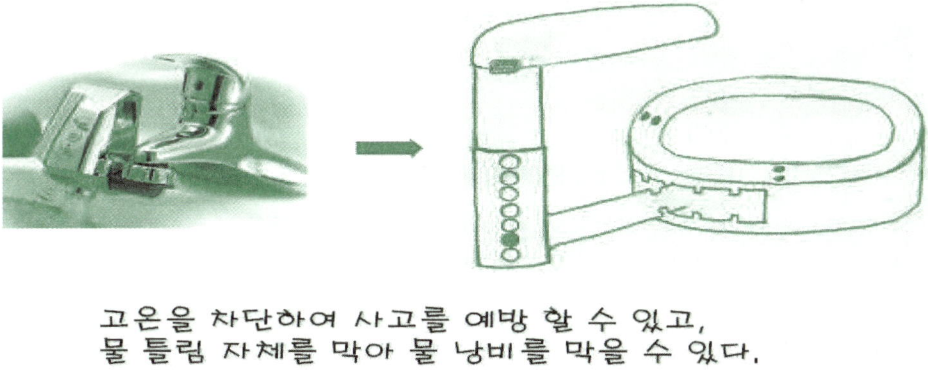

그림 6.6 ❖ 손성호 창업아이템 "Secure Water"

테이크 아웃 컵(재활용 컵)을 이용한 상품을 연구 및 상품화

그림 6.7 ❖ 손철수 창업아이템 "테이크 아웃 컵을 이용한 상품을 연구 및 상품화"

아이템 선정 후 사업 기회를 포착하기 위하여 다음 다섯 가지 사항을 고려해야한다.

① Attractive Point(매력 포인트)
고객의 욕구를 자극할 수 있는 차별화된 매력성이 있어야 한다.

② Accessibility
자신의 사업 환경 하에 실현가능한 것이어야 한다.

③ Window of Opportunity
기회의 창이 닫히기 전에 상품화 할 수 있어야 한다.

④ Have or Searching
자신이 사업에 필요한 자원과 기술을 가지고 있어야 한다. 그렇지 못할 경우 그런 자원과 기술을 갖추고 있는 사업파트너를 찾을 수 있어야 한다.

⑤ Adequate (충분한)
고객들이 매력을 느낄 만큼 저렴하면서 동시에 자신에게 이윤을 가져다 줄 만큼 높은 가격으로 공급할 수 있어야 한다.

6.2 창업아이템의 타당성 분석

(1) 브랜드 네이밍(Brand-Naming)

브랜드네이밍이란 제품을 판매하고자 하는 사람이 자신의 상품을 다른 경쟁 상품과 차별화하기 위하여 브랜드의 명칭을 만드는 것을 말한다. 주로 문자·기호·도형 등을 사용하고 이것들을 결합하여 사용하기도 한다. 일반적으로 모음의 성질(아·에·이·오·우)을 사용할 경우에는 명랑하고 상냥함, 풍부한 정감있는 느낌을 갖게 된다. 자음의 성질의 경우 된소리(ㄲ, ㄸ, ㅃ, ㅆ, ㅉ)는 속도감을 주고, 영어 알파벳의 경우 F, H, Z, P, R, W, Y는 명랑하고 힘있는 느낌을 준다. D, G, J, K, M, N, Q, S, T, V, X, Z는 남성적이고, 날카로운 느낌을 준다. 표 6.3은 표 6.2에서 제시되었던 다양한 아이넴에 대한 브랜드 네이밍을

나는 어떤 사업 아이템을?

Ⅰ. 아이템 선정 동기?

Ⅱ. 아이템 명?

Ⅲ. 아이템의 장점

아이템의 단점

Ⅳ. 사업아이템의 기대효과

Ⅴ. Reference

명명한 사례이다. 최근 사회적 트랜드가 영문을 축약하거나 외래어 표기가 전반적으로 성행하고 있어 이에 대한 영향이 많이 반영 된 것을 쉽게 파악할 수 있다.

표 6.3 창업아이템에 대한 브랜드 네이밍 작성 사례(계속)

일번	아이템명	브랜드 네임
1	성공의 Core Key_factor를 찾는 연구소	Tri et Mono 연구소
2	계단을 오르락내리락 할수 있는 바퀴	univ_wheel
3	고객이 만드는 케익	Ya!Party
4	뷔페식 호프	수도꼭지에서 술이
5	알콜 음료	Cocktail AH
6	야채두부	A slight bean
7	의료용기기	Well-generation
8	일반인 인터넷 방송	K.PLAY
9	전자기기 코팅	인터팩
10	주상복합아파트	GTD
11	컨텐츠 산업	Dashavatara
12	휴대용 손 마사지기	DK Health
13	SA급 이미테이션 멀티샵	SA
14	남성 전용 뷰티샵	By homme
15	멀티짐 보관센터	보오미mate
16	수면방	Sweet dream
17	실시간 공과금 표시계	E_Saving
18	애견교육서비스	애견사랑자녀사랑
19	의류 리폼샵	HotItem

표 6.3 창업아이템에 대한 브랜드 네이밍 작성 사례

일번	아이템명	브랜드 네임
20	자가 예약문자 전송	MMS
21	탑승자 자동인식 시스템	JTE
22	통신장비 보관소	DJCompany
23	파견의 품격	Flying 파견
24	피부가려움방지	ITCHING CHECK MASK
25	호주외식업	Talk To the Hand
26	다기능 멀티 터치형 키보드	F-KEY
27	문구류 유통제조	Fly to the sky
28	주택환기	YK테크
29	햇반을 만드는 밥솥	자반

자료 : 대학생창업아이템 사례모음(2010). Tri와 Mono 연구소, 강봉희.

(2) 창업아이템 타당성 분석

창업 아이템이 선정되면, 그것에 대한 종합적인 분석이 이루어져야 한다. 그 고려요인은 주로 **경제성 · 기술성 · 시장성(조화성) · 적합성 · 경쟁우위성 · 틈새시장 분석** 등을 들 수 있다.

창업아이템의 타당성을 분석하는 것이 중요한 이유는 창업자 자신의 주관성을 배제시키고 철저하게 객관적이고 체계적인 검토의 과정을 거쳐야만 창업에 성공할 확률이 높기 때문이다. 창업자 자신의 하고 싶은 업종의 실현가능성을 사전에 미리 자료들을 통하여 조사하고 분석함으로써 창업계획절차를 정확히 파악함으로써 효율적인 창업준비가 가능하게 된다. 따라서, 다양한 아이템으로 창업을 희망하는 사람은 창업규모의 크기와 상관없이 필수적으로 창업아이템에 대한 분석이 이루어져야할 것이다.

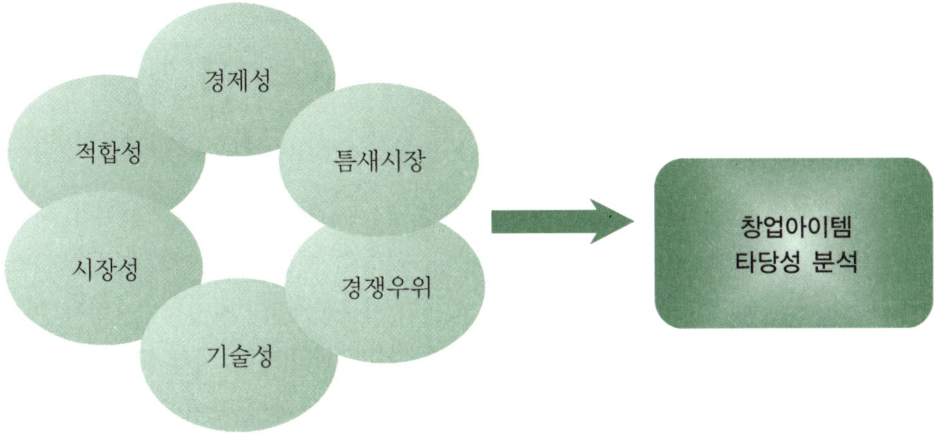

그림 6.8 ◆ 창업아이템 타당성 분석 요인

1) 경제성

창업자가 계획하고 있는 사업을 통해서 얻을 수 있는 수익성을 분석해야 한다. 창업 전에 소요되는 자금(Seed money · Start-up money)와 예상고객에게 제품 판매시 기대되는 매출액 그리고 각각의 비용부분을 세부항복으로 구분하여서 체크함으로써, 창업전에 발생할 수 있는 비용 및 예산에 대한 보완이 가능하게 된다. 즉 ROI(Return on investment) · 매출액 마진율 · 손익분기점 순이익 등을 추정계산하여, 파악해 봄으로써 창업의 성공률을 높인다.

2) 적합성

창업자 자신의 적성 · 연령에 맞게 경험한 지식들이(전문성) 창업하고자 하는 사업과 잘 맞는가를 살펴보아야 한다. 그렇게 함으로써 창업수행과정에서 다양하게 나타나는 문제들에 대하여 의사결정하고 관리하는데 대한 부담이 줄어들 것이다.

창업자 자신이 기업가로서의 사업 수행 능력이나 창업하는 업종에 대하여 얼마나 적합한지를 전문컨설턴트의 도움을 받는 것이 더 효과적일 것이다.

우선, 적합성 분석의 고려요인으로서는 선천적으로 창업가적인 자질(모험심 · 체력 · 리더십 등)의 정도와 창업관련 경험이나 지식, 인프라 구축 유무와 그리고, 창업 관련한 업무를 수행할 수 있는 경영자로서의 능력이 갖추어져 있는지 보아야 한다.

3) 시장성

창업 아이템으로 만들어진 제품이 창업자 입장에서는 아무리 좋은 제품이라 하더라도 시장에서 소비자들의 반응이 없다면 무의미하다. 기업의 제품의 마케팅을 성공적으로 하기 위해서는, 시장 전체의 규모를 측정하고, 세분화(인구통계적 · 지리적 · 사회적 변수 등) 기준을 마련하여서, 그 목표고객을 설정할 필요가 있다. 소비자나 시장 환경의 특징에 맞추어서 마케팅 믹스(제품 · 유통 · 가격 · 촉진)를 탄력적으로 활용하여야만 송공이 가능할 것이다. 경쟁 시장에서의 대체제, 경쟁 제품 · 공급업자 등 마케팅 환경요인을 파악해야 하고, 제품 수명주기 · 예상되어지는 경쟁기업에 대한 재무구조 등 각각에 대해서 마케팅 전략을 구사해야 할 것이다.

4) 기술성

제품에 대한 생산 운영 관리능력 · 공학적인 부분 · 원가체계부분 등에 대해서도 분석이 필요하다. 창업자가 계획한 제품의 완성도를 분석하는 것으로서, 제품의 특징 · 기계적 기능 · 관련 생산 공정시스템 등 생산하고자 하는 제품에 대한 조사 및 분석, 단위당 생산능력 및 원재료의 공급 및 원가계산 · 불량제품의 추정계산 등 전체적이고 통합적인 분석이 이루어져야 한다. 특히, 제품의 특허 및 실용신안권 등 지적재산권을 확보하기 위해서는 꼼꼼하고도 철저한 준비가 선행되어야 한다.

계획한 제품의 기술성 검증은 바로 상품화의 가능성을 확인하는 것이며, 이것은 기업의 매출과도 직결되는 부분이다.

5) 경쟁 우위성

제품이 시장에서 성공할 수 있는 차별화한 매력 성을 가지고 있어야 한다. 경쟁제품 및 대체재에 대한 대안을 마련할 수 있는 경쟁력을 갖추고 있어야 한다. 그 이유는 기업들은 경쟁기업의 제품이나 서비스에 비하여 차별화된 가격 · 제품의 품질 등 소비자에게 어필될 수 있는 매력있게 가치를 제공해야만 소비자들은 구매욕구로써 반응을 하기 때문이다. 소비자에게 인식되어진 기존의 제품보다 어떠한 형태로는 차별화 되는 것을 기본으로 하며, 거기에다가 경쟁력을 갖추고 있어야 한다. 경쟁우위를 바탕으로 시장점유율을 높이게 되고, 시장의 성과를 가져옴으로써 매출액은 신장되고, 그것은 제품 또는 기업이 추진하고 있는 사업을 확장시킬 수는 기반이 된다.

6) 틈새시장

현재 시장에서 소비자들에게 채워지지 않은 욕구를 발견하고, 그에 대한 틈새시장을 개척해 나가고 개발할 수 있는 유망 아이템에 대한 사전 시장조사 분석이 요구된다. 틈새시장을 발견하기 위해서는 최근에 일어나는 시장환경의 변화와 소비자들의 구매성향 및 트랜드를 파악해야 한다. 소비자들의 라이프스타일과 욕구 변화를 분석하여, 그들의 기대가치를 높임으로서, 브랜드의 위상을 정립하는 전략적 브랜드 관리를 구축해 나가야 할 것이다. 틈새시장을 공략하여 소비자가 브랜드를 전환하는데 매력적인 요인으로서의 승부수는 경쟁적 가치 우위를 확보·고품질·선점 또는 이미지 마케팅과 원가우위 전략 등 다양하다. 문제는 어떠한 매력요인으로서 틈새시장을 공략하여 잘 부합되느냐일 것이다.

(3) 사업아이디어 평가

표 6.4 사업아이디어 평가(계속)

기 준		1점 완전 부정	2점 부 정	3점 보 통	4점 긍 정	5점 완전 긍정
창업성	경험이나 지식의 활용이 가능하다					
	취미와 적성에 적합하다.					
	해당 분야의 관리능력과 경험이 있다.					

표 6.4 사업아이디어 평가(계속)

기 준		1점 완전 부정	2점 부 정	3점 보 통	4점 긍 정	5점 완전 긍정
경쟁우위	진입장벽의 구축이 가능하다.					
	새로운 고객을 확보할 수 있다.					
	제품모방에 의한 유사제품의 출현가능성이 적다.					
	대기업의 참여가능성이 적다.					
	관련된 유사사업으로의 진출가능성이 많다.					
시장성	시장규모가 크다.					
	시장성장률이 높다.					
	제품수명주기의 길이가 길다.					
	예상시장점유율이 높다.					
	주요 경쟁자가 적다.					
	수익이 지속성이 가능하다.					
경제성	소요되는 자금규모가 크다.					
	자기 자본 규모에 적합하다.					
	손익분기점에 도달하는 소요기간이 짧다.					
	흑자 전환까지 소요기간이 짧다.					
	마진이 높다.					
	순이익이 많다.					

표 6.4 사업아이디어 평가

기 준		1점 완전 부정	2점 부 정	3점 보 통	4점 긍 정	5점 완전 긍정
필요자원	필요한 재무적 자원의 확보가 가능하다.					
	필요한 마케팅 자원의 확보가 가능하다.					
	필요한 생산자원의 확보가 가능하다.					
	필요한 인적자원의 확보가 가능하다.					
	필요한 관리자원의 확보가 가능하다.					
	필요한 시스템 자원의 확보가 가능하다.					
합 계						

자료 : 이상문, 유상진, 홍광수 공저,(2001) "벤처창업과 성장전략".

6.3 사업계획 수립과 추진

(1) 사업계획서란?

창업자는 사업의 목표를 실행하는 것과 관련하여, 발생하게 되는 여러 가지 문제나 상황에 대처하여야 한다. 이를 위해서는 철저한 사전계획이 필수적이고, 구체적인 사업계획을 수립해야 하는 것이다. 이것은 기업의 청사진 역할을 하며 경영활동의 종합적인 평가를 할 수 있는 자료가 된다. 또한 미래를 예측하게 되는 실질적이고 객관적인 기준으로 작성되어져야 한다. 사업계획서를 미리 세우게 되면, 기업운영에 있어서 여러 장애요인이나 위험요소를 사전에 발견할 수 있으므로 실패요소를 줄일 수 있다. 그리고 사업계획서를 작성하게 됨으로써 기업의 대・내외적으로 투자 및 이해관계자들을 사업과 관련하여 설득할 수 있는 힘이 생기게 된다.

사업계획서는 창업자 자신의 사업아이템을 차별화 시키고, 신뢰성 있고 객관성 있도록 자신감 있게 표현하고 작성해야 한다. 그러기 위해서는 2차 문헌 조사 및 입증 가능한 자료들을 수집·정리해야 하고, 계획한 사업에 대한 핵심내용이 강조되어야 한다.

(2) 사업계획서의 작성

사업계획서는 창업자의 상황이나 여건에 따라 차이가 있을 수 있으나 일반적인 사업계획의 내용을 토대로 그림 6.9와 같이 순서도를 그려 볼 수 있다.

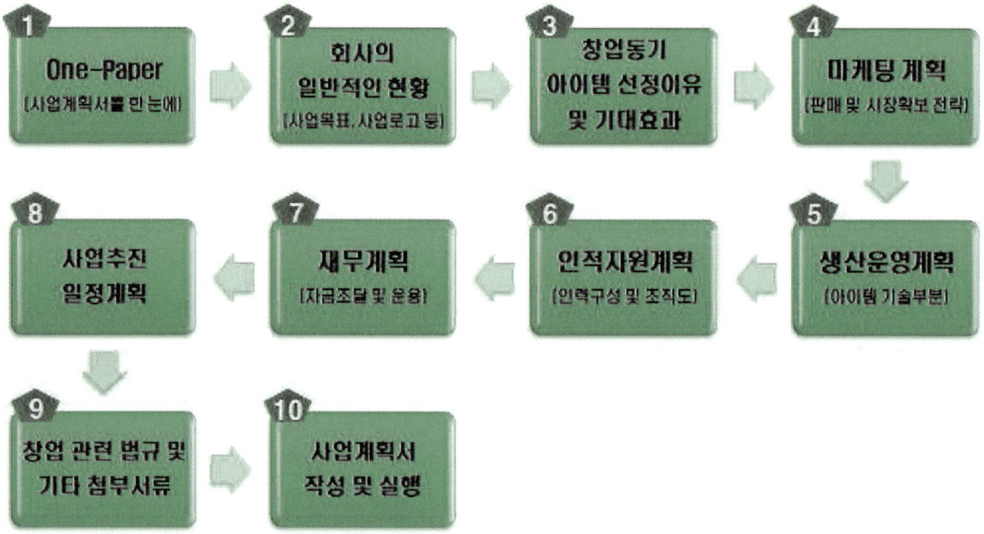

그림 6.9 사업계획서 작성절차

(3) 사업계획서 내용

표 6.5 사업계획서 내용(계속)

<table>
<tr><th colspan="3">1. 회사현황</th></tr>
<tr><td>회사명
업종
설립(예정)일
종업원수</td><td>주소 및 연락처
계획제품
자본금
회사의 로고</td><td>대표자
기업형태 : 법인/개인
자산규모</td></tr>
<tr><th colspan="3">2. 사업계획 내용</th></tr>
<tr><td colspan="3">사업동기
사업목적
제품소개 : 기존 아이템 VS 자신의 아이템 비교 설명
제품특성
제품의 용도
기대효과</td></tr>
<tr><th colspan="3">3. 관리 및 조직</th></tr>
<tr><td colspan="3">회사 조직도
주요경영진 및 기술진
종업원 현황과 고용계획</td></tr>
<tr><th colspan="3">4. 경영전략</th></tr>
<tr><td>SWOT분석
제품수명주기</td><td>BCG모델 또는 GE모델
경쟁 우위 전략</td><td>제품/시장 전략</td></tr>
<tr><th colspan="3">5. 계획사업추진일정</th></tr>
<tr><td colspan="2">제품계획(상품화, 인허가,특허)</td><td>설비투자(생산 및 연구시설)</td></tr>
<tr><th colspan="3">6.마케팅 믹스(4P)</th></tr>
<tr><td colspan="3">제품(Product)
가격(Price)
유통(Place)
촉진(Promotion)</td></tr>
</table>

표 6.5 사업계획서 내용(계속)

7. 재무예측자료		
추정5개년 대차대조표	추정5개년 손익계산서	
8. 회사의 생존 가능성		
시장의 기회 기획능력	차별적 역량(경쟁우위) 투자가치	재무능력
9. 관련법규 및 기타 첨부서류		

7장

창업전략 분석 및 모델

7.1 SWOT 분석

앞의 5장에서 기업의 전략적 수립과정에 따라 의사결정이 수립된 전략을 토대로 실행하게 된다. 기업의 경영전략을 수립하기 위한 분석도구로서 1960년대에 스탠포드 대학에서 포춘지 선정 500대 기업들을 연구한 결과를 토대로 알버트 험프리가 연구한 방법의 하나이다.

SWOT은 강점(Strength), 약점(Weakness), 기회(Opportunity), 위협(Threat)의 머리글자를 모아서 만든 단어이다. 강점(S)과 약점(W)은 기업의 내적인 면(Inner Factor)을 분석하는 것으로, 기회(O)와 위협(T)은 외적 환경을 분석하는 것으로 나누기도 한다. 예로서, 기업의 능력 · 성실 등의 강점과, 외부환경의 기회는 긍정적인 면으로서의 전략적 기준이 되고, 기업가로서 겪어야 되는 여러 가지 약점요인(시간 · 경험 · 훈련 · 난관)등과 위험요인은 부정적인 면의 전략적 기준이 된다.

기업가는 SWOT 분석을 통해 시장상황을 인식하고, 거기에 따른 대응전략(활용가능성 · 보완 · 방어 등)을 수립하는데 중요한 자료가 된다.

SWOT 분석을 하는 순서는 먼저, 기업의 외부환경(기회 · 위협)을 파악한 다음 그 내용을 기술한다. 다음은 기업의 내부환경(강 · 약점)을 파악한다음 그 내용을 기술한다. 기회일 경우 강점을 활용하는 전략(SO)을 구상하고, 약점은 보완하는 (ST)전략을 고안해 낸다. 위협일 경우는 강점을 활용하는 전략(WO)을 쓰고, 약점은 회피하는 전략(WT)을 쓴다.

표 7.1 SWOT분석

	강점(S)	약점(W)
	▪ ex) 시장에 없는 제품이다. ▪ ▪	▪ ex) 아직 특허를 내지 않음. ▪ ▪
기회(O)	SO전략 ▪ ex) 기존에 없는 제품이기 때문에 차별화 전략이 확실하다. ▪ ▪	WO전략 ▪ ex) 특허를 빠른 시일 내에 내지 않을 시 다른 기업이나 개인이 시작할 수 있음. ▪ ▪
위협(T)	ST전략 ▪ ex) 제품에 대한 소비자 설득의 방법을 심도있게 개발해야 한다. ▪ ▪	WT전략 ▪ ex) 초기 시장 진입에 실패할 경우 망할 우려가 높다. ▪ ▪

표 7.2 O·T factor

구 분	Opportunity	Threat
Law · Political	▪ 정부의 청년 창업 지원 정책	
Economical · Descriptive	▪ 녹색혁명 대체에너지 개발	
Social · Cultural		

표 7.3 O·T factor Lank

No	Opportunity	Threat
1	ex) 저렴한 비용으로 창업 가능	ex) 소비층이 제한적이다.
2		
3		
4		
5		

표 7.4 S·T Check List(계속)

구분	항 목	매우 그렇다 (5점)	비교적 그렇다 (4점)	보통 이다 (3점)	그렇지 않은 편 (2점)	전혀 아니다 (1점)
Personality (개성)	지구력과 참을성이 있다.					
	순발력과 위트(wit)가 있다.					
	현상에 대한 긍정적 자세를 취하는 편이다.					
	행동에 앞서서 주변을 살피고 생각을 먼저 하게 된다.					
Working Habit	일을 손에 잡으면 다른 것은 생각하지 않는다.					
	일처리를 처음부터 끝까지 꼼꼼하게 처리하는 편이다.					
	모든 일을 먼저 분석하고, 개척하는 편이다.					
	늘 새로운 것에 대한 Idea를 개발해 내는 것을 좋아한다.					
	계획된 것에 대해서는 바로 실행한다.					

표 7.4 S·T Check List

구분	항 목	매우 그렇다 (5점)	비교적 그렇다 (4점)	보통 이다 (3점)	그렇지 않은 편 (2점)	전혀 아니다 (1점)
Core	심·신이 건강하다.					
	컴퓨터와 관련된 업무에 대해서는 자신 있다.					
	전공을 비롯해 관심분야에 대한 정보를 많이 가지고 있고, 자료수집을 게을리 하지 않는다.					
	영어를 기본으로 다른 외국어 communication이 가능하다.					
	독서를 비롯해 혼자서 조용히 사색하는 시간을 꼭 가진다.					
Human Relationship	적극적이며 사교성이 좋다.					
	다양한 부류(직업)의 사람들을 (많이)알고 있고, 오래된 인연도 있다.					
	자신의 의견을 (상대방을 설득시킬 정도) 정확하게 표현할 수 있다.					
	타인에게 쉽게 호감을 갖게 하는 인상이다.					

60점 이하는 보통, 70점 이상은 적극 창업.

나의점수	

➡ SWOT 분석 성공 및 실패사례

수목극 드라마 SWOT분석 성공사례

SWOT로 풀어본 '신데렐라 언니'

지난 달 31일 KBS MBC SBS, 방송 3사는 일제히 새로운 수목 드라마를 내놓았다. 화제의 드라마 '추노'(KBS 2TV)를 떠나보낸 후 비어 있는 수목극 왕좌를 과연 누가 차지할 지에 방송가는 물론 시청자들의 관심도 높았는데, 우선 그 첫 판의 승자는 '개인의 취향'과 '검사 프린세스'를 제치며 '신데렐라 언니'가 차지했다.

하지만 본격적인 경쟁은 2회부터라는 것이 방송 관계자들의 이야기이다. 그도 그럴 것이 1회 시청률은 실체를 보지 못한 기대만으로 만들어진 수치라는 것. 결국 본 모습을 보인 후 나타나는 반응이 진짜 라며 2회부터 전개되는 일전에 관심이 집중되고 있다.

이에 방송 3사의 새로운 수목극을 SWOT 분석법을 통해, 즉 강점(Strength)과 약점(Weakness), 기회(Opportunity)와 위협(Threat)으로 나눠 심층 분석했다.

'신데렐라 언니'의 강점(Strength)…초특급 캐스팅

KBS 2TV의 '신데렐라 언니'가 가진 최대 강점은 초특급 캐스팅이다. 우선 '국민 여동생' 문근영이 '바람의 화원'(SBS) 이후 1년 반만에 안방극장에 모습을 드러낸다는 것이 눈길을 끈다. 특히 그녀는 이번 드라마에서 데뷔 후 처음으로 악역 연기에 도전하게 돼 기대를 모았고, 31일 첫 방송에서 강렬한 포스를 나타내 기대감을 만족시켰다.

또 '특급전사'로 또 '악명 높은 조교'로 화려하게 군복무를 마치고 돌아온 천정명의 첫 복귀작이라는 점도 시청자들의 가슴을 설레게 하는 요인이다. 여기에 스크린과 브라운관을 넘나들며 색다른 매력을 이끌어 낸 서우와 최근 가장 핫한 아이콘으로 떠오르고 있는 아이돌 그룹 2PM의 옥택연이 전면에 나선다는 것도 이 드라마의 강점이다.

'신데렐라 언니'의 약점(Weakness)…배우들의 연기력

'신데렐라 언니'는 스스로 양날의 칼을 지니고 있다고 해도 과언이 아니다. 그것의 주체는 바로 배우들의 연기력. 드라마를 이끌어가게 될 문근영과 천정명은 이 부분에서 제외대상이나 서우와 옥택연이 도마 위에 오른 상황이다. 서우는 영화 '미쓰 홍당무' '파주', 드라마 '탐나는도다'(MBC) 등에서 묘한 매력과 색다른 캐릭터로 관객과 시청자의 눈도장을 받는데는 성공했지만 연기력 부문에 있어서는 아직 호평을 이끌어내고 있지는 못하고 있다.

첫 방송 후 시청자들은 서우에 대해 "발음이 불분명해 말하는 것을 잘 못 알아듣겠다" "연기가 극의 몰입을 방해한다" 등의 질책을 쏟아냈다. 또, 아직 출연은 하지 않았지만 곧 연기 신고식을 치르게 될 아이돌그룹 2PM의 택연 역시 연기력 검증에 있어 불확실한 상황이라는 것은 '신데렐라 언니'가 해결해야 할 숙제이다.

'신데렐라 언니'의 기회(Opportunity)…우선권 선점

요즘 방송계에는 전작 프리미엄이란 것이 강하게 존재하지는 않지만 그래도 어느 정도의 여파는 있다. '신데렐라 언니'는 화제의 드라마 '아이리스'에 이어 '추노'까지 연타석 홈런을 친 KBS 2TV가 야심차게 내놓은 수목극이라는 점에서 기대를 모은다. 우선 첫 회에 방송 3사 수목극 중 시청률 1위에 올랐다는 것에서 그 분위기를 잘 탄 모습이다.

'신데렐라 언니'의 위협(Threat)…극본의 힘

'신데렐라 언니'에게는 외부에서의 위협보다 내부에서 해결해야 할 위협요소가 시급해 보인다. 바로 '극본의 힘'에 대한 부분이다. 김규완 작가의 대표작은 뭐니뭐니해도 2001년 SBS를 통해 방송된 '피아노'. 조재현 고수 김하늘 조인성 조민수 등이 출연해 수많은 시청자들의 가슴을 울렸던 이 드라마는 폐인까지 탄생시킬 정도의 좋은 반응을 얻었다.

하지만 이후 김규완 작가가 내놓는 작품은 시청률에서 큰 재미를 보지 못했다. 2004년 '사랑한다 말해줘', 2006년 '닥터깽'(이상 MBC), 2008년 '불한당'(SBS) 등의 작품들은 모두 한 자릿수 시청률에 그쳤다.

물론 이번 '신데렐라 언니'의 첫 출발은 15%를 넘기며 좋은 추이를 나타냈다. 그러나 모든 국민이 아는 동화 '신데렐라'를 어떻게 각색했느냐에 따라, 다시 말해 김규완 작가의 '힘'에 따라 그 영향은 지속될 수 있을 것이다.

[매일경제 스타투데이 장주영 기자 semiangel@mk.co.kr]

월마트 SWOT 분석 실패 사례

1. SWOT분석

S	W
• 오랜 경영 노하우 & 매장 수 • 가격 경쟁력 • 상품 구색의 다양성 • 내부고객 만족	• 저가에 대한 부정적 인식 • 미국적 환경에 대한 부적응 • 입지선정 실패 • 외국계열 기업
O	**T**
• 서구식 생활패턴 확산 • 시장규모의 확대	• 경쟁기업의 암묵적 공동대응 • 타 경쟁사의 EDLP 방식 도입 • 전자상거래 방식의 확산

• strength

월마트가 갖고 있는 가장 큰 강점은 첫째, 40년 정도의 오랜 경험과 1289여 개의 할인점을 운용한 경영상의 노하우로서 그 동안의 학습과 경험의 효과이다. 여기에 전산적인 컴퓨터 망과, 세계 최고의 첨단 배송 체계 등이 글로벌 소싱을 가능하게 함으로서 할인점의 가장 기본적인 요소인 비용절감에 이어진 원가절감을 통해 가격 경쟁력을 가진다. 둘째는 공급업체와의 기업 내 물품정보 시스템을 공유하여 항상 적정 수준의 상품을 보유하고 공급업체와의 우호적이고 지속적인 관계에 무게를 둠으로써 상품공급의 안정성과 다국적 기업의 이점인 상품 구색의 다양성에 있다. 여기에 세계 4689개의 점포를 기반으로 한 월마트의 바잉 파워(Buying Power)가 더해져 안정성을 더욱 극대화 할 수 있다. 셋째, 인간 중시의 경영 철학을 기반으로 한 종업원에 대한 존중 즉, 내부 고객의 만족이다. 이는 고객에 대한 존중으로 연결되어 고객들의 니즈(needs)와 욕구(wants)에 대해 빠르게 반응할 수 있도록 한다. 넷째, 손쉽고 유쾌한 쇼핑의 실현이다.

• weakness

월마트의 약점은 주로 표준화된 그들의 시스템이 현지의 정서와 상충되었을 때 문제가 발생하는 것으로써 첫째, 월마트의 저가 정책은 가격이 싸지만 물건의 품질이 그다지 우수하지 않을 것이라는 인상을 준다는 점이다. 둘째, 한국의 문화, 특히 중산층에 대한 선호도를 파악하지 못한 그들의 저가격 정책과 창고형 구조물이 주는 미국적 이미지에 느끼는 한국 소비자들의 부적응이다. 셋째, 점포의 입지를 들 수 있다. 월마트가 처음 들어설 때에 우리나라는 아직 차를 가지고 대량으로 구매하는 쇼핑 문화 정착되지 않아 주변의 할인점에 선점의 이점을 빼앗긴 월마트가 고객을 유치하기가 힘들다는 점이며 대부분 도시 외곽에 위치하는 월마트의 입지 지역의 교통도 좋지 않다는 점이다. 넷째로 15개 밖에 안 되는 매장 수에서 비롯되는 바잉 파워의 약화, 마지막으로 다국적 기업에 대한 소비자들의 부정적인 인식이 그들의 약점이다. 특히 농산물 및 식품의 1차 상품에 대해서는 아무래도 우리 것이 좋다고 생각하여 외국계라는 것이 더욱 약점으로 작용할 수 있다. 또한 인공위성을 이용하는 물류시스템은 한국의 실정에 맞지 않는다.

• opportunity

한국 시장의 할인점 포화시점인 2005년까지 매년 30%의 시장의 성장이 예측되어 약 44조원 정도의 시장 규모가 형성될 것으로 예측된다는 점이다. 또한 국내 유수의 할인점은 입지와 전략 측면에서 유사한 방향으로 나가고 있어 열세에 처해있는 월마트의 입장이 오히려 차별화의 기회로 작용할 수 있다는 점이다. 자동차의 생활화와 서구식 생활 패턴의 확산 역시 타 마트에 비해 우선적으로 지닌 강점이라 할 수 있다. 한국의 이마트를 제외한 다른 경쟁 업체들은 아직 물류 시스템이 완벽하지 않기 때문에 월마트는 인공위성을 이용한 첨단 물류 시스템을 가지고 있어 제도의 정비 등 여건이 좋아졌을 때 비용절감 등의 월마트 이점을 살릴 수 있다는 가능성이 있다.

• threat

가장 큰 위협은 경쟁에 의해서가 아니라 고객에 의해서 발생한다. 경기 위축과 경제 악화, 반미 감정 등으로 인한 외국 초 거대기업에 대한 국민 정서의 반감 및 신토불이의 정서, 중산층이고자 하는 서민층, 점원이 있는 점포를 좋아하고, 다소 비싸더라도 고급적인 것을 추구하는 한국 소비자의 특성 등 국내 고객의 특이한 정서와 특성은 월마트 정책 결정 자들의 합리성에 대한 가정에 혼란을 야기 시킬 수 있다는 점이다. 월마트가 다른 할인점들의 암묵적인 공동 대응을 야기시킬 수 있다는 점이다. 이는 월마트가 세계 어느 할인점보다도 강력한 경쟁자라는 것은 국내 할인업체들이 인식하고 있기 때문에 월마트가 공격적으로 한국시장 진출을 실시할 때에는 서로 암묵적으로 뭉칠 수 있다는 점이다. 또한, 홈쇼핑, 인터넷몰 등의 전자상거래 확산으로 인한 할인점의 특성의 소멸을 들 수 있다. 인터넷을 통한 전자상거래는 그 기술적인 특성상 거의 비용이 들지 않고 모든 상품을 진열하고 판매할 수 있음으로 월마트가 가진 전통적인 강점이 더 이상 강점으로서의 역할을 수행할 수 없다는 점도 위협으로 작용한다. 마지막으로 월마트의 EDLP 정책을 이마트를 비롯한 경쟁 할인점들이 도입하고 있어 그들의 가격 경쟁 차별화 정책이 실효를 거두지 못한다는 점이다.

출처 : http://cafe.naver.com/dkubc3 "월마트 한국시장 실패"

7.2 시장상황 대응전략

기업의 내・외부의 영향 요인을 파악하며 방향이 설정되면 실제적인 자원의 할당방법이나 조직의 활동 형태와 관련한 시장 상황에 대응하기 위한 전략이 필요하다. 대표적인 기법으로는 BCG모델・GE모델・PLC(제품수명주기)・제품시장 매트릭스 전략이 있다.

(1) BCG 모델

보스턴 컨설팅그룹에서 BCG모델의 기본적인 아이디어는 사업의 포트폴리오를 통해서 현금 흐름의 균형을 잡은 것이다. BCG 성장/점유율 매트릭스는 사업의 성장률과 시정점유율의 기준에 따른 자원의 할당량을 파악하게 된다.

고성장사업에서 기대되는 현금의 소비자와, 시장점유율이 높은 사업에서는 현금의 창출을 기대할 수 있다. 기업은 적절한 포트폴리오를 활용함으로써, 이들 현금 흐름의 균형을 유지해야 한다.

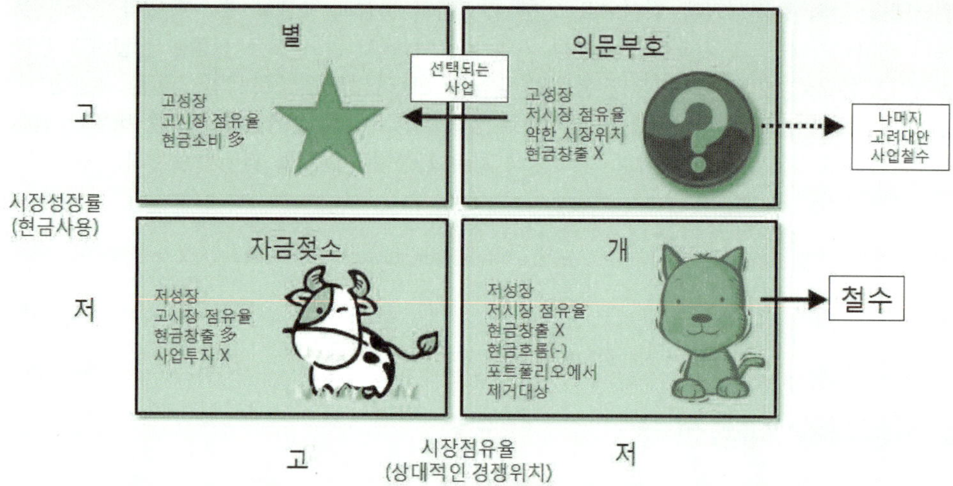

그림 7.1 BCG모델

그림 7.1에서 보는 것과 마찬가지로 시장상황대응 전략은 일종의 SWOT분석의 또 다른 분석방법이다. 기업이 생산해 낸 제품이 점유하고 있는 시장 점유율과 시장성장율을 비교하여 네 가지 형태로 분류하여 각각의 전략을 제시하고 있다.

1) 의문부호(Question marks)

제품의 시장 점유율은 낮고, 사업의 성장성은 높은 경우로서 수익은 창출되지 않고, 약한 시장위치 있으나 성장가능성을 기대하고 시장에서 경쟁을 하게 된다. 전략을 긍정적인 측면에서 자원을 배분하고 투자할 경우의 성장전략과 시장에서의 기대가 적은 상태이면 철수도 고려해 보는 축소전략을 선택하게 된다.

2) 별(Star)

시장에서의 도입된 제품이 성장을 보이는 상태로서, 시장점유율과 시장 성장률이 높아지는 경우이다. 전략은 수익이 창출되기 시작하므로 일반적으로 추가적인 투자를 통한 성장전략을 선택한다.

3) 자금 젖소(Cash cow)

제품의 성숙기 상태로서 브랜드자산가치도 높고, 수익의 창출이 가장 높은 상태로서 현금흐름이 빠른 상태이다. 상대적으로 시장 성장률은 저성장 현상을 나타내므로 현상태를 유지하는 안정유지 전략과 더불어 빠른 현금의 흐름을 활용할 수 있는 다른 사업으로 확장하는 전략도 가능하다.

4) 개(dog)

시장상황 대응 전략 계획에서 제거대상인 형태로서 더 이상의 성장이나 수익이 발생하지 않는 경우이다. 경쟁력이나 시장 전망이 어둡기 때문에 전략은 부분매각이나 축소전략을 선택하게 된다.

BCG 분석방법이 시장점유율과 시장 성장률 두 개의 기준만으로 복잡하고도 미묘한 의사결정을 단순화시키는 것이 다소 무리는 있지만, 현재까지도 가장 기본적이고 많이 TM여지는 포트폴리오 분석 방법이다.

➥ BCG 분석 성공 및 실패사례

BCG 성공사례

네이버 섹션들의 BCG 매트릭스

국내 인터넷은 포털 중심의 생태계를 형성하고 있다. 사실 생태계라는 말이 무색하고 네이버라는 거대 공룡과 다음이라는 좀 작은 공룡 그리고 새끼 공룡들이 살아가는 파충류의 세상인 것 같다. 포털은 모든 서비스를 흡수하는 블랙홀처럼 성장해왔고 앞으로도 그 전략에 변화는 없을 것 같다. 포털에 다양한 서비스가 존재하고 유사한 서비스들은 섹션이라는 이름으로 묶여 있다. 검색섹션, 블로그 섹션, 게임 섹션처럼 말이다. 한편 인터넷 트래픽의 세계에서는 인터넷 사이트 및 섹션별 시장점유율은 일반적으로 이용하는 매출액 등의 재무적 지표가 아닌 총 체류시간(TTS : Total Time Spent)을 기준으로 산출한다. 인간의 한정된 시간은 관심(어텐션)의 희소함과 밀접한 연관성을 가지고 있다. 다양한 인터넷 트래픽 지표 중에서 점유율을 표시할 때는 희소한 시간을 차지하는 체류시간 기준으로 하는 것이 가장 타당하다.

네이버 내 주요 섹션들을 총 체류시간(TTS)를 기준으로 BCG 매트릭스를 작성했다. 2007년 10월 기중으로 1년 사이 인터넷 TTS는 +9.7% 증가했다. 2007년 10월 각 사이트 내 섹션의 시장점유율과 1년 동안의 성장률을 기준으로 매트릭스를 작성했다. 매출액 기준이 아닌 TTS 기준으로 데이터를 산출했기 때문에 Cash Cowm는 화폐를 흡수하는 것이 아닌 관심을 흡수하는 것으로 가정해야 할 수 있다.

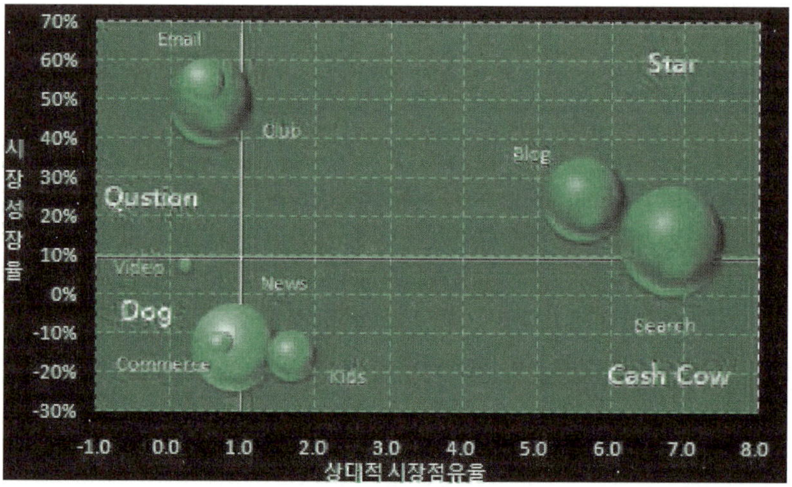

네이버 섹션의 BCG 매트릭스를 보면 2007년 주된 이슈였던 블로그가 Star 사분면에 위치하고 있다. 네이버 최대의 강점은 Star와 Search는 Cash Cow 역할을 하고 있다. Kids 섹션이 규모는 작지만 Cash Cow 역할을 하고 있다. 네이버의 동영상과 지식쇼핑이 포함된 Commerce의 투자가 미미했던 것 같다. 다음과 치열한 경쟁을 하고 있는 클럽, 이메일은 미래 투자의 갈림길에 서있는 것 같다. 한편 대선의 부담과 미디어 사이트들과의 갈등으로 인해 뉴스 서비스에 소극적인 태도를 보이고 있는 네이버는 뉴스 섹션에 대해서 향후 관망하는 태도를 보일 것이다. 전통적 미디어들의 압박과 미디어로서의 포털의 책임에 대한 압력으로 인해 네이버 내에서도 뜨거운 감자가 된 것 같다.

네이버는 인터넷 서비스의 가장 중요한 검색과 SNS 관련 독점적인 위치에 있다. 현재 검색은 놀라운 수익을 창출하고 있다. 한편 블로그와 클럽의 SNS는 미래 신 성장엔진으로 새로운 수익모델이 결합될 경우 네이버의 지속적인 성장을 보장해줄 수 있는 보험같은 존재이다. 단지 향후 TV광고를 잠식할 수 있는 동영상 광고 수익모델이 실용화될 경우 동영상 섹션이 미진한 네이버 시장의 주도권을 다음이나 타 동영상 전문사이트에 내줄 위험요소가 남아있다.

출처:http://webpedia.tistory.com/entry/네이버-서비스들의-BCG-매트릭스-분석

BCG 실패사례

[특파원 칼럼] 코닥의 몰락

요즘 미국 재계의 주요 관심사 중 하나는 필름회사인 코닥이다. 새 사업이 번창하거나 창조적인 발명품 때문이 아니다. 경영 실패의 대표적 사례인 탓이다. 코닥은 연일 새로운 사업계획을 내놓고 있지만 언론의 평가는 우울한 잿빛이다.

코닥. 126년 전인 1880년 은행원이던 조지 이스트먼이 사상 처음으로 유리판 필름을 발명해 세운 회사다. 코닥이 1달러짜리 카메라를 시판하고 아마추어용 16㎜ 영화 카메라를 내놓으면서, 미국과 세계의 대중은 머릿속에 아련히 남아 있던 추억을 현실의 기록으로 간직했다. 세계인들에게 코닥 카메라가 생필품이 되자 코닥의 사업은 번창했다. 제약업까지 사업을 확장했던 1984년의 직원수는 무려 14만5000명. GE(제너럴일렉트릭) 등과 함께 미국을 대표하는 다우지수의 30대 기업에 포함됐다.

하지만 최근의 소식은 우울하기 그지없다. 안토니오 페레스 최고경영자는 코닥이 수익성 높은 회사로 거듭나기 위해 올해부터 3년간 총 3만명의 인원을 줄이겠다고 발표했다. 지난해 말 4만명이던 직원수는 당장 올해 말에 2만8000명으로 줄어든다. 구조조정이 완전히 끝나면 코닥은 번성기에는 생각하지도 못했던 조그마한 기업이 될 것이다. 다우지수 목록에서는 이미 3년 전에 탈락했다.

코닥이 왜 몰락했을까. 잘나가던 전성기에 현실에 안주하고 대세(大勢)를 읽지 못한 탓이다. 1980년대 정보기술(IT)붐이 일던 와중에 코닥은 디지털 시대가 되면 플라스틱 필름이 필요

없어진다는 사실을 깨닫지 못했다. 1990년대 중반에 뒤늦게 디지털 사업에 뛰어들었지만, 전성기의 영광에 집착해 기존의 필름카메라 사업 투자를 오히려 확대했다. 소비자 입맛과 정반대로 간 것이다. 그 대가는 혹독하다.

일본의 캐논이 디지털 시장을 석권하며 번성하고 있는 동안, 코닥은 10년 넘게 감원으로 몸살을 앓고 있다. 인원도 줄여보고, 프린터 시장에도 진출하는 등 온갖 노력에도 불구하고 월스트리트의 분석은 회의적이다.

기업의 천국인 미국에서 잘나가던 일류기업이 경영에 실패한 사례는 코닥뿐이 아니다. 지난 100년간 펩시콜라와 대결을 벌인 코카콜라는 지난 2005년에 1위 자리(시가총액 기준)를 펩시에 내주고 2위로 주저앉았다. 펩시가 콜라 등 기존의 설탕 음료 부문에서 벗어나 게토레이, 트로피카나 오렌지 주스, 아쿠아피나 생수 등 소비자들의 변화된 입맛에 적극 부응하는 동안 코카콜라는 기존사업에 안주했기 때문이다. GM과 포드, 크라이슬러 등 미국 차업체들의 위기도 전성기 시절에 남발한 각종 혜택과, 중국과 인도의 부상에 따른 고유가를 예측하지 못하고 배기량 큰 차에 주력한 결과다.

작년 호주의 콴타스 항공을 인수한 사모펀드 TPG그룹의 데이비드 본더만 회장은 지난 20여년간 큰 돈을 번 비결을 묻는 기자의 질문에 "현실에 안주하지 않고 시대의 흐름을 잘 살펴서 탄 결과"라고 했다.

한국은 10년 전에 세계 금융을 움직이는 월스트리트의 흐름을 제대로 읽지 못했다가 외환위기를 겪으면서 금융기관과 기업들이 줄줄이 도산했다. 다행히 10년이 지난 지금, 살아남은 한국기업들은 궤도를 되찾아 순항하고 있다. 하지만 세상은 끊임없이 변하면서 기업에 빠른 변화를 요구하고 있다는 사실을 코닥은 보여주고 있다.

김기훈 · 뉴욕특파원 khkim@chosun.com

(2) GE모델

맥킨지(Mckinsey) 보고서라고도 말하는 GE모델은 BCG 모델의 단순성과 약점을 보완하기 위하여 개발한 것으로써, 기업의 전략적 사업단위에 대한 포트폴리오 분석을 수행하는 모델이다.

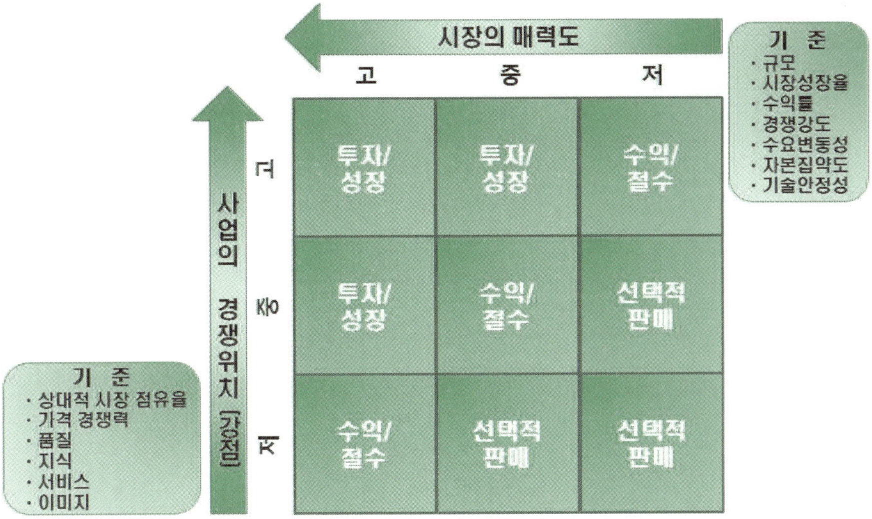

그림 7.2 GE모델

시장의 매력도(규모, 시장 성장률, 수익률 등)를 기업의 외적 고려요인으로 하고, 기업의 내적요인으로서 (상대적 시장 점유율, 가격 경쟁력, 품질 등) 사업의 강점을 활용하여, 3X3(고 · 중 · 저) 매트릭스로 구분하여 투자 · 성장 · 수익 · 철수 등으로 구분한다.

경영자가 의사결정시 고려하고 있는 요인들이 상대적으로 많고 탄력적으로 기업의 강점을 활용할 수 있으므로 BCG모델 보다는 정교하다고 볼 수 있다. 하지만 분석 모델 방법의 선택은 경영자의 몫이다.(It's up to you!)

(3) 제품수명주기(PLC)

시장에서 기업이 파악해야 할 믹스요인에는 경쟁자, 공급업자, 고객, 대체제 등이 있다. 이들 환경은 직 · 간접적으로 기업의 경영활동의 시작과 과정 그리고 마지막까지 모든 과정에 영향을 미치게 된다. 이런 환경요인들에 대한 분석과 이해는 기업의 장 · 단기적인 발전단계에 아주 중요한 부분이다.

이러한 경영활동의 과정을 제품수명주기(PLC)로 설명할 수 있다. 제품수명주기란 신제품이 시장에서 출시되어 소비자의 머릿속에서 지워져 사라질 단계까지의 제품의 판매액과 수익의 변화 상태를 단계별로 구분한 것이다. 제품수명주기의 과정은 사업의 특성에 따라 각각 다르며, 제품수명주기상의 발생시점 또는 단계별 영역이나 길이 등은 예측하기 어렵다.

제품 수명주기별 단계에 따라 제품에 대한 전략은 달라진다. 그 각각의 상태 전략은 그림 7.3과 같이 제시되어 있다. 각 제품수명주기의 단계별 특성은 표 7.5와 같다.

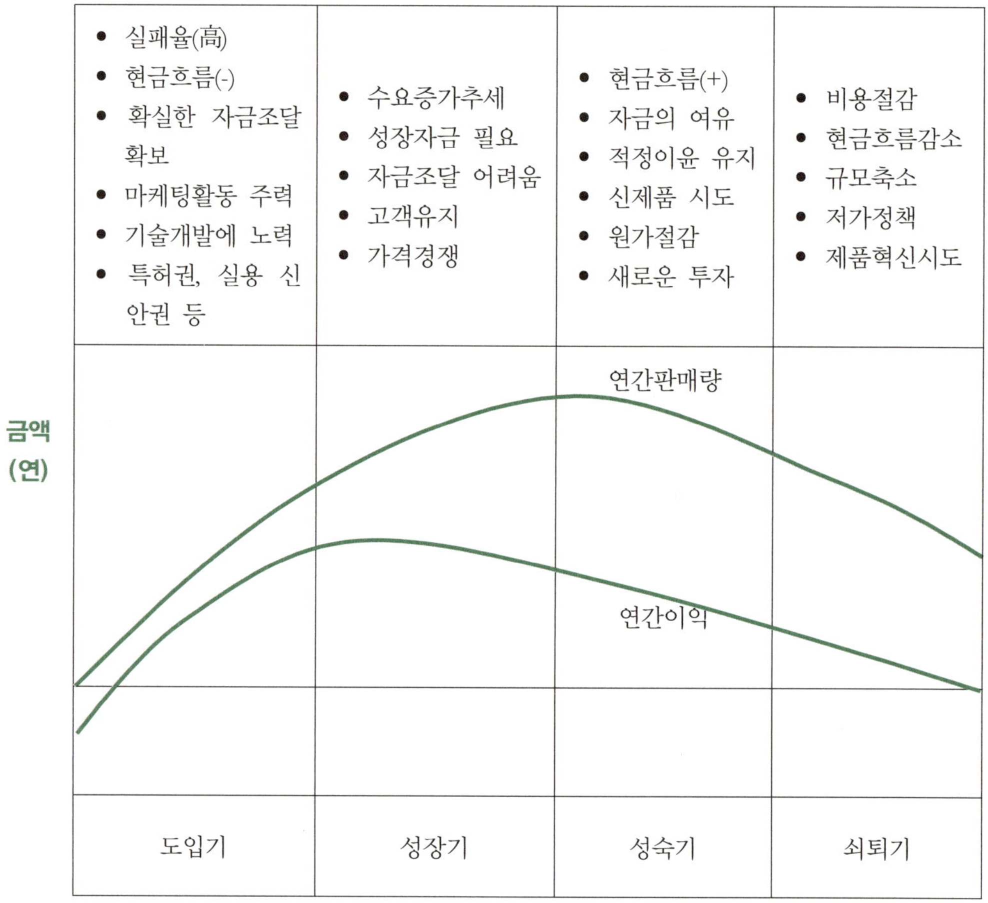

그림 7.3 제품수명주기

표 7.5 제품수명주기의 단계별 특성

특 성 \ 구 분		도입기	성장기	성숙기	쇠퇴기
시장특성	시장규모성장율	저	저	0	-
	고객선호도변화	저	저	고	고
	선호이질성 증가	저	고	고	저
경쟁구조특성	경쟁자수 증가율	저	고	저	-
	경쟁 지위 변화율	고	고	저	저
	경쟁 격화도	소	대	대	소
	제품차별화 정도	소	대	대	소
	가격 변화율	저	고	고	저

결국 경영자는 기업의 현재상태와 시장 상황을 판단하고, 주력하고 있는 제품의 수명주기와 사업성장과의 상관관계를 정확히 분석하고, 신중한 의사결정을 해야할 것이다.

창업 아이디어 사례

〈수면안대형 발광진동 알림〉

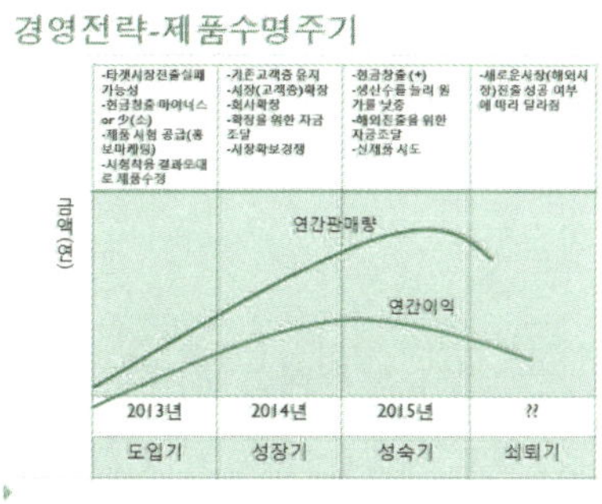

〈백인영 아이디어〉

〈Cup Holic〉

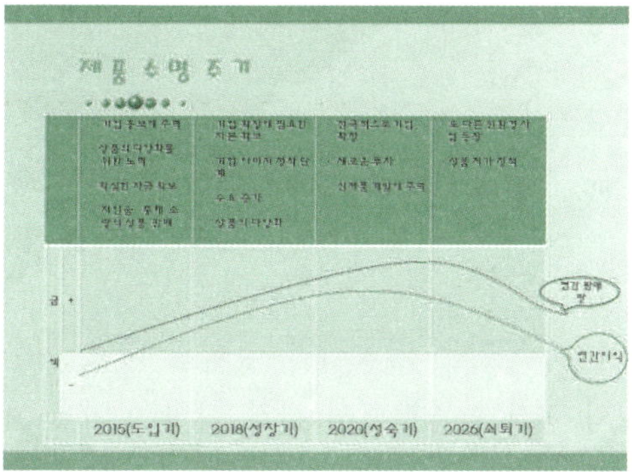

〈손철수 아이디어〉

〈물만제로〉 〈Secure Water〉

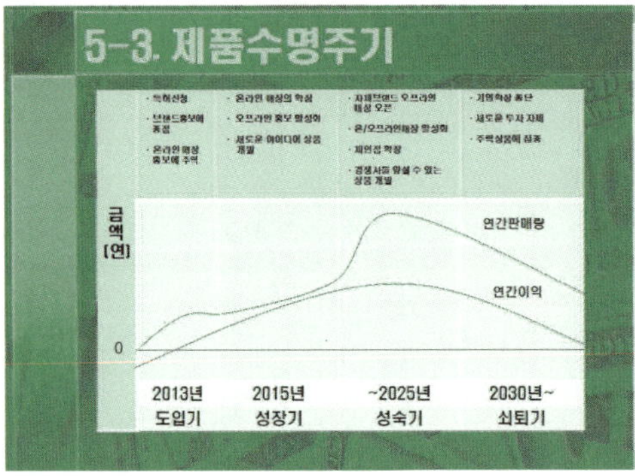

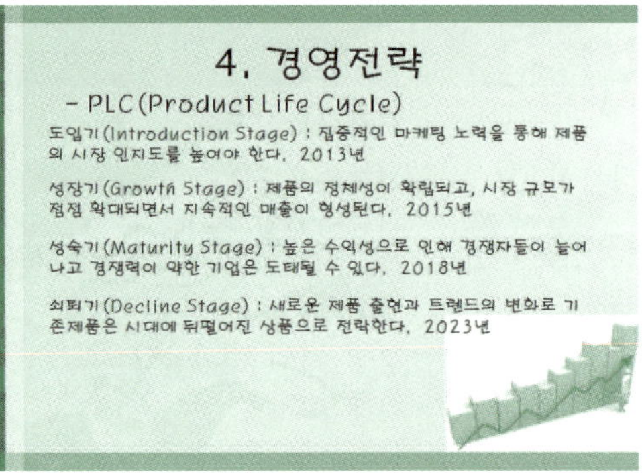

〈김동현 아이디어〉 〈손성호 아이디어〉

(4) 제품/시장 매트릭스 전략 - 시장기회 포착

	기존제품	신제품
기존시장	시장침투전략	제품개발전략
신시장	시장개발전략	다각화전략

자료 : H.lgor Ansoff,(1989) "Corporate Strategy", Harmondsworth, p5.

그림 7.4 제품/시장 확장전략

기업의 본질은 영속적인 성격을 디고 이윤창출을 지속해서 달성하는 것이다. 경영자는 기업의 성장과 관련하여 시장 상황 파악과 제품을 기준으로 새로운 시장 기회를 포착하는 전략을 선택해야한다. 즉, 제품의 시장 영역을 제품과 시장이라는 기준으로 특정 사업의 영역을 구체화시키고, 기업의 현재 상태에서의 성장과 관련하여 미래 방향 설정을 할 수 있으며, 외부의 시장환경과 기업의 핵심성공 요인을 파악하여 경쟁우위를 확보한다. 이렇게 하는 것이 2X2 매트릭스 상에서의 정확한 전략선택이 기업의 성장에 시너지 효과를 나타내줄 수 있다.

① 시장 침투 전략

기존 시장에 기존제품을 가지고 경쟁하여 매출액을 올리기 위한 방법으로 광고나 촉진 등의 마케팅 비용이 단기간에 집중적으로 발생하는 경우를 말한다.

② 제품 개발 전략

R&D비용을 추가시켜서 혁신적인 제품이나 기존제품을 개량한 신제품의 형태로 기존시장에 출시하는 전략을 말한다.

③ 시장 개발 전략

기존제품을 새로운 시장에 출시하는 전략으로서 새로운 고객층을 확보하거나, 해외시장을 공략하는 경우를 말한다. 이럴 경우 자금의 지출이 심하게 되므로 지출된 비용에 대하여 성공할 확률이 낮은 경우가 있다.

④ 다각화 전략

새로운 제품을 가지고 신시장을 개척하는 적극적인 전략의 형태이다. 다른 전략을 사용했을 때 기업의 성과가 늦게 나타날 경우나 사업을 분산시켜 위험을 줄이는 방법을 사용하게 된다. 그러나, 성공할 경우에는 아주 큰 성과를 기대할 수 있으나, 자칫하면 기업의 운영 능력을 넘어서는 방만한 경영으로 회생하지 못하는 숙면을 맞이할 수도 있다.

➡ 다각화 전략의 사례

맥도날드의 힘은 다각화 전략

여름 음료 인기·소비자 니즈 공략

맥도날드가 광범위한 소비층을 위한 다각화 전략으로 부활하고 있다.

미국 경제 주간지 포춘은 맥도날드의 최근 실적 호조는 경기침체기와 무더위 때문만은 아니라며 비즈니스 전략이 주효했기 때문이라고 10일(현지시간) 보도했다.

맥도날드의 지난 7월 동일상점 매출은 전년 동기대비 7% 증가했다. 이는 당초 예상한 5.1%를 웃도는 수치다. 글로벌 매출 증가세는 지난해 1월 이후 최고 수준이다.

웰빙 열풍으로 고전했던 침체기를 말끔히 씻어낸 결과다. 미국에서는 5.7%, 아시아 지역에서는 10.1%의 큰 매출 증가를 보였다.

동일상점이란 개점한 지 1년이 지난 상점으로 통계의 정확도를 위해 사용된다.

맥도날드는 지난해 1월부터 전세계적으로 매출 증가세를 보였지만 최악의 침체기에 오히려 더 큰 판매를 기록했다고 최근 실적 발표를 통해 밝혔다.

계속되는 더위로 계절 메뉴인 프라페와 과일 스무디 등의 여름 음료의 판매가 급증한 것도 매출 호조의 배경이다.

이번 여름을 맞아 스타벅스 커피를 목표로 출시된 맥카페 커피는 매출 부진을 겪기도 했다. 맥도날드의 지난 6월 맥카페 판매는 매장별 하루 55개에서 25개로 감소했다고 포춘은 전했다.

그러나 커피 출시와 여름 음료의 인기는 맥도날드의 이미지 개선과 전반적인 목표 달성을 불렀다는 호평을 받고 있다.

경기침체와 여름 한정 음료의 인기가 맥도날드 성공의 전반적인 배경으로 작용한 것은 아니다.

맥도날드의 이 같은 성공 요인은 무엇일까.

맥도날드가 과거 패스트푸드 체인에서 볼 수 있었던 젊은이들만의 공간이 아니라는 것은 중요한 사실이다. 값싼 햄버거를 먹는 식사 대체 공간도 더 이상 아니다.

가족의 저녁식사를 위한 다양한 선택권을 제공하고 퇴근길에 시원한 음료를 원하는 직장여성들도 맥도날드에서 스무디를 구입한다.

바쁜 비즈니스맨들은 모닝커피와 함께 메일 확인에 유용한 무료 와이파이 서비스를 필요로 한다.

이것이 바로 맥도날드의 전략이 맞아떨어진 배경이다. 맥도날드는 광범위한 메뉴와 서비스를 제공, 남녀노소의 다양한 욕구를 충족시켰다는 평가를 받았다.

맥도날드는 그동안 소비층을 확대하기 위해 메뉴와 가격을 다각화했다.

실적 발표를 통해 맥도날드는 "핵심 상품과 더불어 광범위한 메뉴들이 맥도날드 판매 증가의 중요한 포인트"라고 밝혔다.

김동효 기자 (sorahosi@etoday.co.kr)

7.3 경쟁우위 확보전략 - 본원적 경쟁전략

사업을 시작하기로 결정한 후에는 기업을 성공적으로 이끌 수 있는 경쟁력을 갖추고 있어야 한다. 그러한 경재우위요소를 확보하고 결정하는 분석기법으로 마이클 포터의 본원적 경쟁전략이 있다.

		경쟁우위 (How to win!)	
		낮은 원가 (Low cost)	고객이 인정하는 특이성 (Differentiation)
경쟁영역 (Where to play!)	전체 분야 (board)	원가우위전략	차별화전략
	특정 분야 (narrow)	원가 집중화	차별적 집중화

자료 : Michael E.Porter. (1980) "Competitive Strategy", The Free Press, pp41-42.

그림 7.5 본원적 경쟁전략

본원적 경쟁전략은 어느 경쟁시장에서(Where to play) 어떤 경쟁 방법으로(How to win) 다른 경쟁 기업보다 우위를 차지하고, 지속적으로 확보 유지하기 위한 전략을 세우는 것이다. 그 방법은 원가(비용)·품직·고객에 의해서 결정되어 지는데, 세가지 전략(원가(비용) 우위 전략·차별화 전략·집중화(원가·차별화)전략)이 있다.

① 원가 우위전략(Cost Leadership)

경쟁사의 제품보다 저렴한 가격으로 시장을 공격하여 낮은 원가로 충분한 마진을 확보하는 전략이다. 고객이 시장에서 제품 구매시 가격을 기준으로 반응하는 제품에 해당이 된다. 예) 월마트의 효율적인 물류시스템을 이용한 성공전략

② 차별화 전략(Differentiation)

시장에서 제품 또는 서비스를 통하여 고객에게 차별성을 강조함으로써 단골고객 확보 및 고객들로 하여금 제품에 대한 충성도를 높여서 경쟁기업의 진입장벽을 높이는 전략이

다. 예) 나이키의 상품개발(차별화) 전략

③ 집중화 전략(Focus)

시장을 세분하시켜 특정 지역이나 고객을 타켓으로 하여 집중적으로 공략하는 방법과 전체시장을 대상을 원가우위 전략으로 차별화 시키는 전략이다. 예) 김치냉장고, 대형 전자 제품

➥ 본원적 경쟁우위 성공 및 실패사례

본원적 경쟁우위 성공사례

집중화전략으로 성공을 거둔 도미노피자와 리틀시저

피자 시장에서는 피자 헛이 선두기업인 만큼 이 부분을 사실상 장악하고 있는 셈이다. 제2, 제 3의 피자체인은 피자 헛과 전면적인 경쟁을 벌일 수 없는 기업들이다. 이들은 전면전을 벌이는 대신 피자 파이의 한쪽 이라도 차지하기 위해 특정 부분에 집중하는 경영 전략을 실행했다. 제 2의 피자 회사인 리틀시저는 고객이 직접 '사서 가져가는' 테이크-아웃만을 전문적으로 취급했다. 제 3의 피자 회사인 도미노 피자는 '가정 배달'만을 전문으로 했다.

전문화나 집중화가 이루어지면 경영 전략의 효율성은 커진다. 그 같은 집중화를 한 단계 진전시켜 소비자로 하여금 그 분야의 대명사처럼 인식하게 한다면 효율성은 훨씬 더 커지게 된다. 도미노 피자는 사업이 절정에 이르렀을 피자 가정 배달 시장의 45%를 차지했는 데 당시 내세운 유명한 캐치프레이즈가 "30분 내 가정배달을 보장합니다"라는 것이었다.

그러나 배달차량 운전자들이 교통사고로 사망하는 등 안전상에 문제가 발생해 결국 30분내 보장이라는 약속은 철회할 수 밖에 없었는 데, 그에 따라 매출도 감소했음은 물론이다. 이런 상황에서 도미노 피자가 해야할 일은 그런 보장을 다른 캐치프레이즈로 대체해 고객층의 뇌리에 깊숙이 새겨두는 일이다.

미국의 즉석식품 체인 중에서 가장 성장이 빠른 회사 중 하나가 리틀시저이다. 이 회사는 고객이 피자를 사 가지고 가는 테이크-아웃 전문이다. 즉 테이블도, 남녀 종업원도, 배달용 트럭도, 운전기사도 없기 때문에 피자 판매 방식으로는 가정 비용이 적게 드는 사업이었다. 리틀 시저는 테이크-아웃 시장을 공략하면서 "한 개 값으로 두 개의 피자를"이라는 캐치프

레이즈를 내걸었다.

리틀 시저의 부상은 두 가지 두드러진 추세와 맞물려 나타났다.

첫 번째 추세가 레스토랑의 테이크-아웃 피자 비중이 엄청나게 늘어난 것이다. 그런데 예를 들어 저녁 식사의 경우 피자가 차지하는 비중이 상당했던 것이다. 10년 전만 해도 테이크-아웃은 저녁 식사의 경우 식당 식사에 비해 36%나 적었다. 그러다가 레스토랑 내 저녁식사는 대체로 과거와 같은 수준을 유지한 반면 테이크-아웃 디너는 엄청나게 늘어났다. 그래서 오늘날에는 테이크-아웃 디너 매출이 레스토랑 내 디너 매출보다 12% 더 많은 실정이다.

두 번째 추세가 테이크-아웃 피자 매출이 크게 늘어난 점이다. 10년 전에는 테이크-아웃 햄버거가 테이크-아웃 시장의 30%를 차지하고 피자가 26%로 2위를 차지했는 데 오늘날에는 피자가 수위를 차지한 채 햄버거와의 격차를 더욱 벌려 나가고 있다. 불행하게도 리틀 시저는 최근 가정 배달 시장에도 뛰어들었는 데 이는 중대한 실책이라고 할 수 있다. 일단 한 분야에서 성공을 거두게 되면 흔히 라인확장의 유혹을 이기지 못해 결국 비집중화로 떨어지고 만다.

- 포커스 경영 (알리스 저, 홍수원 역) 中

본원적 경쟁우위 실패사례

정용진 신세계 부회장의 고민은?

간판만 세운 中실패 교훈…'현지밀착형'으로 해외 진출 노린다

"(중국 이마트의) 사업 축소를 좀 해야 한다. 방만하게 매장이 늘어났다. 거래관계가 복합해 철수는 힘들지만 축소를 검토해야 하는 시점이다." 정용진 신세계 부회장의 해외사업에 대한 고민이 깊어지고 있다. 정 부회장은 최근 한 매체와의 인터뷰에서 "글로벌 시장을 너무 쉽게 본 것 같다. 열심히 공부하겠다"고 밝혔다.

난조는 중국이다. 정 부회장은 이 매체와의 인터뷰에서 신세계 이마트의 중국사업 실패를 사실상 인정했다. 정 부회장은 최근 추진 중인 베트남 사업과 관련 "중국사업은 이마트의

간판을 세우는게 목표였다. 베트남에는 간판 대신 정신을 심으러 간다"고 밝혔다. 사실상 해외사업 전략을 바꾸겠다는 것이다.

이마트는 국내 유통업체 중 처음으로 1997년 중국시장에 진출했지만 현지화 실패 등으로 부진한 실적을 내고 있다. 1997년 360억원의 매출을 시작으로 2005년 990억원, 2006년 2000억원, 2007년 2500억원, 2008년 3500억원을 기록했다. 매년 500억정도 매출이 늘었지만 내실이 좋지 못했다. 지난 2009년에만 600억원의 당기순손실을 내며 진출 14년째 부진을 면치 못하고 있다.

중국 이마트 부진의 이유는 현지화에 실패했기 때문이라는 게 전문가들의 공통된 분석이다. 이마트의 브랜드가치가 월마트나 까르푸 등 글로벌유통기업에 미치지 못하는 상황에서 무리하게 매장을 확장한 것이 패착이라는 것이다. 정 부회장도 이 매체와의 인터뷰에서 "간판 심어 놓고 국내 이마트에서 성공한 노하우를 가져가면 된다고 생각했다"며 이같은 분석에 동의했다.

반면 이마트보다 10년가까이 늦은 롯데의 경우 철저한 현지화 전략으로 승부수를 띄웠다. 롯데는 진출 초기부터 '마크로', '타임스' 등 현지 유통기업 인수를 통해 현재 82개의 매장을 운영하면서 1조원 이상의 매출을 올리고 있다. 신세계와 정반대의 길을 가며 성공적으로 시장에 안착했다는 평가를 받는다.

정 부회장은 최고 경영자에 오른 이후 중국 이외의 해외시장 진출을 고민해왔고 취임 1주년인 지난해 12월을 전후로 본격적인 행보에 나서 인도네시아의 상위권 유통업체인 '마타하리 푸트라 프리마' 인수전에 참여하기도 했다. 정 부회장은 당시 직접 인도네시아 현지를 방문해 지원사격을 하기도 했다.

경쟁사인 롯데 등에 밀려 본입찰 자격을 얻지 못했지만 인도네시아를 비롯한 동남아 지역을 돌며 가능성을 확인했다. 정 부회장은 베트남 현지에서 트위터를 통해 '아엠 앳 하노이(I'm at Hanoi). 빅씨(Big C · 프랑스계 할인점)에 왔습니다. 사람들이 많네요.' 등 현지 매장에 대한 소감을 올리기도 했다.

정 부회장은 베트남 방문시 선하(Sonha)그룹 등 현지 유통기업 관계자들과 면담을 한 것으로 알려지면서 합작설이 흘러나오기도 했다. 정 부회장은 이와 관련 "선하그룹 등 많은 회사와 접촉 중이다. 아직 문서로 확정된 것은 없지만 긴밀한 얘기가 오가고 있다. 2월말께 발표할 수 있을 것 같다"고 밝혔다.

현지 소식통들에 따르면 가장 가능성이 합작 상대는 선하그룹이다. 이를 통해 신규진출에 대한 리스크를 줄이고 선하의 하드웨어를 이용, 단기간에 다점포화로 경쟁업체에 우위를 점한다는 것이다.

이와 관련 신세계 관계자는 "합작을 통해 베트남에 진출한다는 것 외에는 아직 구체적으로 나온 것이 없다"며 "빨라질 수도 늦어질 수도 있다"고 설명했다. 현재 베트남에는 빅시, 메트로, 롯데마트 등 외국계 유통업체들이 진출해 연간 20%가 넘는 빠른 성장세를 보이고 있다.

신세계의 해외사업 전략 변화에 경쟁사인 롯데도 긴장하는 눈치다. 롯데마트 관계자는 "신세계(정 부회장)가 롯데의 해외진출 성공사례에 대해 많이 연구를 한 것 같다"며 "인도네시아에서도 현지 기업 M&A에 나서는 등 해외사업 전략이 바뀌는 것 같다"고 밝혔다.

곽도흔 기자 (sogood@etoday.co.kr)

➥ 창업아이디어 사례

백인영 창업 아이템

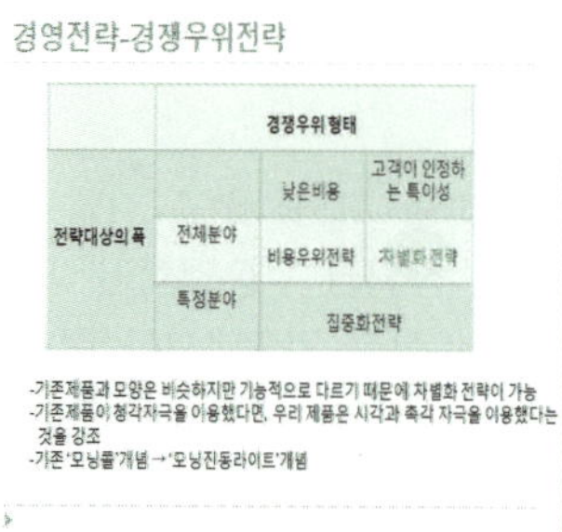

손철수 창업아이템

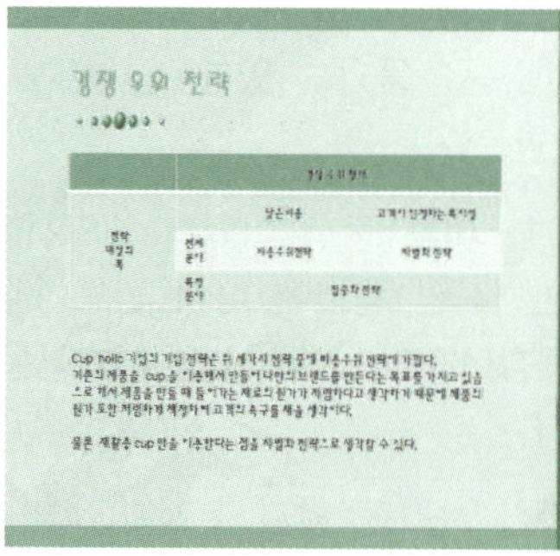

김동현 창업아이템

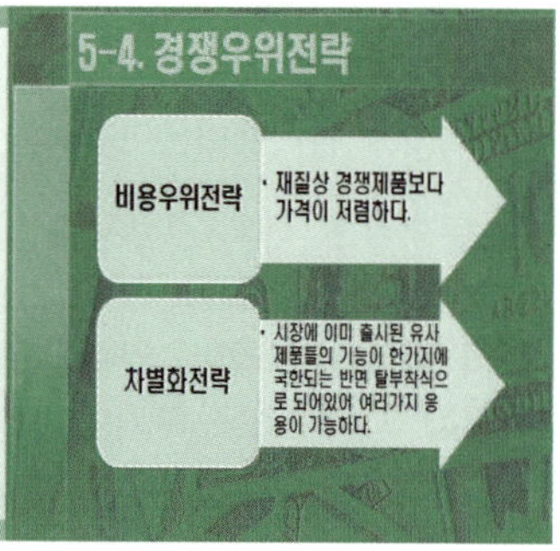

손철수 창업 아이템

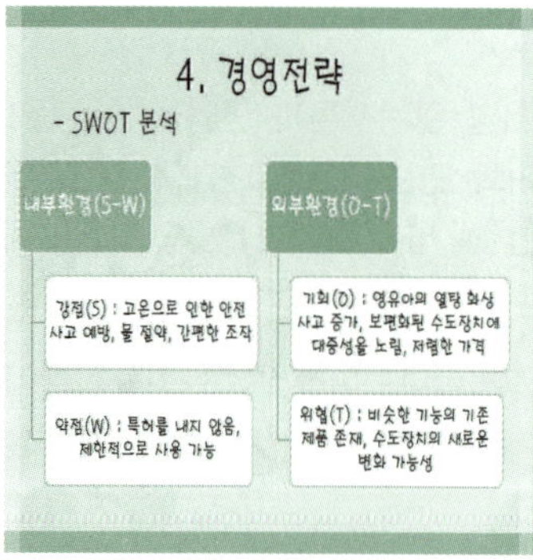

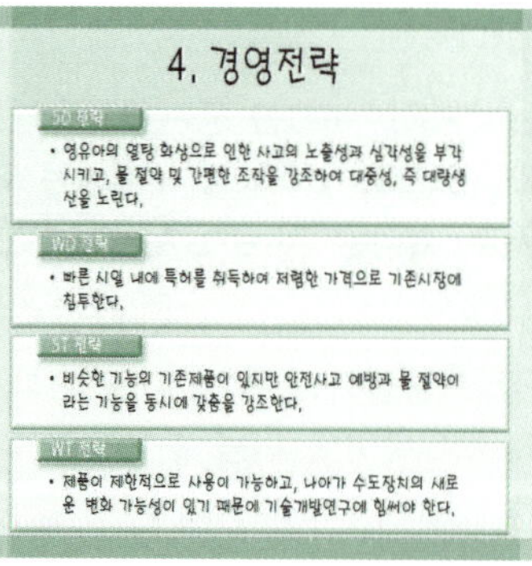

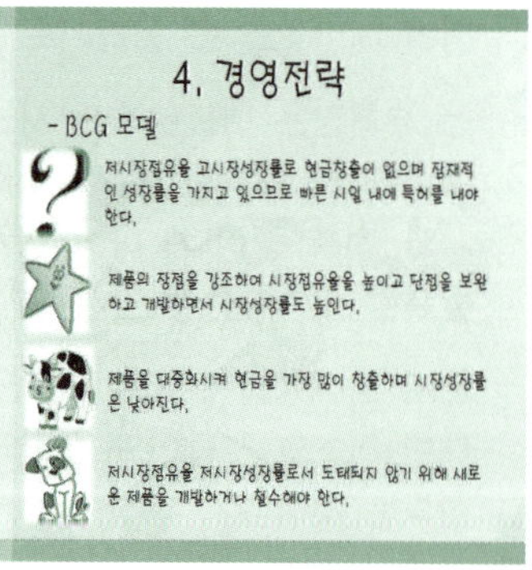

백인영 창업 아이템

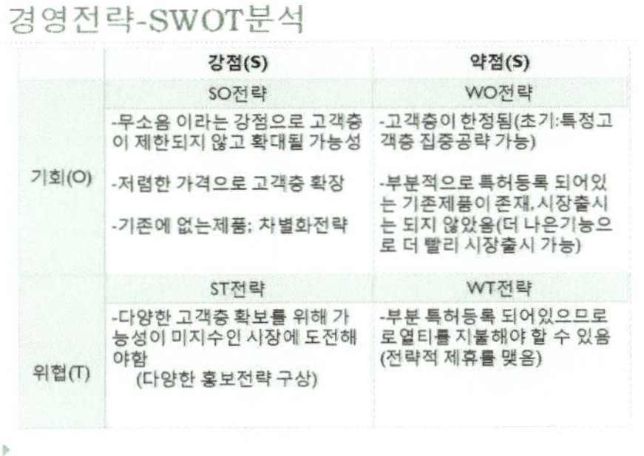

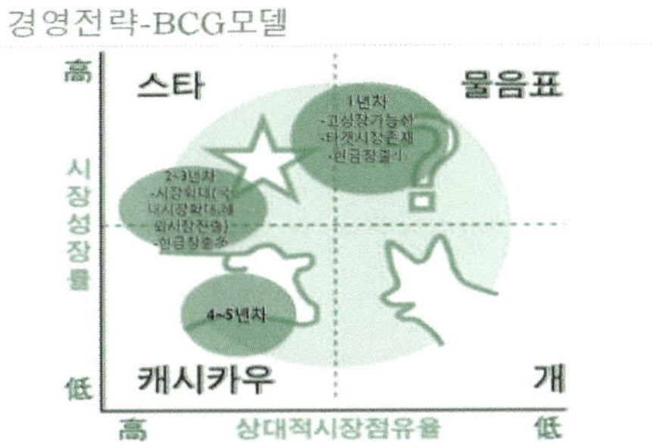

손성호 창업 아이템

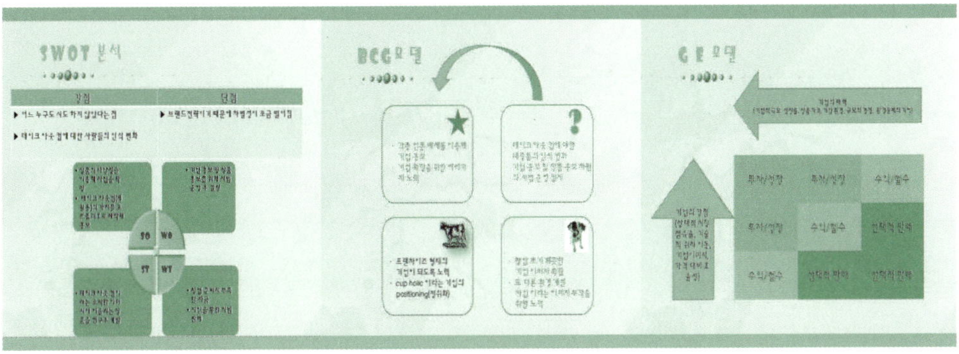

김동현 창업아이템

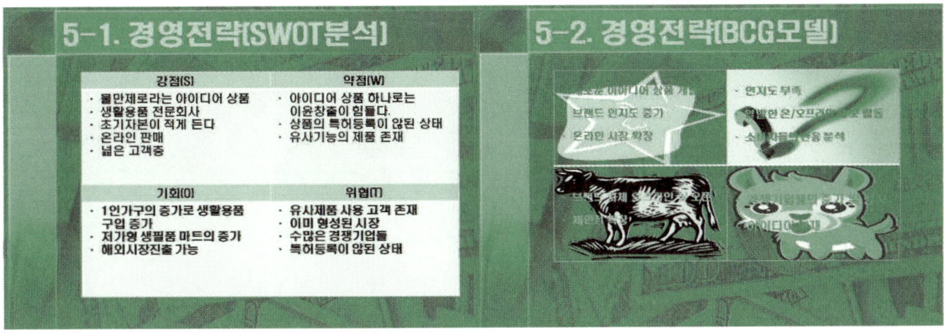

8장

창업과 관련된 경영활동

창업과 관련된 대표적인 경영활동은 마케팅 관리 · 생산관리 · 인적자원관리 · 재무관리 등이 있다. 이 교재에서는 전반적인 내용을 개괄적으로 소개하고자 한다.

8.1 마케팅 관리

8.1.1 마케팅 개념

(1) 마케팅이란?

시장(Where)에서 마케터(Whom)와 고객(Whom)의 목적(Why)을 달성하기 위해 소비자가 원하는 때(When)에 제품(What)을 제공하는 마케팅 활동을 영속해 나가는 것이라 하겠다.

(2) 마케팅 관리란?

경영의 정의를 경제주체가 그들의 목적을 달성하기 위하여 인적 · 물적 자원을 투입하고 각 부서별로 계획 · 조직 · 조정 · 통제 하는 활동을 거쳐서 제품을 생산해내는 연속적인 과정이라고 정의하였다. 이 정의에 입각하여, 마케팅 관리는 마케팅 부서의 목적 달성을 위해 마케팅 활동과 관련된 여러 가지 요소를 투입하고 4P(marketing mix)라는 수단을 가지고 P · O · L · C(계획 · 조직 · 조정 · 통제)해가는 연속적인 과정이라고 정의할 수 있다. 따라서 마케팅 활동은 마케터와 고객사이에서 제품을 통한 서로간의 교환(exchange)행위라고 볼 수 있겠다. 마케터는 목표시장에서 제품을 통해서 고객의 욕구를 만족시켜 줌으로써 얻게 되는 이윤창출이 창출되고, 서로의 목적이 달성된다. 그 사이에는 마케팅 믹스(가격·제품·촉진·유통)의 수단을 통하여 계획하고 실행해 나가는 연속적인 과정이다.

8.1.2 마케팅 관리 과정

기업은 시장에서 고객의 채워지지 않은 욕구를 발견하고, 그 틈새시장영역을 확보하기 위해서는 시장지향적인(Market-Orientation)자세를 가지고 전략을 제시해야 한다. 그러한 마케팅 관리 과정을 그림으로 표현하면 그림 8.1과 같다.

그림 8.1 마케팅 관리 과정

(1) 고객행동 분석

시장 환경의 변화와 더불어 빠르게 변화하는 고객의 욕구가 세분화 단계(Segmentation)를 넘어서 파편화(Fragmentation) 될 정도로 마케팅 활동을 수행하는 마케터는 어떠한 요인들이 고객의 욕구 변화 및 행동에 영향을 미치는지를 이해하고, 정확한 분석과 더불어 전략적인 마케팅 계획을 수립해야 한다.

따라서 그림 8.2와 같이 마케팅 자극이 주어지면 고객의 욕구를 자극하고, 정보탐색 및 대안을 평가하고, 태도형성 및 구매・구매 후 행동으로 이루어지는 과정을 거치게 된다.

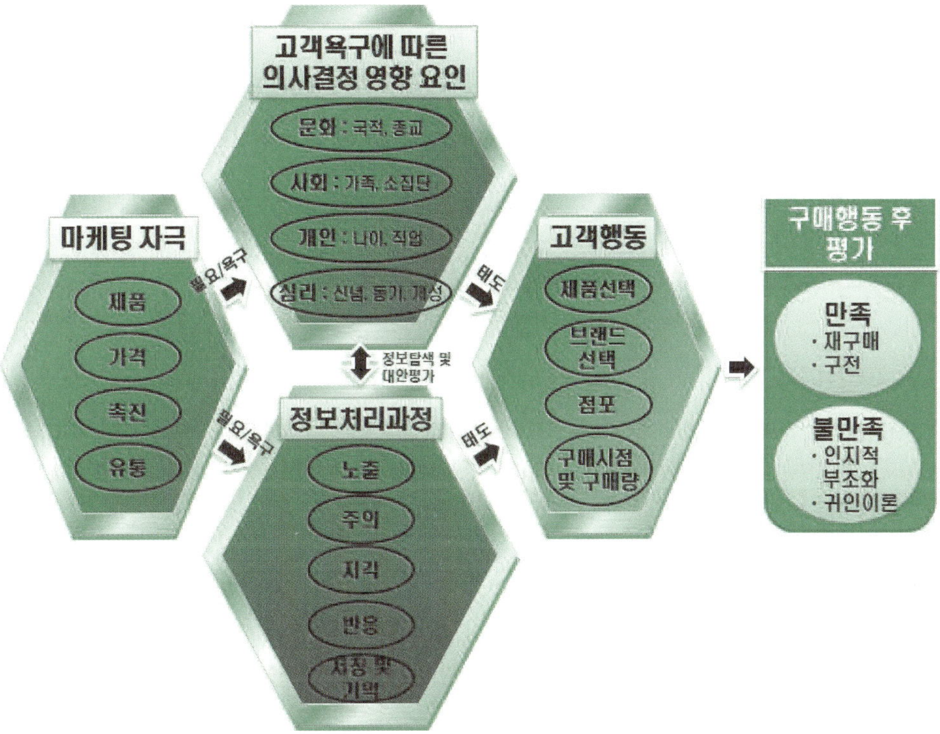

그림 8.2 고객행동 분석 모형

(2) STP 전략 (Segmentation(세분화), Targeting(표적시장), Positioning(정위화))

기업이 파악해야 할 3C는 Company · Customer · Competitor이다. 시장 세분화를 하는 이유는 기업이 마케팅 활동을 수행하는데 있어서, 시장 및 고객에 대한 전략적 접근이 가능해진다. 한정된 기업이 자원을 가지고 다양하게 변하는 소비자의 욕구와 경쟁자의 진입은 마케팅 활동을 더욱 복잡하게 한다. 따라서 그 변화를 파악하여, 시장을 세분화 하고, 표적시장을 선정하여 마케팅 전략을 구사하는 것이 중요하다.

① Segmentation(세분화)

기업이 마케팅 전략을 구사하는데 있어서 힘든 부분은 다양해진 소비자의 need / want를 정확히 파악하고 접근하는 방법일 것이다. 기업은 과거에 시장을 하나의 동일한 집단으로 보는 것과는 달리 시장세분화 기준에 따라서 몇 개의 동질적인 집단으로 나누어서 접근하는 것이 옳다.

시장세분화의 기준은 지리적(Geographical) · 경제적(Economical) · 인구통계적(Demographical) · 심리적(Psychological) · 행동적(Behacioral)기준을 들 수 있다.

표 8.1 시장세분화기준

인구통계적 (Demographical)	경제적 (Economical)	사회·심리적 (Psychological)	행동적 (Behavioral)	지리적 (Geographical)
·성별 ·나이 ·성애주기 ·종교 ·결혼여부 ·건강 및 신체적 특성	·소득 (개인, 가계) ·직업 ·소득원 ·자산 (동산, 부동산)	·라이프스타일 ·가족수명주기단계 ·개성 ·사회계층	·제품사용경험 ·구매 또는 사용상황 ·사용률 ·충성도 ·구매자의 상태 ·제품이나 상표에 대한 태도	·기후 ·지방 ·도시크기 인구밀도

② Targeting(표적시장)

시장세분화 기준에 근거하여 각각의 구분된 집단의 특징을 찾아내어서 그곳에 진입이 가능한 한 두 개의 표적시장을 선정하여서, 그 시장에 적합한 제품과 마케팅 믹스 전략을 구사하는 것이다. 그 형태는 정해진 표적시장에서 판매 제품을 확장하는 경우도 있고, 가격·촉진·유통 등 마케팅 믹스전략을 표적시장에 접근이 가능하도록 조정할 수도 있다.

③ Positioning(정위화)

목표시장이 확정되면 기업은 마케팅 믹스를 사용하여 소비자의 의식에 제품의 정확한 위치를 심어주는 과정을 포지셔닝 전략이라고 한다. 포지셔닝 전략은 소비자 및 경쟁자를 분석하고 확인하여 경쟁제품의 포지션을 분석한 다음 자사제품의 포지셔닝을 개발하고, 확인한 다음 재 포지셔닝을 하는 과정을 거친다. 일반적으로 활용되어지는 포지셔닝맵(Positioning map)은 소비자의 마음속에 있는 자사제품과 경쟁제품들의 위치를 2차원 또는 3차원 도면으로 작성한 것이다.

마케터는 그림 8.3과 같이 포지셔닝 맵을 활용한다. 그것은 마케팅 믹스의 효과측정이 가능하며, 소비자의 기대와 이상점(Ideal point)을 파악하기 쉽고, 경쟁사의 위치파악 및 자사제품의 현 위치와 틈새시장의 파악이 가능하다. 따라서 마케터는 기업에서 주력하고 있는 제품에 대하여 소비자의 이상점과 기대치 사이의 갭(gap)을 줄여주어야 한다.

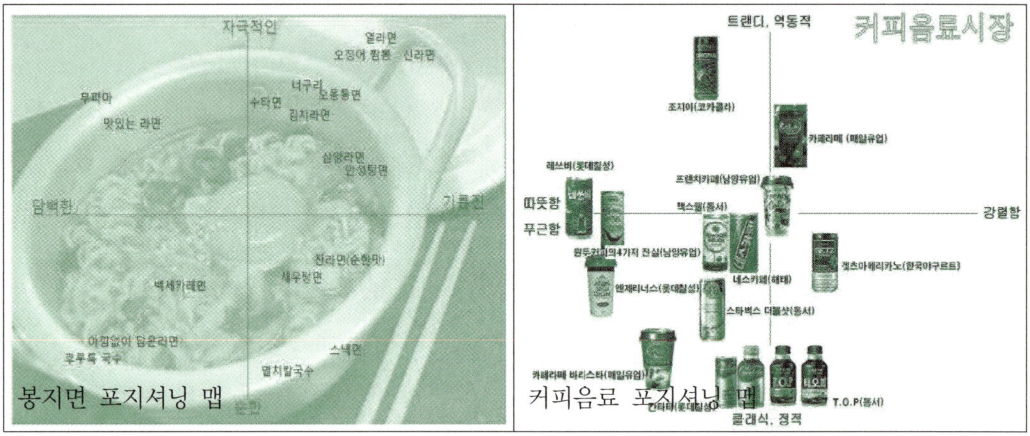

출처 : http://cafe.naver.com/pragmatist.cafe 프래그머티스트

그림 8.3 포지셔닝 맵 사례

(3) 마케팅 믹스(Marketing mix : 4P)

마케팅 믹스는 일반적으로 제품(product), 가격(price), 유통(place), 촉진(promotion)을 4P라고 한다. 표 8.2와 같이 기업이 표적시장으로부터 원하는 것을 달성하기 위해 통제 가능한 자극요인이다. 기업은 효율적인 마케팅 믹스를 통해서, 고객 시장의 반응을 파악하고, 이해하여야 한다. 각각의 마케팅 믹스는 개별적으로 작용할 때 보다는 전체적인 측면에서 조화를 잘 이루어야만 마케팅활동이 훨씬 더 효과적일 수 있다.

표 8.2 Marketing Mix

Product		Price		Place	Promotion
제품 구성	· 브랜드(Brand) · 디자인(Design) · 포장(Packaging) · 품질 (Product quality) · 특징 (Product Feature)	가격결정 영향요인	· 소비자 · 원가 · 법적규제 · 유통경로 · 경쟁 환경	· Channel of Distribution (유통경로) · Logistics (물류 · 보관 · 재고)	· Advertising (광고) · Sales Person (인적판매) · Publicity (홍보) · Promotion (촉진)
제품유형 <구매목적에 따라>	· 소비재 선매품 · 편의품 · 전문품 · 산업재 자재와 부품 · 소모품 · 설비품	가격 전략	· 초기고가전략 (Skimming pricing) · 시장침투가격전략 (Penetration Pricing) · 가격할인 (Pricing discount) · 묶음가격 (Price Bundling)		

8.2 생산관리

8.2.1 생산이란!

사람이 의 · 식 · 주를 해결하는데 필요한 모든 제품을 만들어내는 것(goods & service)을 생산활동이라 한다. 예로서, 자동차 · 신발 · 게임프로그램 등 상품을 만드는 것 뿐만아니라, 제조업에서 만들어진 상품을 창고에 보관하고, 소비자에게 배달해 주는 것도 생산활동이다. 따라서, 생산이란, 사람이 노동활동을 통해서 투입된 자원을 변형(물리적 · 지리적 · 시간적)시켜 하나의 제품(재화 · 서비스)의 형태로 산출시켜서 사용자의 목적에 맞도록 제공하는 활동을 의미한다.

8.2.2 생산성

생산성은 생산요소를 효율적으로 결합하는 정도를 의미한다. 생산과정에서 투입된 자원에 비례하여 생산량의 산출정도를 파악하는 것으로써, 생산성이 높아지게 되면, 투입되는 양이 적고, 산출되는 제품은 많아지게 되므로 원가는 상대적으로 낮아진다.

투입되는 생산요소(노동·자본·부가가치)에 따라서 노동생산성·자본생산성·부가가치 생산성이라고 한다. 생산성의 결정 요인은 노동·설비·기술·기업의 생산성에 대한 의식·경영능력 등을 말하며, 실질적으로 이러한 요소들의 질적 향상이 기업의 생산성 증대를 가져온다.

- 노동생산성(labor productivity)은 한명의 노동자가 주어진 일정한 시간내에 자신의 투입된 노동량을 통해 산출된 성과물(생산량)을 비율로 나타낸 것이다. 노동생산성 증가율은 취업한 사람의 1인당 부가가치로 산출된다.
- 부가가치 생산성(productivity of added value)은 노동자 한사람이 일정기간 (1일 또는 1개월)에 생산해 낸 산출물의 부가가치액을 의미한다.

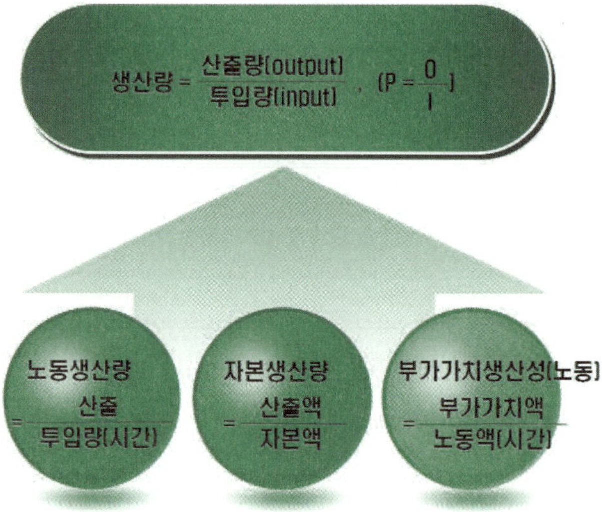

그림 8.4 생산성(productivity)

8.2.3 생산관리란?

생산관리란, 과거에는 제조업에서의 생산활동에 국한하여 정의하였으나, 디지털 시대의 급속한 변화는 모든 조직과 연관되어 기업 전체의 통합된 개념으로 보게 되었다.

경영활동의 시스템에 입각하여 정의를 내리면, 기업의 목표를 달성하기 위하여, 수요를 예측하여서 투입된 자원을 가지고 효율적으로 관리하여 재화나 서비스로 변화시켜 산출해 내는 과정이다. 투입된 자원을 얼마나 효율성 있고, 능률적으로 결합하여, 높은 부가가치를 창출해 내는 것이 주목적이 될 것이다. 그러기 위해서는 무엇보다도 생산성 저해요인(부적절한 설계·제조방식 및 실행에 의한 손실)을 파악하고 제거한다. 그리고 생산성을 향상시키는 시간단축·원가절감운동·무재해운동·자동차·품질향상·신설비투자 등의 방법을 찾아내는 것이 생산관리의 목표이다.

생산관리의 활동에는 생산 공정 관리(목표한 제품을 정해진 기간 안에 생산해 낼 수 있도록 계획하고 통제하는 활동·향상된 최고의 품질 관리·제품의 적정한 재고관리를 통한 효율성 재고 등이 그예다.

8.2.4 생산관리과정

생산관리의 전체과정을 그림 8.5와 같이 모두 실어 놓았다.

생산전략
· 벤치마킹
· 리엔지니어링
· 다운사이징
· 라이트사이징
· 아웃소싱
제품설계 및 공정설계
· 변화되는 고객욕구 파악
· 잠재시장 조사
· 제품특성
수요예측
· 시장성
공장입지
· 업종
· 규모
· 작업성격
· 경제적 요인
· 관계법규
· 지역사회 특성
· 공해문제
· 기술적 요인
설비배치
· 제품별(product layout)
· 공정별(process layout)
· 고정형(fixed-poistion)
· 혼합형(mixed layout)
· 셀룰러(cellular layout)
종괄생산계획
· 생산자원의 적정배분
· 비용의 최소화
· 작업시간
· 생산량
· 재고수준
· 인력
프로젝트 관리
· PERT(Program Evaluation&Review Technique)
· CPM(Critical Path Mathod)
품질관리
· TQC(Total Quality Control)
· Iso 9000시리즈
· QC(Quality Control)
자재관리
· MRP(자재소요계획)
(Marerial Requirement Planning)
· ERP(전사적 자원관리)
(Enterprise Resource Planning)
· JIT(적시생산)
(Just in time)
재고관리
· EOQ(Economic Order Quantity)
설비시스템
· FA(Factory Automation)
TQM
[종합적 품질경영]
[Total Quality
Management]

그림 8.5 생산관리과정

8.3 인적자원관리

8.3.1 인적자원관리란?

진인사 대천명(盡人事待天命)이라 했다. 사람이 자신이 할 수 있는 노력을 다 한 뒤에 하늘의 뜻을 받아들여야 한다는 뜻이다. 자신에게 주어진 일을 게을리 하지 않고 성실하게 최선을 다하는 점을 강조하는 뜻이다. 인간은 혼자서 살아갈 수 없는 존재이고, 타인과의 관계 속에서 모든 일들이 진행되어진다. 특히, 조직이라는 의미는 2인 이상이 공동의 목표를 달성하기 위하여 모인 집합체라고 정의한다. 개방시스템(Open-system)을 취하는 인적자원관리는 인적 자원과 노사관계까지 포함한다.

인적자원관리는 기업을 운영하는데 있어서 사람과 관련된 모든 활동으로써 필요한 인원을 적당한 업무에 즉, 적재적소에 배치시키는 지혜가 필요하다. 그러기 위해서는 선발된 인원들의 개인적인 능력과 기업에 필요한 교육 및 훈련이 필요하며, 종업원을 기업의 자산으로서 투자가치가 있고 미래 시장의 경쟁력의 원천으로 보는 폭넓은 시각을 가지는 경영진의 의식 변화가 필요하다.

표 8.3 인적자원관리

인적자원관리	
▪ 인적자원계획(적정인원 · 구인 · 해고 등)	▪ 업적평가
▪ 모집 및 선발	▪ 보상(연공급 · 직무급 · 직능급)
▪ 교육훈련(OJT · OffJIT)	▪ 인원의 교체(승진 · 전근)
▪ 경력개발	▪ 이직관리(사직 · 해고 · 파면 · 은퇴)

① 인적자원계획 : 적정인원을 구인 · 해고 등을 계획

: 직무분석(jobanalysis) : 인적자원들이 해야 할 일의 특성을 알아보고 필요한 사람의 학력 · 자력 · Skill · 능력 · 성격 등을 명시

: 직무기술서(job description)} 업무의 진행과정을 보고서 형태로 작성

: 직무명세서(job specificication)

② ■ 모집(recuritment) : 능력있는 인적자원을 자신의 회사로 채용하는 과정

: 사내모집 : 회사내에서 다른 부서로 이동·승진 희망자 대상으로 함

: 사외모집 : 회사 내부인력으로 부족할 경우, 인터넷 공모, 수시 채용

■ 선발(selection) : 기업에 응모한 많은 응시자 중에 기업이 필요로 하는 자질을 갖춘 사람을 선별하는 과정

: 서류전형, 필기시험, 면접 등 다양한 시험절차를 거쳐서 채용

: 기업의 특성, 사회적 분위기, 전략 등에 맞는 인재 선발 방법이 적절함.

③ 교육훈련 : 인적자원의 능력이나 직무관련기술수준을 지속적으로 개발하는 과정

■ OJT(on the job training) : 사내업무현장에서 상급자에게 직무를 수행하는 방법을 직접 배움

■ OffJIT(Off the job training) : 직무현장 이외의 장소에서 이루어지는 교육(시청각교육, 사례연구, 역할연기 등)

④ 경력개발(Carieer development) : 기업의 추구하는 목표가 개인의 욕구와 일치될 수 있도록 각 개인의 경력을 개발시키는 과정

⑤ 업적평가(Performance appraisal) : 종업원들의 직무만족 정도와 업무수행정도 판단

⑥ 보상(Compensation) : 종업원들이 기업에 공헌한 대가를 제공·임금·복리후생

■ 연공급(Wages on seniority) : 학력·연령·근무연한에 따라 임금수준 결정

■ 직무급(Wages on post) : 직무의(난이도·위험조건)에 따라 차등 임금

■ 직능급(Wages on the job evaluation) : 직무의 특성과 직무수행능력(자격증·개인능력차이)을 고려하여 임금수준 결정

⑦ 인원의 교체 : 종업원의 승진·전근

⑧ 이직관리 : 사직·해고·파면·은퇴

8.3.2 노사관계

노사관계란 종업원과 경영자의 관계가 상호 대등한 관계로서 단체교섭을 통한 근로조건을 결정하게 된다. 근로조건 개선 및 종업원의 권익 보호 등을 위한 임근 근로자들로 구성되어진 조직이 노동조합이다. 우리나라의 경우는 노동조합에 가입한 조합원을 비롯해 노동조합에 가입하지 않은 비조합원도 채용이 가능한 오픈샵 방식을 취하고 있다.

① 노동조합

- 직업별 노동조합(Craft union) : 같은 직종・직업을 가진 사람끼리 조직한 단체로써, 숙련노동자들이 노동시장을 독점하는데 유리
- 일반 노동조합(General union) : 근로자면 누구라도 가입이 가능(직종・숙련도 무관)
- 산업별 노동조합(Industrial union) : 산업별로 업종의 특성, 가입자 수 확보하여 단체활동
- 기업별 노동조합(Company union) : 같은 회사내에 종업원끼리 조직, 조합원들 상권유대관계 강화

② 조합원 가입방식

- 클로즈드 샵(Closed shop) : 근로자를 고용할 때 노동조합원임을 고용조건으로 내세우는 제도
- 오픈 샵(Open shop) : 노동조합 가입여부를 종업원 자유의사에 맡기는 제도
- 유니온 샵(Union shop) : 채용후에 일정기간내에 노동조합에 가입, 거의 모든 노동자들이 가입 가능

③ 단체교섭

노동자와 사용자가 노동조건을 가지고 타협을 통해서 계약된 사항을 실행해 나가는 것이다. 협상에 영향을 미치는 요인은 노동시장의 수급상태, 기업의 이익률, 사회・정치・경제적 상황 등이다.

노사 양측의 압력 수단은 파업, 태업, 준법투쟁 등으로 근로자측에서 사용하고, 사용자

측에서는 직장폐쇄의 방법을 동원하기로 한다.

양자의 원활한 합의가 이루어지지 않는 경우에 따라서는 정부가 개입하여 중재를 하기도 한다. 그 결과 단체협약(Collective bargainings)서가 만들어지고, 양자는 이를 이행해야 한다.

무엇보다도 경영자와 종업원 양자는 호혜적 관계로서 공동의 목표를 달성시키는데 효율성(efficiency)과 효과성(effectiveness) 있게 추구해 나가야 할 것이다. 그 기본에는 양자 간의 형평성과 투명성을 바탕으로 깊은 신뢰(trust)가 구축되어야 할 것이다.

8.4 재무관리

8.4.1 재무관리 개념

창업의 기본요소 중에 하나인 돈과 관련된 활동이다. 돈은 경영활동 투입요소인 사람·정보·전략과 더불어 중요한 필수요소이다.

물물교환의 한계(교환의 동시성·공간성·가치성)를 극복할 수 있도록 한 것이 돈의 출현이다. 문제는 오늘날 이익과 투자를 위주로 하는 비인간적인(비윤리적) 재무활동이 두드러지고 있는 것이 현실이다. 경영활동이 가능하기 위해서는 돈과 관련된 활동이 뒷받침 되어야 한다. 즉, 자본의 운용을 효과적으로 해야만 한다. 그러기 위해서는 5W1H를 적용시키고, 소진율과 현금잔여기간, 및 결제기간 등을 고려한 전략적 재무활동이 필요하다.

(1) 재무관리란?

기업의 주된 기능은 재화와 서비스를 생산하는 것이다. 이를 위하여 기업 내에서는 생산관리, 마케팅관리, 인사관리, 재무관리 등 다양한 경영관리 활동이 이루어진다. 모든 기업의 경영활동에는 자금 문제가 수반된다.

예를 들어, 신제품개발, 공장신설, 원자재 구입, 인재 확보·관리, 유통망 확보, 광고 등 수 많은 기업활동이 있게 되는데, 이런 활동들이 원활하게 이루어지기 위해서는 이들 활동에 필요한 자금을 조달하여 각각의 활동에 적절하게 배분하는 활동이 필요하다.

재무관리란 이처럼 기업의 자금흐름을 주된 대상으로 하여 기업 활동에 필요한 자금의 조달 및 그 운용에 관련된 활동을 계획, 실행, 통제함으로써 기업의 목표를 달성하고자 하는 일련의 활동을 의미한다.

기업의 재무활동과정을 살펴보면 다음의 <그림 8.6>과 같다.

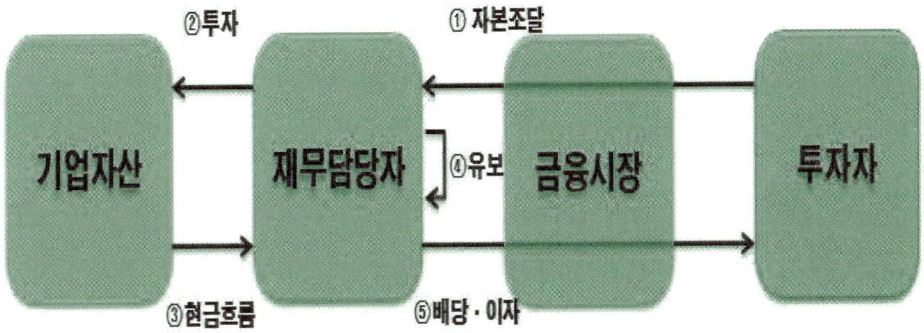

그림 8.6 기업의 재무활동과정

<그림 8.6>에서 볼 수 있는 바와 같이 기업의 재무담당자는 금융시장을 통하여 기업활동에 필요한 자금을 조달한 후(①), 그 자금을 실물자산에 투자한다(②). 이와 같은 투자의 결과 창출되는 현금흐름은(③), 재투자를 위하여 사내에 유보되거나(④), 자금 공급자인 투자자(주주 또는 채권자)에게 배당 또는 이자의 형태로 지급된다(⑤).

재무의사결정은 <그림 8.7>의 재무상태표를 통해 쉽게 이해할 수 있다. 재무상태표는 일정시점에서 기업의 재무상태를 집약적으로 표시하기 위하여 작성되는 재무제표이다. 기업에 필요한 자본이 어떻게 조달되고 조달된 자본이 어떻게 운용되고 있는가를 대조하여 표시해 줌으로써 기업의 재무상태를 보여준다. 재무상태표는 전체 항목을 크게 두 부분 즉 기업이 필요로 하는 자본을 조달한 내역인 부채, 자본 부분과 조달된 자본의 운용내역인 자산 부분으로 나누어 표시된다. 자산과 부채, 자본 사이에는 항상 다음과 같은 등식이 성립한다.

< 자산 = 부채 +자본 >

기업의 재무담당자가 수행하는 재무의사결정은 다음과 같이 요약될 수 있다(<그림 8.7> 참조). 첫째, 기업의 자금을 어느 자산에 얼마만큼 투자할 것인가를 결정하는 투자결정이다. 투자결정에 의해서 자산의 구성과 크기가 결정되며, 그 결과는 재무상태표의 차변(왼쪽)에 나타난다.

둘째, 투자에 필요한 자금을 어떻게 조달할 것인가에 관한 결정인 자본조달결정이다. 자본조달결정에 의해서 부채와 자본의 크기와 구성이 결정되며, 그 결과는 재무상태표의 대변(오른쪽)에 나타난다, 그리고 기업의 이익을 배당과 유보이익으로 구분하는 배당결정은 사내자금조달과 관련된 의사결정으로서 자본조달결정의 한 형태로 볼 수 있다.

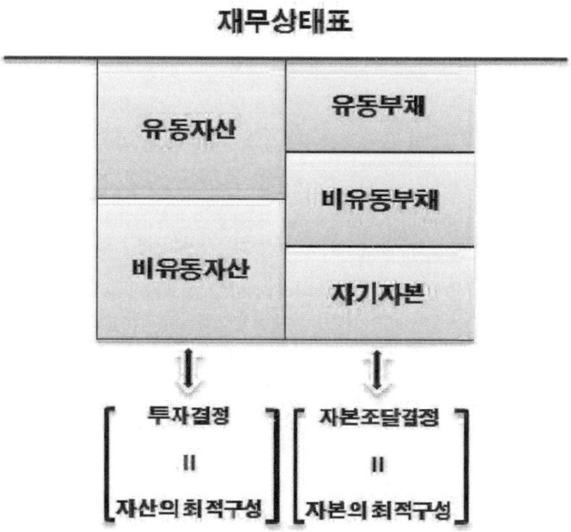

그림 8.7 재무의사결정과 재무상태표

예시: 표 8.4 추정 재무 상태표

과 목	1차년도	2차년도	3차년도
자 산			
1. 유 동 자 산			
- 당 좌 자 산	100,000	120,000	250,000
- 재 고 자 산	50,000	60,000	100,000
2. 투자와 기타자산	35,000	35,000	110,000
3. 고 정 자 산	90,000	100,000	300,000
(자 산 합 계)	275,000	315,000	760,000
부채. 자본			
1. 부 채			
- 유 동 부 채			
- 고 정 부 채	25,000	15,000	10,000
- 이 연 부 채			
(부 채 소 계)	25,000	15,000	10,000
2. 자 본			
- 자 본 금	200,000	200,000	500,000
- 자본잉여금			
- 이익잉여금	50,000	100,000	250,000
(자 본 소 계)	250,000	300,000	750,000
(부채와자본 합계)	275,000	315,000	760,000

예시: 표 8.5 추정 손익계산서

과 목	1차년도	2차년도	3차년도
1. 매 출 액	120,000	300,000	1,000,000
- 특허변기	120,000	300,000	1,000,000
2. 매 출 원 가	400,000	900,000	250,000
3. 매출 총이익	80,000	210,000	750,000
4. 판매 및 일반관리비	20,000	72,000	250,000
5. 영 업 이 익	60,000	138,000	500,000
6 영업외 비용	6,000	20,000	100,000
(지급이자 및 할인료)			
7. 세전 순이익	54,000	118,000	400,000
8. 법 인 세 등	4,000	18,000	100,000
9. 당기 순이익	50,000	100,000	200,000

(2) 재무관리의 목표

재무관리의 목표는 재무담당자들이 재무의사결정을 내릴 때 의사결정의 기준이 된다. 재무의사결정에 대한 평가는 이 목표에 준해서 평가되어 진다. 그렇다면 재무담당자들이 재무의사결정, 즉 투자를 결정하고, 자본조달계획을 수립할 때 궁극적으로 지향하는 목표는 무엇일까? 기업의 재무의사결정은 기업 내의 모든 부문활동과 유기적인 관계를 가지고 이루어지기 때문에 재무관리의 목표는 궁극적으로 기업의 경영목표와 일치하게 된다.

전통적으로 기업의 목표로 '이익극대화'가 제시되어 왔으나, 다음과 같은 문제점이 있는 것으로 비판되고 있다.

첫째, 이익극대화라 할 때 이익은 회계적 추정치로서, 영업이익, 순이익, 주당이익 등 여러 개념이 있고, 서로 다른 의미를 지니고 있기 때문에, 어느 이익을 목표로 할 것인지 분명하지 않다(개념의 모호성). 또한 이러한 회계이익 개념은 다양한 회계처리방법 중 선택된 방법에 따라 그 크기가 상이하게 측정될 수 있는 자의적인 수치이다(개념의 자의성).

둘째, 이익극대화 목표는 현금흐름의 발생시기를 무시하고 있다. 예를 들어, 현재 1억원의 비용을 지출하여 5년 후에 1억 5천만원의 수입이 발생하는 대안 A와, 현재 1억원의 비용을 지출하여 10년 후에 1억 6천만원의 수입을 얻을 수 있는 대안 B가 있다고 하자. 만약 단순히 두 대안을 이익극대화 목표에 의해서 평가한다면, 대안 A는 5천만원의 순이익을 얻을 수 있는 반면 대안 B는 6천만원의 이익이 발생하게 되므로 대안 B를 선택하여야 할 것이다. 그러나 이와 같은 평가는 현금흐름의 발생시기에 따라서 그 가치가 달라지는 현실을 고려할 때 타당하지 못할 수 있다. 그러므로 이익극대화 목표에 의해서는 서로 다른 시점에서 발생하는 이익을 정확하게 평가할 수 없다.

셋째, 이익극대화 목표는 미래이익의 불확실성(위험)의 정도에 따른 이익의 질적가치를 무시한다. 미래 이익은 그 실현가능성이 투자대상별로 다르다. 따라서 미래이익의 위험을 고려하지 않은 이익극대화는 무의미하다.

전통적으로 이익극대화 목표는 위와 같은 문제점 때문에 기업의 목표로서 적절하지 못한 것으로 비판되고 있으며, 현대 재무관리에서는 "기업가치 극대화"를 보다 타당한 기업의 목표로서 받아들이고 있다. 기업가치란 기업이 벌어들일 미래의 현금흐름을 그 발생시기와 불확실성에 따라 적절하게 할인한 현재가치의 총합을 의미한다.

$$\text{기업의 가치} = \Sigma\ (\text{미래 현금흐름의 현재가치})$$

기업의 가치는 기업이 보유하고 있는 자산으로부터 창출되므로 결국 기업이 보유하고 있는 자산가치의 총합으로 볼 수 있다. 즉, 기업의 가치는 기업의 자산을 통해서 벌어들일 미래현금흐름의 크기와 불확실성에 따라 결정된다. 기업이 벌어들일 미래 현금흐름이 클수록 기업의 가치는 커지며 미래 현금흐름의 불확실성, 즉 위험이 클수록 기업가치는 작아진다. 한편 기업이 벌어들일 현금흐름에 대해서는 투자자(주주와 채권자)에게 청구권이 있으므로 기업의 가치는 자기자본가치와 타인자본(부채)가치의 합으로 볼 수 있다. 여기에서 부채의 시장가치는 거의 일정하기 때문에 기업가치를 극대화한다는 것은 곧 자기자본의 가치(주주의 부)를 극대화한다는 것을 의미한다. 자기자본의 가치(주주의 부)는 시장에서 거래되는 주식의 가격으로 객관화되므로 주가에 발행주식수를 곱한 것이 된다. 따라서 '주가극대화'를 기업의 목표로 설정할 수 있다.

(3) 화폐의 시간가치

같은 크기의 금액이라 하더라도 현금흐름이 발생하는 시점의 차이에 따라 현금흐름의 가치가 서로 다르게 평가된다. 기업의 투자활동 등 대부분의 재무활동은 일정 기간 현재와 미래의 여러 시점에 걸쳐서 현금흐름을 발생시킨다. 현재와 미래의 여러 기간에 걸친 현금흐름을 발생시키는 투자결정과 자본조달결정을 합리적으로 하기 위해서는 서로 다른 시간에 발생하는 현금흐름은 서로 다른 가치를 갖는다는 것을 고려하여야 한다. 즉, 합리적인 재무의사결정을 위해서는 화폐의 시간가치를 반드시 고려하여야 한다.

8.4.2 투자결정

(1) 자본예산

투자결정이란 기업자산의 최적배합 즉 어떤 자산에 어떤 규모로 투자할 것인가에 대한 의사결정을 말한다. 투자결정에 따라 기업의 미래수익성, 성장성 및 영업위험이 달라진다. 특히, 신규사업투자, 시설투자, 연구개발투자와 같이 그 지출 규모가 크고 그 효과가 장기에 걸쳐 발생하는 자산의 취득에 관한 투자의사결정을 자본예산(capital budgeting)이라 한다.

자본예산의 결과는 기업의 장기적인 수익성과 위험에 결정적인 영향을 미치며, 기업의 미래가치를 좌우하는 중요한 의사결정이 된다. 또한 자본예산은 보통 대규모의 현금유출을 필요로 하기 때문에 기업의 자금사정, 유동성에도 큰 영향을 미친다. 그렇기 때문에 자본예산이 잘못되어 기업의 투자가 실패했을 경우에는 기업의 존재를 위태롭게 할 수도 있게 된다.

자본예산의 수립과정은 다음과 같이 정리될 수 있다.

그림 8.8 자본예산의 수립과정

위의 자본예산 단계 중 재무적 관점에서 가장 중요한 과정은 투자안의 경제성 분석작업으로 편익과 비용을 감안하여 투자대안으로부터 예상되는 미래현금흐름을 추정하는 작업과 여러 가지 경제성 평가방법을 적용하여 기업가치의 증가에 가장 크게 기여하는 투자안을 채택하는 작업이다.

투자안의 경제성을 평가하기 위한 기법으로서 가장 널리 사용되는 방법으로는 순현재가치법과 내부수익률법이 있고 이외에 여러 가지 대체적인 평가기법들이 있다.

(2) 순현가법(NPV : Net Present Value)

순현가법은 투자로 인하여 기대되는 미래 현금유입의 현재가치에서 현금유출의 현재가치를 차감한 순현재가치(NPV : Net Present Value)에 근거하여 투자결정을 하는 방법이다. 순현가는 투자로 인해 얻게 되는 기업가치의 증가분을 의미하며 순현가가 높은 투자안을 선택함으로써 기업가치를 보다 증가시킬 수 있다. 따라서 순현가를 극대화하하는 방향으로 자본예산을 실시함으로써 기업의 목표인 기업가치를 극대화시킬 수 있다.

(3) 내부수익률(IRR : Internal Rate of Return)

내부수익률은 투자안으로부터 예상되는 미래의 기대현금유입액의 현재가치와 기대현금유출액의 현재가치를 일치시켜 주는 할인율로서 평균투자수익률의 의미를 갖는다.

8.4.3 자본조달결정

자본조달의 결정은 투자에 필요한 자본을 어떻게 조달할 것인가에 관한 의사결정이다. 자본조달은 직접금융시장을 이용하거나 간접금융시장을 이용하여 이루어진다. 금융시장은 자금의 이전방법에 따라 직접금융시장과 간접금융시장으로 구분된다. 직접금융시장은 자금조달 주체인 기업이 주식, 채권발행을 통해 투자자들로 부터 자금을 조달하는 금융시장이다. 간접금융시장은 금융기관이 자금공급자로부터 조달한 자금을 다시 기업이 금융기관으로부터 차입 등의 형태로 조달하는 시장을 의미한다.

기업의 자본 조달은 자본제공자가 누구냐에 따라서 크게 자기자본에 의한 조달과 타인자본에 의한 조달로 구분할 수 있다. 주식발행을 통한 자본조달은 자기자본을 구성하고 장단기 부채에 의한 자본조달은 타인자본을 구성한다.

자기자본과 타인자본의 가장 큰 차이점은 전자는 기업이 갚을 필요가 없는 자본인 반면 타인자본은 반드시 갚아야 한다는 점이다. 이는 원금뿐만 아니라 자본 사용에 대한 대가도 마찬가지다. 즉, 주식을 발행하여 자본을 조달했을 경우 기업은 그 주식을 소유한 투자자에게 주식을 다시 사주지 않는다. 주식을 소유한 주주가 주식을 현금화하고자 한다면 다른 투자자에게 주식을 팔아야 한다. 기업은 주주들에게 배당을 주지만 이 또한 강제조항이 아니다. 반면 기업이 채권을 발행하여 자금을 조달했을 경우 투자자에게 약속한 이자를 지급해 주어야 하고 만기가 되면 반드시 갚아야 한다.

타인자본에 의한 자금조달은 기업의 이익을 확대시킬 수도 있지만, 파산가능성도 높일 수 있고 재무적 융통성을 위축시킬 수도 있으므로 이들 요인들을 충분히 고려해서 이루어져야 한다.

표 8.6 자금흐름표와 자본조달

재무제표	자본조달		
	직접금융	간접금융	사업투자
▪ 재무상태표 (자산·부채·자본) ▪ 손익계산서 (판매예측·매출액·매출원가상정·영업손익·당기순손익) ▪ 현금흐름표	▪ 주식 (보통·우선주) ▪ 회사채 (일반사채·특수사채)	▪ 금융기관 차입 (은행차입·기업어음 발행)	▪ 창업자 자신 ▪ 가족 및 친지 ▪ 공급업체 및 신용거래 ▪ 벤처자본 (Angel 투자자)

Part 4

Law & Biz

9장

창업아이템과 지적재산권

창업을 위해서는 창업아이템이 필요하다. 창업아이템 선정은 사업의 성패를 결정짓는 중요한 요소이기 때문에 창업자는 틈새시장을 발견하고 그 속에서 차별화된 아이템을 발굴해야 한다. 조금 잘 된다 싶으면 경쟁이 치열해지는 레드오션 시장 속에서는 독특한 경쟁력을 갖춰야 살아남을 수 있다. 지적재산권으로 보호되는 아이템으로 창업을 한다면 일정 기간 동안 배타적이고 독점적인 사업이 가능할 수 있기 때문에 경쟁력을 갖출 수 있게 된다. 특히 사업가는 기술적 관점보다는 비즈니스적 관점에서 가능성 있는 아이템에 대해 특허나 상표 등의 지적재산권을 확보해 두는 것이 필요하다.

그렇다면 지적재산권이란 무엇일까?

지적재산권이란 인간의 지적 창조물 중에서 법으로 보호할만한 가치가 있는 것들에 대하여 법이 부여하는 권리를 말한다. 우리 대한민국 헌법은 제22조 제2항에 "저작자·발명가·과학기술자와 예술가의 권리는 법률로써 보호한다"고 명시하고 있는데, 이 조항이 지적재산을 보호해 주는 근거가 되고 있다. 문학, 미술, 음악, 연극, 편집물, 데이터베이스, 컴퓨터프로그램, 생명공학, 전기·기계공학, 화학, 디자인, 생명체의 신품종, 반도체 집적회로, 상품의 상징(symbol) 등 인간의 지적 능력이 발휘되는 거의 모든 분야가 지적재산 관련법에 의해 보호를 받고 있다.

지적재산 관련법으로는 발명을 보호·장려하기 위해 제정된 특허법, 문예적 창작을 장려하기 위해 제정된 저작권법, 상표를 보호함으로써 상표사용자의 업무상의 신용유지를 도모하기 위해 제정된 상표법, 디자인을 장려 보호하기 위한 디자인보호법 등이 있다. 이외에도 반도체 집적회로의 배치설계에 관한 법률, 부정경쟁방지 및 영업비밀보호에 관한 법률 등 지적재산과 관련하여 다양한 법률이 존재한다.

표 9.1 지적재산 관련법령 및 관할부처

관할부처	보호대상	관련법령
특허청	발명	특허법
	고안, 소(小)발명	실용신안법
	디자인, 글자체	디자인보호법
	반도체칩	반도체집적회로의 배치설계에 관한 법률
	상표	상표법
	주지표장, 원산지표시, 영업 비밀	부정경쟁방지및 영업비밀보호에 관한 법률
문화체육관광부	저작물(어문, 음악, 연극, 미술, 건축, 사진, 영상, 도형, 컴퓨터 프로그램) 저작인접물(실연, 방송, 음반) 데이터베이스 등	저작권법
방송통신위원회	도메인네임	인터넷주소자원에 관한 법률
농림수산식품부	식물신품종	종자산업법
공정거래위원회	프랜차이즈	가맹사업 진흥에 관한 법률 가맹사업 거래의 공정화에 관한 법률

※ 기타 상호, 전자상거래 관련 기술, 전통지식산업 등 법에 의해 보호할 가치가 있는 모든 지적재산이 지적재산 관련법의 보호대상임

9.1 특허법[9)]

9.1.1 특허제도의 발전

특허의 영문 표현인 "patent"는 "open"이라는 어원을 지닌다. 1331년 영국왕이 방직방법의 발명에 대해 특허를 부여할 때 문서를 "개봉"된 상태로 부여한데 기인하여 특허 증서를 개봉된 문서(letters patent)라 부르게 되었다. 최초의 특허법은 르네상스 시대 직후인 1474년 북부 이탈리아 도시국가 베니스에서 모직물공업 발전을 장려하기 위해 발명 보호를 법으로 제정한데 기인한다. 그 후 2세기에 걸쳐 다른 유럽 국가들에도 확산되었다. 이 당시에는 발명에 대해 부여되는 독점적 권리가 무기한 지속되었다.

1624년 영국에서는 1624년에 법(Statute of Monopolies:1624~1852) 제정을 통해 발명품에 대한 독점권의 존속기간을 제한하였다. 이 법은 발명가에게 14년간의 독점권을 부여하며 선발명주의[10)]를 택하고 있다. 이 시기 산업혁명의 근원이 되는 방적기와 증기기관 등이 탄생하였다. 미국에서는 1691년 제염법 발명에 대해 최초로 특허를 허용하였다.

19세기말에 이르러 많은 국가들이 특허법을 두게 되었다. 우리나라는 1908년 8월 12일에 대한제국특허령이 공포되었다. 이는 1908년 5월 19일에 조인된 일미조약에 따라 일본의 산업재산권제도를 우리 정부의 이름을 빌려 공포・실시한 것에 불과하다. 해방 후인 1946년 10월 5일에 대한민국의 특허법이 최초로 제정・공포되어 동년 10월 15일에 시행되었다.

---

9) 이하 내용은 특허청 홈페이지 권리별 정보안내에 소개된 자료와 특허법을 참조하였다.

10) 발명자는 자신의 발명에 대해 특허를 받을 수 있으나 발명을 한 것만으로는 특허가 되지 않는다. 즉 특허를 받기 위해서는 특허출원을 하여야 한다. 그런데 동일한 발명이 둘 이상 출원되었을 때 어느 출원인에게 특허권을 부여해야 할까? 이를 결정하는 기준으로서 선출원주의와 선발명주의가 있다. 선출원주의란 발명이 이루어진 시기에 관계없이 특허청에 먼저 출원한 발명에 권리를 부여하는 것을 말한다(동법 제36조). 선출원주의는 기술의 공개에 대한 대가로 권리를 부여한다는 의미에서 합리적이며 신속한 발명의 공개를 유도할 수 있다. 발명의 조속한 공개로 산업발전을 도모하려는 특허제도의 취지에 부합하다. 우리나라를 비롯한 대부분의 국가가 선출원주의를 채택하고 있다. 한편 선발명주의란 출원의 순서와 관계없이 먼저 발명한 출원인에게 권리를 부여하는 것을 말한다. 발명가 보호에 장점이 있으며 특히 사업체를 가지고 있지 않은 개인발명가들이 선호하는 제도이다. 하지만 발명가는 발명에 관련된 일지를 작성하고 증인을 확보해야 하며 특허청으로서는 발명의 시기를 확인하여야 하는 불편이 있다. 미국만 이 제도를 운용 중으로 특허제도의 국제적 통일에 최대 장애요인으로 되고 있다.

발명을 만드는 작지만 위대한 아이디어

지퍼 기능을 지닌 제품은 재봉틀을 발명한 엘리아스 하우(Elias Howe)에 의해 발명되어 1851년에 특허를 받았다. 그러나 하우는 자신이 발명한 재봉틀에만 관심이 쏠려 지퍼를 마케팅 하는데 소극적이었다.

그로부터 40여년 후 휘컴 저드슨(Whitcom Judson)이 후크 스타일의 지퍼("Clasp Locker")를 고안, 1893년에 특허출원하였다. 저드슨은 등이 뻣뻣하게 굳어 구두끈을 매지 못하는 친구를 보고 한 손으로도 열었다 닫았다 할 수 있는 지퍼를 발명한 것이다. 이 발명품은 루이 워커 중령(Colonel Lewis Walker)의 도움으로 1893년 시카고 세계박람회에 출품되어 세간의 주목을 받기 시작하였다. 이후 후크 스타일의 지퍼는 저드슨이 설립한 유니버설 패스너 컴퍼니("Universal Fastener Company") 직원인 기드온 선백(Gideon Sundback)에 의해 디자인과 기능이 점차 개량되어 오늘날의 이가 맞물린 형태의 지퍼("Separable Fastener")로 개발, 특허 출원되었다. 당시 지퍼는 군복에 붙여 군에 납품되기도 하였다.

"걸쇠(fastener)"가 오늘날의 "지퍼(zipper)"라는 이름으로 널리 알려지게 된 것은 굿리치사(Goodrich Company)에 의해서다. 굿리치사는 걸쇠를 올리고 내릴 때 나는 소리(zip~)를 따 자사의 지퍼달린 고무장화를 "지퍼 부츠"로 명명하고 1925년에 "지퍼"라는 이름으로 상표등록 하였다.

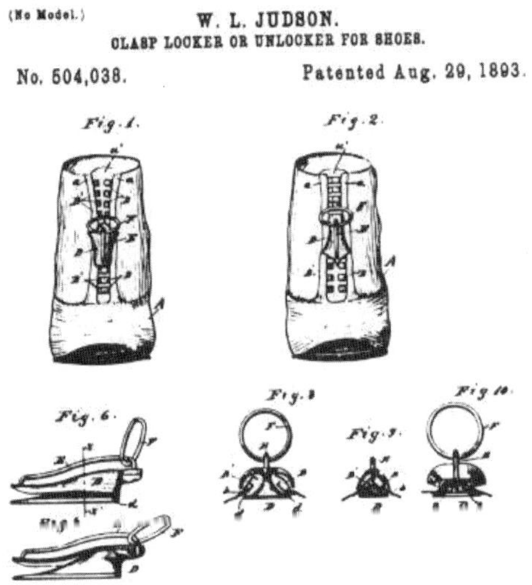

> 발명 초창기 지퍼의 주요 용도는 신발과 담배주머니 잠금용이었다. 의류에도 활용해 보았지만 시장의 반응은 시큰둥했다. 1930년대에 들어 의류업계가 지퍼 달린 아동의류를 내놓으면서 아이들이 지퍼달린 옷은 스스로 입을 수 있기 때문에 자립심을 키울 수 있다며 캠페인을 벌였다. 이로 인해 신발은 물론 의류 등에도 지퍼가 사용되었고 현재 무수한 제품에 지퍼가 활용되고 있다.

위 사례는 창업을 준비하는 자에게 다음과 같은 교훈을 주고 있다.

- 무려 160여년 전에도 발명가들은 자신의 발명품에 대해 특허를 출원하고 사업을 시작하였다. 우리도 자신의 창업 아이템에 대해 특허를 출원하는 경영마인드가 필요하다.
- 엘리아스 하우는 휘컴 저드슨보다 40여년 앞서 지퍼를 발명하였지만 이를 사업화하지 않았다. 아무리 특허를 출원해도 사업화하지 않으면 돈을 벌 수 없다. 현재에도 잠들어 있는 특허기술이 많다. 이를 찾아내어 자신의 창업아이템으로 선정해도 좋을 것이다.
- 저드슨은 등이 뻣뻣하게 굳어 구두끈을 매지 못하는 친구를 보고 아이디어를 얻어 지퍼를 발명하였다. 내 주변 환경에서 사업기회를 포착하는 적극적인 자세가 필요하다.
- 저드슨의 발명품은 워커 중령의 도움으로 세계박람회에 출품되어 세간의 주목을 받기 시작하였다. 즉 사업에 성공하기 위해서는 많은 사람의 도움을 필요로 하므로 평소 인적자원관리를 잘 해두는 등 관계지향적 리더십을 키울 필요가 있다.
- 저드슨이 개발한 후크 스타일의 지퍼는 수십 년에 걸쳐 디자인과 기능이 점차 개량되어 오늘날의 지퍼로 변모하였다. 즉, 영속성에 입각하여 동일 제품에 대한 연구개발이 지속적으로 이루어져야 한다.
- 지퍼는 군복에 부착되어 미군에 납품되었다. 즉 B2C(기업대 소비자간 상거래)는 물론 규모가 큰 B2B(기업간 상거래) 혹은 B2G(기업대 정부간 상거래)에 눈을 돌리는 등 기업의 포트폴리오 전략에 대한 의사결정 모델 확립이 필요하다.
- 굿리치사는 “fastener”를 “zipper”라는 이름으로 상표 등록하였다. 발명품에 대해 특허는 물론 상표 등록을 통해 브랜드를 강화하는 것이 필요하다. 특히 상표를 짓는데

있어 사람들이 쉽게 기억할 수 있도록 걸쇠를 올리고 내릴 때 나는 소리(zip~)를 따 "지퍼"라 명명한 것도 주목할 만하다.

- 발명 초창기 지퍼가 주로 신발과 담배주머니에서만 활용되다가 이후 의류 등 다양한 제품에 활용되게 되었다. 즉 지속적인 아이디어 개발을 통해 다양한 신제품을 출시 하여야 한다.

9.1.2 특허제도의 목적

연구자가 많은 시간과 노력을 들여 발명한 것이 쉽게 모방되어 발명가의 이해가 침해된다면 발명가는 연구개발의욕을 상실하여 새로운 연구개발을 기피하게 되고 결국 산업발전이 이루어지기 어렵게 된다. 이에 발명을 보호·장려함으로써 국가산업의 발전을 도모하기 위해 특허제도를 두고 있다(특허법 제1조 참조[11]).

특허권이란 특허를 받은 발명을 독점적으로 제조·사용·판매할 수 있는 권리이다(동법 제94조). 특허권자는 이 독점권을 바탕으로 타인의 이용을 배제할 수 있다(동법 제126조). 따라서 특허권자는 타인에게 자신의 발명품을 이용하도록 특허실시를 허락할 수 있으며 이의 대가로 특허실시권자로부터 사용료(royalty)를 받거나 기타의 보상을 받을 수 있다.

특허권자는 이러한 독점적 권리를 부여받는 대가로 자신의 발명품에 대한 기술을 공개하여야 한다(동법 제64조). 기술을 공개함으로써 그 기술을 중복 연구하지 않도록 하고, 기술이 축적될 수 있으며, 공개된 기술을 활용하여 산업발전을 도모할 수 있게 된다. 또한 일정 기간 동안 특허권이라는 독점권을 부여함으로써 발명에 대한 사업화를 촉진시키고 발명의욕을 고취시킴으로써 산업발전에 이바지하게 된다(동법 제65조). 특허권은 설정등록을 통해 효력이 발생하며 설정등록이 있는 날부터 출원일후 20년이 되는 날까지 존속한다(동법 제88조).

참고로 우리나라는 소(小)발명을 보호하기 위하여 실용신안제도를 두고 있다. 실용신안권은 특허를 받기에는 고도하지 않은 발명, 즉 고안에 대해 부여된다(실용신안법 제1조, 제2조). 그러나 고도한 것인지 아닌지 여부는 주관적인 판단이다. 따라서 심사 실무에 있

11) 이하 편의상 법조항 뒤의 "참조"는 생략한다.

어서는 출원인이 실용신안으로 출원한 것은 고안으로 특허로 출원한 것은 발명으로 간주하고 있다. 20년간 보호되는 특허권과는 달리 실용신안권은 설정등록을 한 날부터 출원일 후 10년이 되는 날까지 존속한다(동법 제22조 제1항).

9.1.3 특허를 받을 수 있는 발명

특허법의 보호대상은 발명이다(특허법 제1조). 특허법상 "발명"은 "자연법칙을 이용한 기술적 사상의 창작으로서 고도한 것"으로 정의되고 있다(동법 제2조 제1호). 이 정의 조항으로부터 다음과 같이 발명의 요건을 도출할 수 있다.

■ **발명의 요건**

- 자연법칙의 이용
- 기술적 사상의 창작
- 고도성

특허법상 발명은 크게 물건의 발명과 방법의 발명으로 나눌 수 있다(동법 제2조 제3호).

그런데 발명이라고 하여 모두 특허를 받을 수 있는 것은 아니다. 법률적으로 특허를 받기 위해서는 다음의 요건을 갖추어야 한다(동법 제29조).

■ **특허 요건**

- 산업상 이용가능성: 출원발명은 산업에 이용할 수 있어야 한다.
- 신규성: 출원하기 전에 이미 알려진 기술(선행기술)이 아니어야 한다.
- 진보성: 선행기술과 다른 것이라 하더라도 그 선행기술로부터 쉽게 생각해 낼 수 없는 것이어야 한다.

위 특허 요건을 갖추었다 할지라도 공공의 질서 또는 선량한 풍속을 문란하게 하거나 공중의 위생을 해할 염려가 있는 발명은 특허를 받을 수 없다(동법 제32조).

9.1.4 특허 출원

특허출원은 특허출원인 등이 특허청을 직접 방문하여 출원서류를 접수하거나 중간서류 또는 등록서류 등을 제출함으로써도 가능하지만, 출원인 등이 플로피디스크 또는 광디스크 등 전자적 기록매체에 수록하여 제출, 혹은 정보통신망을 이용하여 특허출원 서류를 제출하는 전자출원도 가능하다(동법 제28조의3).

그림 9.1 전자출원사이트 특허로(http://www.patent.go.kr)

특허출원 및 등록은 다음과 같은 절차를 거쳐 이루어진다.

(1) 선행기술조사

선행기술조사는 의무사항이 아니다. 그러나 특허출원을 하고자 하는 자는 출원서 작성에 앞서 동발명과 동일·유사한 선출원·선등록여부를 검색하여 등록가능 여부를 사전에 조사하는 것이 좋다. 특허청에서 운영하는 특허정보검색서비스(http://www.kipris.or.kr)를 이용하여 특허출원, 등록, 거절, 권리 소멸 여부를 무료로 검색할 수 있다.

참고로 특허권이 소멸되거나 포기된 기술은 실시료를 지불할 필요 없이 무료로 이용할 수 있다는 점을 알아두자. 또한 특허 검색을 통해 다양한 발명 기술을 접할 수 있기 때문에 사업 아이디어를 얻는데도 도움이 되므로 특허정보검색서비스를 적극 활용하는 것이 좋다.

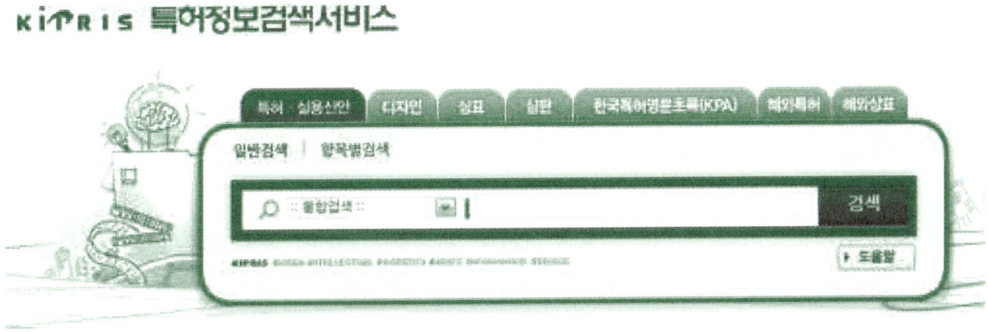

그림 9.2 특허정보검색서비스(http://www.kipris.or.kr)

(2) 출원인코드 부여신청(사용자 등록)

특허청에 처음으로 특허출원 등의 절차를 밟고자 하는 자는 특허청에 출원인코드부여신청을 하여 자신의 고유번호(예: 4-2004-000123-4)를 부여받아야 한다. 이 때 반드시 신청자의 서명 또는 인장날인이 필요하다. 이 출원인 코드는 향후 특허 등에 관한 절차를 밟고자 하는 경우 특허청에 제출하는 서식에 반드시 기재하여야 한다. 이 출원인코드부여신청은 온라인 및 서면으로 신청이 가능하다.

(3) 출원서 작성

출원서류를 작성할 때에는 명세서, 도면, 요약서, 특허출원서 순으로 작성하고, 출원서류에는 그 발명이 속하는 기술 분야에서 통상의 지식을 가진 자가 출원서류에 기재된 그 기술의 내용을 보고 용이하게 실시할 수 있을 정도로 그 발명의 목적・구성・효과를 구체적으로 기재하여야 한다. 출원인이 출원서류를 직접 작성하고자 하면 이미 등록되어 있는 특허 공보를 견본으로 활용하면 된다.[12] 만약 자신이 직접 작성할 수 없는 경우 변리사등 전문가의 도움을 받도록 한다.

명세서, 요약서, 도면 및 특허출원서 샘플은 후첨하기로 한다.

(4) 제출서류 준비

- 특허출원서 : 출원인정보, 발명의 명칭, 발명자 정보 등
- 명세서
- 요약서: 발명의 요약정리(기술정보로 활용)
- 도면: 필요한 경우 기술구성을 도시하여 발명을 명확히 표현
- 기타: 정당한 권리자임을 증명하는 서류, 대리인에 절차를 밟는 경우 그 대리권을 증명하는 서류, 그 밖의 법령에 따른 증명서류 등

(5) 수수료 납부

특허청에서 발급하는 납부자 번호 및 금액이 기재된 납입고지서를 이용하여 제출당일 또는 다음날까지 우체국 또는 금융기관에 납부하여야 한다. 또한 지로사이트(www.giro.or.kr)에 접속하여 온라인으로도 납부할 수 있다.

출원료는 서면출원인 경우 기본료 58,000원에 명세서・도면・요약서의 합이 20면을 초과하는 1면마다 1,000원이 가산된다. 단, 전자출원의 경우 기본료 38,000원만 납부하면 된다. 심사청구료는 기본료 130,000원에 청구범위 1항당 40,000원이 가산된다(2011년 1월 기준). 발명자와 출원인이 동일한 경우, 학생 등은 수수료가 감면된다.

---

12) 특허로>이용안내>유용한TIP>모범명세서안내에서 모범명세서 견본 다운로드 가능

(6) 방식심사

수수료 납부와 함께 특허출원이 완료되면 특허청은 출원의 주체, 법령이 정한 방식상 요건 등 절차의 흠·결 유무를 점검한다.

(7) 출원공개

출원된 서류는 출원일로부터 1년 6월이 경과한 때 또는 출원인의 신청이 있는 때에는 기술 내용을 공개, 공보에 게재하여 일반인에게 공개한다.

(8) 실체심사

특허출원에 대한 심사청구기간은 출원일로부터 5년이며, 출원인이 심사청구를 하면 심사관은 심사청구 순서에 따라 발명의 내용파악, 선행기술 조사 등을 통해 특허여부를 판단한다. 심사결과 거절이유가 존재하지 않을 시에는 특허결정서를 출원인에게 통지한다.

(9) 등록료 납부

출원인은 등록결정서와 함께 발급되는 납입고지서를 이용하여 우체국 또는 금융기관에 해당 등록료를 납부하여야 한다. 온라인으로 납부하고자 하는 경우에는 지로사이트(www.giro.or.kr)에 접속하여 납부할 수 있다.

(10) 등록공고

특허 결정되어 특허권이 설정 등록되면 그 내용을 일반인에게 공개한다.

■ 국제출원

우리나라에서 출원 등록한 특허권은 우리나라 내에서만 효력이 발생한다(속지주의). 이로 인해 자신의 발명기술을 해외에서도 보호받기 위해서는 각 국가에 특허출원해야하는 번거로움이 있었다. 그러나 1978년 1월 24일에 발효된 특허협력조약(PCT: Patent

Cooperation Treaty)에 따라 국제출원이 간편해졌다. PCT에 의한 국제출원은 출원인이 자국 특허청(수리관청)에 특허를 받고자 하는 국가를 지정하여 PCT 국제출원서를 제출하면 각 지정국에서 정규의 국내출원으로 인정해 주는 제도이다(동법 제193조, 제199조). 2008년 10월 1일 현재 139개국이 가입되어 있다. PCT 국제출원에 관한 자세한 사항은 PCT홈페이지(http://www.pct.go.kr)를 참고하길 바란다.

특허 명세서, 요약서, 도면, 출원서 샘플

【명세서】

【발명의 명칭】

충전 또는 변환기능을 가지는 휴대용 멀티탭장치{Portable Multitab Device Having Function of Electric Charging or Power Transforming}

【기술분야】

본 발명은 야외에서 휴대하여 일반 가정용 AC 전원을 이용하는 가전제품을 사용할 수 있는 충전가능한 휴대용 멀티탭장치에 관한 것으로서 더욱 상세하게는 가정용 AC 전원 또는 차량 배터리를 공급받아 이를 충전하되 다수의 출력단이 형성되는 충전 또는 인버팅 멀티탭장치를 구성함으로써 상황에 따라 가정용 AC 전원 또는 차량 배터리를 선택적으로 적용하여 충전가능하며 출력 전압이 일반 가전제품을 사용할 수 있는 AC 전원으로 출력되도록 함에 따라 별도의 휴대용 가전제품을 구입하지 않고 현재 사용하고 있는 가전제품을 그대로 사용할 수 있으며 다수의 탭으로 탭출력부가 구성되어 동시에 다수개의 가전제품을 동시에 사용할 수 있는 충전 또는 변환기능을 가지는 휴대용 멀티탭장치에 관한 것이다.

【배경기술】

최근 기술의 발전에 따라 노트북과 디지털 카메라, 휴대폰 및 MP3 등의 IT 제품은 물론 헤어 드라이기, 전기 밥솥, 소형 히터 등의 가전제품의 사용이 급증하여 여행이나 출장시,

이들 전자제품을 휴대하고 다니게 되는 경향이 늘고 있다.

그러나 통상적으로 숙박시설에는 이들 전자제품의 플러그를 꽂을 수 있는 콘센트가 벽 매입 콘센트로 설치되어 있으나, 야외 또는 콘센트가 없는 숙박시설에서는 이들 전자제품을 사용할 수 없어 많은 불편을 가져왔다.

따라서 각 개별 제품별 충전지가 별도로 있는 경우에는 충전된 충전지를 함께 휴대하고, 충전지가 별도로 없는 경우에는 소형 배터리 등에 전기를 공급받아 제한적으로나마 사용하여 왔다.

하지만 상기 소형 배터리의 경우 출력이 DC 전원으로 한정되어 일반 가정용 가전제품은 사용할 수 없음에 따라 별도의 여행용 가전제품을 구입하거나 DC 전원을 인버팅하여 AC 전원으로 변환 출력하는 인버터를 별도로 함께 사용함에 따라 여행시의 휴대물품이 늘어나고 사용시에 이를 각각 연결하여야 하는 번거로움이 발생되었다.

또한 상기 소형 배터리의 경우 일반적으로 출력단이 하나로 구성되어 하나의 가전제품을 사용하여야 되는 불편이 발생되어 다수의 가전제품을 동시에 사용하여야 할 경우 사용을 포기하거나 각각 별도로 대기하였다가 사용하여야 하는 문제점이 발생된다.

【발명의 내용】

【해결하려는 과제】

본 발명은 상기의 문제점을 해결하기 위해 안출된 것으로서 가정용 AC 전원 또는 차량 배터리를 공급받아 이를 충전하되 다수의 출력단이 형성되는 충전 또는 인버팅 멀티탭장치를 구성함으로써 상황에 따라 가정용 AC 전원 또는 차량 배터리를 선택적으로 적용하여 충전 가능하며 출력 전압이 일반 가전제품을 사용할 수 있는 AC 전원으로 출력되도록 함에 따라 별도의 휴대용 가전제품을 구입하지 않고 현재 사용하고 있는 가전제품을 그대로 사용할 수 있으며 다수의 탭으로 탭출력부가 구성되어 동시에 다수개의 가전제품을 동시에 사용할 수 있는 충전 또는 변환기능을 가지는 휴대용 멀티탭장치를 제공함에 그 목적이 있다.

【과제의 해결 수단】

본 발명은 상기의 목적을 달성하기 위해 아래와 같은 특징을 갖는다.

본 발명은 외부로부터 전기 에너지를 입력받아 이를 충전하거나 변환하여 충전된 전기 또는 변환된 전기를 부하단에 공급하기 위한 다수 탭을 가지는 휴대용 멀티탭장치에 있어서,

상기 멀티탭장치는 외부 전원공급장치와 전기적으로 연결되어 전원을 인가받기 위한 전원연결부와; 상기 전원연결부와 전기적으로 연결되어 전원연결부로부터 인가받는 외부 전원이 AC 전원인 경우 이를 DC 전원으로 변환하는 충전어댑터와; 상기 전원연결부 및 상기 충전어댑터와 전기적으로 연결되며 상기 전원연결부로부터 인가받는 외부 전원이 DC 전원인 경우 이를 충전하며 상기 전원연결부로부터 인가받는 외부 전원이 AC 전원인 경우 상기 충전어댑터로부터 DC 전원으로 변환된 전원을 충전하는 축전지와; 상기 전원연결부 및 상기 축전지와 전기적으로 연결되며 상기 전원연결부로 부터 인가받는 외부 전원이 DC 전원인 경우 상기 전원연결부로부터 인가받은 전원을 AC 전원으로 변환하며 상기 전원연결부로부터 인가받는 외부 전원이 DC 전원이 아닌 경우 상기 축전지로부터 DC 전원을 인가받아 이를 AC 전원으로 변환하는 인버터와; 상기 인버터와 전기적으로 연결되어 상기 인버터로부터 인가되는 AC 전원을 출력하되 출력단이 다수개의 탭으로 이루어지는 탭출력부를 포함하여 이루어진다.

여기서 상기 멀티탭장치에는 상기 전원연결부, 충전어댑터, 축전지, 인버터와 스위칭 연결되어 선택적으로 전기적 연결이 이루어지도록 하되 외부 전원공급장치로부터 인가받는 전원의 형태에 따라 상기 충전어댑터, 축전지, 인버터 중 어느 하나와 전원연결부를 연결하도록 하는 모드선택부를 포함하여 이루어지며, 상기 모드선택부는 상기 멀티탭장치의 외부에 형성되어 사용자로부터 외부 전원공급장치의 전원 형태 또는 사용 상황에 따라 모드 선택 정보를 입력받는 모드입력부와, 상기 모드입력부로부터 선택된 모드 선택 정보에 따라 충전어댑터, 축전지 또는 인버터 중 어느 하나와 전원연결부를 스위칭 연결하는 제어부와, 상기 전원연결부와 각각 연결되는 충전어댑터, 축전지 및 인버터의 일측단에 형성되며 상기 제어부의 제어 신호에 따라 스위치 개폐가 이루어지는 스위칭부를 포함하여 이루어진다.

또한 상기 제어부는 상기 전원연결부로부터 인가되는 전원의 형태 또는 크기를 검출하는 전기센싱부가 포함되어 전원의 형태 또는 크기에 따라 미리 설정된 설정정보에 통해 스위치 개폐가 이루어지도록 하며, 상기 외부 전원공급장치는 가정용 220V/50Hz 전원 또는 자동차 배터리인 것이 바람직하다.

【발명의 효과】

본 발명에 따르면 야외에서 일반 가정용 가전제품을 동시에 다수 개 사용가능하여 야외 생활에서 발생될 수 있는 불편을 제거하며, 일반 가정용 전원을 공급받아 충전할 수 있음은 물론 차량용 배터리를 통해 충전이 가능하여 미처 가정에서 충전하지 못한 상황이라도 차량을 통해 전원 공급을 받을 수 있는 편리함이 부여된다.

【도면의 간단한 설명】

도 1은 본 발명에 따른 휴대용 멀티탭장치를 나타내는 도면이다.

도 2는 본 발명에 따른 휴대용 멀티탭장치의 내부구성을 나타내는 블럭도이다.

【발명을 실시하기 위한 구체적인 내용】

이하에서는 본 발명에 따른 휴대용 멀티탭장치에 대해 첨부되는 도면과 함께 상세하게 설명하도록 한다.

도 1은 본 발명에 따른 휴대용 멀티탭장치를 나타내는 도면이며, 도 2는 본 발명에 따른 휴대용 멀티탭장치의 내부구성을 나타내는 블럭도이다.

도면을 참조하면, 본 발명에 따른 휴대용 멀티탭장치(100)는 크게 외부 전원공급장치(200)와 전기적으로 연결되어 전원을 인가받기 위한 전원연결부(10)와, 상기 전원연결부(10)와 전기적으로 연결되어 전원연결부(10)로부터 인가받는 외부 전원이 AC 전원인 경우 이를 DC 전원으로 변환하는 충전어댑터(20)와, 상기 전원연결부(10) 및 상기 충전어댑터(20)와 전기적으로 연결되며 상기 전원연결부(10)로부터 인가받는 외부 전원이 DC 전원인 경우 이를 충전하며 상기 전원연결부(10)로부터 인가받는 외부 전원이 AC 전원인 경우 상기 충전어댑터(20)로부터 DC 전원으로 변환된 전원을 충전하는 축전지(30)와, 상기 전원연결부(10) 및 상기 축전지(30)와 전기적으로 연결되며 상기 전원연결부(10)로부터 인가받는 외부 전원이 DC 전원인 경우 상기 전원연결부(10)로부터 인가받은 전원을 AC 전원으로 변환하며 상기 전원연결부(10)로부터 인가받는 외부 전원이 DC 전원이 아닌 경우 상기 축전지(30)로부터 DC 전원을 인가받아 이를 AC 전원으로 변환하는 인버터(40)와, 상기 인버터(40)와 전기적으로 연결되어 상기 인버터(40)로부터 인가되는 AC 전원을 출력하되 출력단이 다수개의 탭(51)으로 이루어지는 탭출력부(50)와, 상기 전원연결부(10), 충전어댑터(20), 축전지(30), 인버터(40)와 스위칭 연결되어 선택적으로 전기적 연결이 이루어지도록 하되 외부 전원공급장치로부터 인가받는 전원의 형태에 따라 상기 충전어댑터, 축전지, 인버터 중 어느 하나와 전원연결부(10)를 연결하도록 하는 모드선택부(60)로 구성된다.

이와 같은 휴대용 멀티탭장치(100)의 가장 큰 특징 중 하나는 외부 전원공급장치(200)가 AC 또는 DC 형태의 전원인지 여부에 따라 별도로 충전구성이 다르게 이루어지는데, 이는 사용자로부터 선택 모드 정보를 입력받아 이루어지거나 후술할 모드선택부(60)의 제어부(62)에 의해 외부 전원의 형태 또는 크기를 감지하여 이에 따라 적절한 충전 모드가 선택되어 충전이 이루어지게 되는 것이다.

이러한 본 발명에 따른 멀티탭장치(100)의 구성요소를 설명하면 우선 상기 외부 전원공급장치(200)는 본 발명에 따른 멀티탭장치(100)에서 충전 또는 변환할 전원을 공급하기 위해 구비되는데, 본 발명의 멀티댑장치(100)의 이용 태양이 가정에서 공급되고 있는 220 V/50 Hz AC 전원을 충전하여 외부에서 이용하거나 외부에서 차량용 배터리에 연결하여 충전하여 사용하거나 배터리에 연결한 채로 220 V/50 Hz의 AC 전원으로 변환하여 일반 가전제품을 사용하도록 하기 위함이므로 본 발명에 따른 외부 전원공급장치(200)는 가정용 220 V/50 Hz 전원 또는 자동차 배터리인 것이 바람직할 것이다.

물론 이외에도 다른 외부 전원공급장치(200)를 인가받아 충전 또는 변환할 수 있으며, 본 발명은 이에 한정되지 않는다.

한편 상기 외부 전원공급장치(200)로부터 전원을 인가받기 위해 전원연결부(10)가 구비되는데, 이러한 전원연결부(10)는 일단이 외부 전원공급장치(200)와 연결되고 타단이 후술할 모드선택부(60)와 연결된다.

여기서 상기 외부 전원공급장치(200)와의 연결을 위해 가정용 전원인 경우 가정용 전원의 출력단인 콘센트와 연결되는 플러그 형태로 이루어지며, 자동차 배터리의 경우 집게 형태로 이루어져 자동차 배터리의 +,- 전극단자에 각각 연결시키도록 구성된다.

후술할 모드선택부(60)의 제어부(62)에 포함되는 전기센싱부(62a)는 이러한 상기 전원연결부(10)의 플러그 단자에서 전원이 공급되고 있는지 집게 형태의 단자로부터 전원이 공급되고 있는지를 센싱하여 제어부(62)에 이를 전송하고, 제어부(62)를 이를 통해 스위칭부(63)를 제어하여 공급되는 외부 전원의 형태에 따라 충전구성을 달리하도록 하는 것이다.

한편 상기 충전어댑터(20)는 외부 전원이 AC 전원일 경우 후술할 축전지(30)에서 충전가능하도록 220 V/5 0Hz AC 전원을 DC 전원으로 변환하는 기능을 수행한다.

이러한 상기 충전어댑터(20)의 DC 출력 전압은 축전지(30)의 입력 전압에 따라 설정되는데, 본 발명에 따른 축전지(30)는 입력 전압이 차량용 배터리의 출력 전압인 12 V를 전달받아 충전되어야 하므로 12 V로 설정됨이 바람직하며 이에 따라 충전어댑터(20)의 DC 출력 전압 또한 12 V로 설정되어야 할 것이다.

하지만, 이와 같은 충전어댑터(20)의 출력 전압 및 축전지(30)의 입력 전압은 상황에 따라 선택적으로 설정될 수 있다.

한편 상기 축전지(30)는 상기 전원연결부(10) 및 상기 충전어댑터(20)와 전기적으로 연결되며 상기 전원연결부(10)로부터 인가받는 외부 전원이 DC 전원인 경우 이를 충전하며 상기 전원연결부(10)로부터 인가받는 외부 전원이 AC 전원인 경우 상기 충전어댑터(20)로부터 DC 전원으로 변환된 전원을 충전하도록 이루어진다.

이와 같은 축전지(30)는 통상 양과 음의 전극판과 전해액으로 구성되어 있어, 화학작용에 의해 직류기전력을 생기게 하여 전원으로 사용할 수 있는 장치이다. 화학에너지와 전기에너지 사이의 전환이 일어날 수 있도록 만들어져있는데, 여러 번 가능하므로 2차전지에 속한다.

아울러 이러한 축전지(30)로는 1859년 프랑스의 R.L.G.플랑테가 발명한 납축전지[鉛蓄電池]가 가장 널리 사용되며, 그밖에 알칼리 축전지가 있다.

또한 상기 축전지(30)는 외부 공급 전원이 220 V의 가정용 전원으로 충전될 경우 전술한 바와 같이 충전어댑터(20)를 경유하여 전기에너지를 전달받아 충전하며 차량용 배터리일 경우에는 후술할 모드선택부(60)에 의해 직접 차량용 배터리와 연결되어 충전된다.

물론 차량용 배터리인 경우에도 충전어댑터(20)를 통해 전압을 승압 또는 강압시켜 전기에너지를 전달받도록 구성할 수도 있다.

한편 상기 인버터(40)는 상기 전원연결부(10) 및 상기 축전지(30)와 전기적으로 연결되며 상기 전원연결부(10)로부터 인가받는 외부 전원이 DC 전원인 경우 상기 전원연결부로부터 인가받은 전원을 AC 전원으로 변환하며 상기 전원연결부(10)로부터 인가받는 외부 전원이 DC 전원이 아닌 경우 상기 축전지(30)로부터 DC 전원을 인가받아 이를 AC 전원으로 변환하기 위해 구비된다.

즉, 본 발명에 따른 인버터(40)는 축전지(30)의 DC 출력 전압을 220 V의 교류 전압으로 인버팅하거나 차량용 배터리의 DC 출력 전압을 220 V의 교류 전압으로 인버팅하여 탭출력부(50)로 인가하는 것이다.

만일 차량용 배터리와 직접 연결될 경우에는 별도의 충전어댑터(20)나 축전지(30)의 경유없이 차량용 배터리의 출력 전압을 전달받아 인버터(40)가 교류 전압으로 변환한다.

이 경우는 야외에서 사용자가 주정차된 차량 주위에서 가전 제품을 사용하고자 하는 경우에 유용하며 이때에는 별도의 충전 시간없이 바로 차량용 배터리의 전력을 사용할 수 있게 해주는 장점을 가진다.

한편 상기 탭출력부(50)는 상기 인버터(40)와 전기적으로 연결되어 상기 인버터(40)로부터 인가되는 AC 전원을 출력하되 출력단이 다수개의 탭으로 이루어지며, 상기 다수의 탭은 가전제품용 플러그가 결속될 수 있도록 형성됨은 물론이다.

또한 상기 모드선택부(60)는 전술한 바와 같이 상기 전원연결부(10), 충전어댑터(20), 축전지(30), 인버터(40)와 스위칭 연결되어 선택적으로 전기적 연결이 이루어지도록 하되 외부 전원공급장치(200)로부터 인가받는 전원의 형태에 따라 상기 충전어댑터, 축전지, 인버터 중 어느 하나와 전원연결부(10)를 연결하도록 하기 위해 구비된다.

이와 같은 모드선택부(60)는 상기 멀티탭장치(100)의 외부에 형성되어 사용자로부터 외부 전원공급장치(200)의 전원 형태 또는 사용 상황에 따라 모드 선택 정보를 입력받는 모드입력부(61)와, 상기 모드입력부(61)로부터 선택된 모드 선택 정보에 따라 충전어댑터(20), 축전지(30) 또는 인버터(40) 중 어느 하나와 전원연결부(10)를 스위칭 연결하는 제어부(62)와, 상기 전원연결부(10)와 각각 연결되는 충전어댑터(20), 축전지(30) 및 인버터(40)의 일측단에 형성되며 상기 제어부(62)의 제어 신호에 따라 스위치 개폐가 이루어지는 스위칭부(63)로 이루어진다.

여기서 상기 모드입력부(61)는 사용자로부터 현재 사용하고자 하는 상황에 맞게 사용 용도에 대한 정보를 입력받기 위한 것으로 멀티탭장치(100)의 외부면에 버튼형, 키패드형, 회전판형 등의 형태로 형성되어 사용자로부터 모드 선택 정보를 입력받는다.

또한 상기 제어부(62)에는 전술한 바와 같이 상기 전원연결부(10)로부터 인가되는 전원의 형태 또는 크기를 검출하는 전기센싱부(62a)가 포함되어 있어 전원의 형태 또는 크기에 따라 미리 설정된 설정정보에 통해 스위치 개폐가 이루어지도록 구성할 수도 있다.

이와 같이 본 발명은 도면에 도시된 일실시예를 참고로 설명되었으나, 이는 예시적인 것에 불과하며, 본 기술 분야의 통상의 지식을 가진 자라면 이로부터 다양한 변형 및 균등한 타 실시예가 가능하다는 점을 이해할 것이다.

따라서, 본 발명의 진정한 기술적 보호범위는 첨부된 특허청구범위의 기술적 사상에 의해 정해져야 할 것이다.

【부호의 설명】

10 : 전원연결부 20 : 충전어댑터
30 : 축전지 40 : 인버터
50 : 탭출력부 60 : 모드선택부
61 : 모드입력부 62 : 제어부
62a : 전기센싱부 63 : 스위칭부
100 : 멀티탭장치 200 : 외부 전원공급장치

【특허청구범위】

【청구항 1】

외부로부터 전기 에너지를 입력받아 이를 충전하거나 변환하여 충전된 전기 또는 변환된 전기를 부하단에 공급하기 위한 다수 탭을 가지는 휴대용 멀티탭장치에 있어서,

상기 멀티탭장치는

외부 전원공급장치와 전기적으로 연결되어 전원을 인가받기 위한 전원연결부와;

상기 전원연결부와 전기적으로 연결되어 전원연결부로부터 인가받는 외부 전원이 AC 전원인 경우 이를 DC 전원으로 변환하는 충전어댑터와;

상기 전원연결부 및 상기 충전어댑터와 전기적으로 연결되며 상기 전원연결부로부터 인가받는 외부 전원이 DC 전원인 경우 이를 충전하며 상기 전원연결부로부터 인가받는 외부 전원이 AC 전원인 경우 상기 충전어댑터로부터 DC 전원으로 변환된 전원을 충전하는 축전지와;

상기 전원연결부 및 상기 축전지와 전기적으로 연결되며 상기 전원연결부로부터 인가받는 외부 전원이 DC 전원인 경우 상기 전원연결부로부터 인가받은 전원을 AC 전원으로 변환하며 상기 전원연결부로부터 인가받는 외부 전원이 DC 전원이 아닌 경우 상기 축전지로부터 DC 전원을 인가받아 이를 AC 전원으로 변환하는 인버터와;

상기 인버터와 전기적으로 연결되어 상기 인버터로부터 인가되는 AC 전원을 출력하되 출력단이 다수개의 탭으로 이루어지는 탭출력부를 포함하여 이루어지는 것을 특징으로 하는 충전 또는 변환기능을 가지는 휴대용 멀티탭장치.

【청구항 2】

제 1항에 있어서,

상기 멀티탭장치에는

상기 전원연결부, 충전어댑터, 축전지, 인버터와 스위칭 연결되어 선택적으로 전기적 연결이 이루어지도록 하되 외부 전원공급장치로부터 인가받는 전원의 형태에 따라 상기 충전어댑터, 축전지, 인버터 중 어느 하나와 전원연결부를 연결하도록 하는 모드선택부를 포함하여 이루어지는 것을 특징으로 하는 충전 또는 변환기능을 가지는 휴대용 멀티탭장치.

【청구항 3】

제 2항에 있어서,

상기 모드선택부는

상기 멀티탭장치의 외부에 형성되어 사용자로부터 외부 전원공급장치의 전원 형태 또는 사용 상황에 따라 모드 선택 정보를 입력받는 모드입력부와,

상기 모드입력부로부터 선택된 모드 선택 정보에 따라 충전어댑터, 축전지 또는 인버터 중 어느 하나와 전원연결부를 스위칭 연결하는 제어부와,

상기 전원연결부와 각각 연결되는 충전어댑터, 축전지 및 인버터의 일측단에 형성되며 상기 제어부의 제어 신호에 따라 스위치 개폐가 이루어지는 스위칭부를 포함하여 이루어지는 것을 특징으로 하는 충전 또는 변환기능을 가지는 휴대용 멀티탭장치.

【청구항 4】

제 3항에 있어서,

상기 제어부는

상기 전원연결부로부터 인가되는 전원의 형태 또는 크기를 검출하는 전기센싱부가 포함되어 전원의 형태 또는 크기에 따라 미리 설정된 설정정보에 통해 스위치 개폐가 이루어지도록 하는 것을 특징으로 하는 충전 또는 변환기능을 가지는 휴대용 멀티탭장치.

【청구항 5】

제 1항에 있어서,

상기 외부 전원공급장치는 가정용 220 V/50 Hz 전원 또는 자동차 배터리인 것을 특징으로 하는 충전 또는 변환기능을 가지는 휴대용 멀티탭장치.

【요약서】

【요약】

본 발명은 야외에서 휴대하여 일반 가정용 AC 전원을 이용하는 가전제품을 사용할 수 있는 충전가능한 휴대용 멀티탭장치에 관한 것으로서 더욱 상세하게는 가정용 AC 전원 또는 차량 배터리를 공급받아 이를 충전하되 다수의 출력단이 형성되는 충전 또는 인버팅 멀티탭장치를 구성함으로써 상황에 따라 가정용 AC 전원 또는 차량 배터리를 선택적으로 적용하여 충전가능하며 출력 전압이 일반 가전제품을 사용할 수 있는 AC 전원으로 출력되도록 함에 따라 별도의 휴대용 가전제품을 구입하지 않고 현재 사용하고 있는 가전제품을 그대로 사용할 수 있으며 다수의 탭으로 탭출력부가 구성되어 동시에 다수개의 가전제품을 동시에 사용할 수 있는 충전 또는 변환기능을 가지는 휴대용 멀티탭장치에 관한 것이다.

본 발명은 외부로부터 전기 에너지를 입력받아 이를 충전하거나 변환하여 충전된 전기 또는 변환된 전기를 부하단에 공급하기 위한 다수 탭을 가지는 휴대용 멀티탭장치에 있어서, 상기 멀티탭장치는 외부 전원공급장치와 전기적으로 연결되어 전원을 인가받기 위한 전원연결부와; 상기 전원연결부와 전기적으로 연결되어 전원연결부로부터 인가받는 외부 전원이 AC 전원인 경우 이를 DC 전원으로 변환하는 충전어댑터와; 상기 전원연결부 및 상기 충전어댑터와 전기적으로 연결되며 상기 전원연결부로부터 인가받는 외부 전원이 DC 전원인 경우 이를 충전하며 상기 전원연결부로부터 인가받는 외부 전원이 AC 전원인 경우 상기 충전어댑터로부터 DC 전원으로 변환된 전원을 충전하는 축전지와; 상기 전원연결부 및 상기 축전지와 전기적으로 연결되며 상기 전원연결부로 부터 인가받는 외부 전원이 DC 전원인 경우 상기 전원연결부로부터 인가받은 전원을 AC 전원으로 변환하며 상기 전원연결부로부터 인가받는 외부 전원이 DC 전원이 아닌 경우 상기 축전지로부터 DC 전원을 인가받아 이를 AC 전원으로 변환하는 인버터와; 상기 인버터와 전기적으로 연결되어 상기 인버터로부터 인가되는 AC 전원을 출력하되 출력단이 다수개의 탭으로 이루어지는 탭출력부를 포함하여 이루어진다.

【대표도】

도 1

【도면】

【도 1】

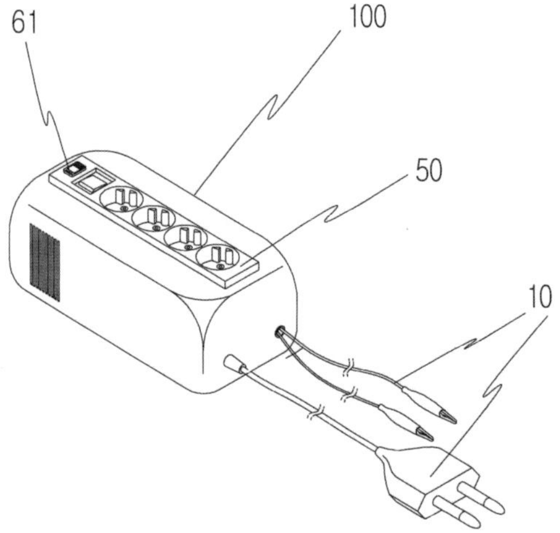
61
100
50
10

【도 2】

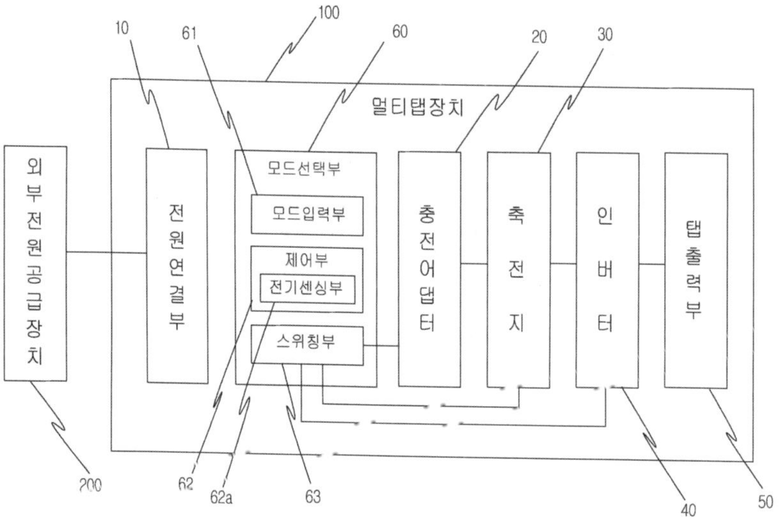
100
10
61
60
20
30
멀티탭장치
외부전원공급장치
전원연결부
모드선택부
모드입력부
제어부
전기센싱부
스위칭부
충전어댑터
축전지
인버터
탭출력부
200
62
62a
63
40
50

특허출원서

【출원구분】 ☒특허출원 ☐분할출원 ☐변경출원
☐무권리자의 출원 후에 한 정당한 권리자의 출원
(【참조번호】)
【출원인】
【성명(명칭)】 최 은 희
【출원인코드】 4-2004-000123-4
【대리인】
【성명(명칭)】
【대리인코드】
(【포괄위임등록번호】)
【발명의 국문명칭】 충전 또는 변환기능을 가지는 휴대용 멀티탭장치
【발명의 영문명칭】 Portable Multitab Device Having Function of Electric Charging or Power Transforming
【발명자】
【성명】 최 은 희
【출원인코드】 4-2004-000123-4
(【원출원(무권리자 출원)의 출원번호】)
(【우선권주장】
【출원국명】
【출원번호】
【출원일자】
【증명서류】)
(【기타사항】 ☒심사청구 ☐심사유예신청 ☐조기공개신청 ☐공지예외적용
☐미생물기탁 ☐서열목록 ☒기술이전희망 ☐국가연구개발사업
국방관련 비밀출원)
(【유예희망시점】 심사청구일 후 18개월이 지난 때부터 ( )개월)
위와 같이 특허청장에게 제출합니다.

출원인(대리인) 최 은 희 (서명 또는 인)

【수수료】 (기재요령 제10호 참조)
【출원료】 18 면 38,000 원 (전자출원 시)
【심사청구료】 5 항 330,000 원
【합계】 368,000 원
【감면(면제)사유】 개인 (70%)
【감면(면제)후 수수료】 110,400 원
(【수수료 자동납부번호】)
【첨부서류】 1. 명세서·요약서 및 도면 각 1통
2. 정당한 권리자임을 증명하는 서류 1통(정당한 권리자의 출원에 한정함)
3. 대리인에 의하여 절차를 밟는 경우에는 그 대리권을 증명하는 서류 1통
4. 그 밖의 법령에 따른 증명서류 1통

※ 기재요령

1. 【출원구분】 란

출원구분 중 어느 하나를 선택하여 □ 안에 표시(예: ☒)한다.

2. 【참조번호】 란

동일한 제출인(출원인 또는 대리인)이 동시(동일자)에 2 이상의 출원을 하는 경우에 각 출원서를 구분하기 위하여 필요하면 제출매체(온라인제출, 플로피디스크제출, 서면제출별로)에 따라 새로 시작되는 제출인별·권리별 일련번호를 【출원구분】 란의 다음 행에 【참조번호】 란을 만들어 다음 예와 같이 적는다.

[예] 【참조번호】 1

3. 【출원인】 란

【성명(명칭)】 란에는 출원인코드 부여 신청시 적은 국문 성명(또는 법인의 명칭)을 적고, 【출원인코드】 란에는 특허청에서 부여한 출원인코드를 적는다.

※ 2명 이상의 출원인이 공동으로 출원하고 상호간에 지분이 약정되어 있는 경우에는 【출원인】 란의 다음 행에 【지분】 란을 만들고 "출원인 지분 ○/□"과 같이 지분내용을 분수로 적으며, 【첨부서류】 란에 "지분약정서"라고 적어 이를 출원서에 첨부한다.

4. 【대리인】 란:

대리인에 의하여 절차를 밟는 경우에는 대리인의 성명(또는 법인의 명칭) 및 대리인코드를 적는다.

5. 【발명의 국문명칭】 및 【발명의 영문명칭】 란

【발명의 국문명칭】 란에는 명세서의 【발명의 명칭】 란에 적은 국문명칭과 동일하게 적는다. 【발명의 영문명칭】 란에는 발명의 국문명칭과 동일한 내용이 되도록 영문명칭을 적는다.

6. 【발명자】 란

【성명】 란에 출원인코드 부여 신청서에 적은 국문성명을 적고, 【출원인코드】 란에는 특허청에서 부여한 출원인코드를 적습니다. 출원인과 발명자가 동일한 경우에도 해당 출원인의 출원인코드를 적는다.

7. 【원출원(무권리자 출원)의 출원번호】 란
   가. 분할출원 또는 변경출원을 하는 경우 【원출원의 출원번호】 란에는 분할출원 또는 변경출원의 기초가 된 선출원의 출원번호를 적는다.
   나. 정당한 권리자의 출원을 하는 경우 【무권리자의 출원번호】 란에는 이 출원과 관련되는 무권리자의 출원번호를 적는다.
8. 【우선권주장】 란 ☞ 설명 생략
9. 【기타사항】 란

다음 표의 내용을 참조하여 해당하는 사항의 □ 안에 모두 표시(예: ☒)한다.

구분	내용	관련규정
심사청구	출원과 동시에 출원심사의 청구를 하는 경우(다만, 특허청구범위를 적은 명세서가 첨부된 경우에 한정함)	「특허법 시행규칙」 제37조
심사유예신청	심사청구의 □ 안에 표시한 경우로서, 심사유예신청도 동시에 하는 경우	「특허법 시행규칙」 제40조의3 제1항 단서
조기공개신청	출원과 동시에 조기공개신청을 하는 경우(다만, 특허청구범위를 적은 명세서가 첨부된 경우에 한정함)	「특허법 시행규칙」 제44조
공지예외적용	「특허법」 제30조에 따라 공지예외 적용대상의 발명으로 인정을 받으려는 경우	「특허법 시행규칙」 제20조의2
미생물기탁	특허출원된 발명과 관련한 미생물을 기탁기관에 기탁한 경우	「특허법 시행령」 제2조
서열목록	핵산염기 서열 또는 아미노산 서열이 포함된 출원인 경우	「특허법 시행규칙」 제21조의2
기술이전희망	기술이전의 의사가 있는 경우	
국가연구개발사업	국가연구개발사업의 결과로 획득한 발명을 출원하는 경우	

구분	내용	관련규정
국방관련 비밀출원	출원인이 비밀로 취급되어야 하는 국방관련 출원이라고 판단한 경우	「특허법 시행령」 제11조

※ 기술이전희망 사항의 □ 안에 표시한 경우에는 다음 예와 같이【기타사항】란의 다음 행에【기술이전희망】란을 만들고 희망하는 기술이전 형태를 하나 이상 선택하여 해당 사항에 표시(예: ☒)한다. 기술이전을 희망한 특허출원은 공개 또는 등록공고 후 기술거래 활성화를 위하여 인터넷 특허기술장터(http://patentmart.or.kr)에 기술이전희망 기술로 등록된다.

[예] 【기술이전희망】□기술양도 □실시권허여 □기술지도

10. 【수수료】란

가. 「특허료 등의 징수규칙」 제2조제1항을 참조하여 출원시에 납부하는 수수료의 내역 및 금액을 적는다.【출원료】란에는 출원서 중 명세서, 도면 및 요약서의 전체 면수 및 특허출원료 금액을 적는다. 특허출원서를 서면으로 제출하는 경우에는 명세서, 도면 및 요약서의 전체 면수에 따른 가산료를 합산한 금액을 특허출원료에 적는다.

나. 우선권주장을 하는 경우 또는 심사청구를 하는 경우 ☞ 설명 생략

다. 수수료 감면 또는 면제 대상자인 경우에는 다음 예와 같이【합계】란의 다음 행에【감면(면제)사유】및【감면(면제)후 수수료】란을 각각 만들어 적는다. 이 경우 「특허료 등의 징수규칙」 제7조를 참조하여 감면(면제)사유, 감면(면제)후 수수료를 적고, 감면 또는 면제사유에 해당함을 증명하는 서류를 출원서에 첨부하여 제출한다.

[예] 【수수료】

【출원료】

【우선권주장료】

【심사청구료】

【합계】

【감면(면제)사유】

【감면(면제)후 수수료】

라. 수수료는 집수번호를 부여받은 후에 이를 납부자번호로 하여 다음날까지 납부한다.

11. 【수수료 자동납부번호】 란

사전에 「특허료 등의 징수규칙」 별지 제3호서식의 수수료 자동납부신청서를 제출한 경우로서 해당 절차의 수수료를 자동납부하려는 경우에는 해당 서식을 서면 대신 전자문서로 반드시 제출하여야 하며, 수수료 자동납부신청서에 적은 계좌번호를 해당 서식의 【수수료 자동납부번호】 란에 표시하여야 한다.

12. 【첨부서류】 란

서식에 첨부할 서류명과 부수를 다음 예와 같이 적되, 서식과 함께 제출하지 않는 첨부서류는 적을 수 없다.

[예] 【첨부서류】 위임장 1통

※ 첨부서류를 전자적 이미지로 변환(스캐닝)하여 제출하는 경우의 유의사항

(1) 첨부서류로 제출되는 전자적 이미지 형식은 해상도 300부터 400 dpi (300 dpi 권장)까지의 흑백 TIFF(Tagged Image File Format)로 한다.
(2) 반드시 필요한 경우에는 그레이스케일 또는 칼라 이미지로 제출 가능하며, 제출되는 전자적 이미지 형식은 해상도 300부터 400 dpi(300 dpi 권장)까지의 JPEG(Joint Photo_graphic Experts Group)로 한다.
(3) 첨부서류를 PDF로 제출할 수 있다.

13. 작성 시 유의사항

서식은 출원인(대리인에 의하여 절차를 밟는 경우에는 대리인)이 기명을 한 후 서명 또는 날인하여야 하며, 2명 이상의 출원인(대리인)이 있는 경우에는 모두 기명을 한 후 서명 또는 날인하여야 한다. 서명 또는 날인시의 인감은 출원인코드부여신청(대리인이 변리사인 경우 변리사등록, 대리인이 특허법인인 경우 법인등록)시 사용한 것과 동일한 서명 또는 인감을 사용하며, 출원인코드 정보변경(경정)신고서에 따라 서명 또는 인감을 변경한 경우에는 그 변경된 서명 또는 인감을 사용하여야 한다.

9.2 상표법13)

9.2.1 상표제도의 발전

상표(brand)의 어원은 소나 말 등의 목축물에 화인(火印)하는 노르웨이의 고어 brandr로부터 유래하였다. 중세시대에 길드(Guild)라는 상인단체나 동업조합원이 상품 생산 활동에 대한 독점과 상품의 질과 양을 통제하는 수단으로 상품에 생산표시(production mark)를 사용하였다. 그러나 이 당시의 생산표시는 소비자에 대해 자신의 상품을 식별하도록 하는 것이 아니어서 오늘날의 상표제도와는 차이가 있었다.

오늘날과 같은 상표제도는 산업혁명 이후 등장하게 되었다. 1857년 6월 23일 프랑스에서 제조표 및 상품표에 관한 법률이 세계 최초로 제정되었으며, 영국에서는 1862년에 상품표법, 1875년에 상표등록법 등이 제정되면서 상표제도의 기틀이 다져지게 되었다.

우리나라는 1908년에 대한제국 상표령이 공포되었으며 1949년에 상표법이 제정되었다.

9.2.2 상표제도의 의의

상표법은 상표를 보호함으로써 상표사용자의 업무상의 신용유지를 도모하여 산업발전에 이바지함과 아울러 수요자의 이익을 보호하기 위하여 제정되었다(상표법 제1조). 즉, 상표는 다른 회사의 상품을 식별하게 해주고, 상표에 의해 상품 등의 출처나 품질을 알 수 있으며, 동일한 상표를 동일한 상품에 계속 사용함으로써 일정한 품질을 보증함과 더불어 상품의 유통까지도 원활하게 된다.

■ **상표의 기능**

- 자타상품의 식별기능: 상표를 상품에 표시하여 사용하는 경우 그 상표의 표시로 인하여 자기의 상품과 타인의 상품을 식별할 수 있는 기능이다.
- 출처표시 기능: 동일한 상표를 표시한 상품(동일 상표품)은 동일한 출처에서 나온다는 것을 수요자에게 나타내는 기능이다.

---

13) 이하 내용은 특허청 홈페이지 권리별 정보안내에 소개된 자료와 상표법을 참조하였다.

- 품질보증 기능: 동일한 상표를 표시한 상품은 그 품질이 동일한 것으로 수요자에게 보증하는 기능이다.
- 광고선전기능: 상표의 상품에 대한 심리적인 연상 작용을 동적인 측면에서 파악한 것으로 상품거래사회에서 판매촉진수단으로서의 상표의 기능을 말한다.
- 재산적 기능: 상표가 갖는 재산적·경제적 가치로서의 기능으로서 상표의 재산적 기능은 상표권의 자유양도 및 사용권 설정 등을 통해 구현된다.

■ **상표권**

상표를 등록할 경우 상표권자는 적극적으로 지정상품에 관하여 그 등록상표를 사용할 권리를 독점하는 독점권과 타인이 등록상표와 동일 또는 유사한 상표를 사용하는 경우 그 사용을 금지할 수 있는 금지권을 행사할 수 있으며 아울러 타인이 자기의 등록상표 또는 등록상표와 유사한 상표를 사용하는 등 상표권을 침해하는 경우 상표권자는 그 자를 상대로 하여 침해금지청구권·손해배상청구권 등을 행사할 수 있다(동법 제50조, 제67조).

상표권은 설정등록에 의하여 발생하는데 상표권의 존속기간은 설정등록이 있는 날로부터 10년이며, 상표권의 존속기간 갱신등록출원에 의하여 10년간씩 그 기간을 갱신할 수 있으므로 계속 사용을 하는 한 반영구적인 효력을 갖는다(동법 제42조).

9.2.3 상표와 인접 개념

■ **상표**

"상표"란 상품을 생산·가공·증명 또는 판매하는 것을 업으로 영위하는 자가 자기의 업무에 관련된 상품을 타인의 상품과 식별되도록 하기 위하여 사용하는 표장을 말한다(동법 제2조 제1항 제1호). 상표에는 기호, 문자, 도형, 입체적 형상 또는 이들을 결합한 것과 이들 각각에 색채를 결합한 것, 색채 또는 색채의 조합만으로 된 상표, 홀로그램상표, 동작상표 및 그 밖에 시각적으로 인식할 수 있는 모든 유형이 해당된다(동법 제2조 제1항 제1호).

그러나 상표법상 상표란 여전히 시각을 통하여 인식될 수 있는 것으로 국한되며 시각을 통하여 인식할 수 없는 소리, 냄새, 맛 등과 같이 청각, 후각, 미각으로 지각할 수 있는 표장은 현실의 거래사회에서 자타상품의 식별표지로서 사용되고 있다 하더라도 상표법상의 상표로는 보호받을 수 없다. 또한 자기의 상품과 타인의 상품을 식별하기 위하여 사용되지 않는 표장은 상표가 아니므로 상품에 사용된 것이라 하여도 그것이 단순히 상품의 심미감을 불러일으키게 하기 위하여 사용된 디자인이거나 자타상품식별의사와 무관한 가격표시 등은 상표법상 상표가 아니다.

상표의 광의적 개념은 상표 외에도 서비스표, 단체표장, 업무표장 등을 포함한다.

- 상호 : 상표는 자타상품을 식별하기 위하여 상품에 부착하는 표장으로서 상품의 동일성을 표시하는 기능을 가지는 것이나, 상호는 상인(법인·개인)이 영업상 자기를 표시하는 명칭으로서 영업의 동일성을 표시하는 기능이 있다. 즉, 상호는 상인이 영업에 관하여 자기를 표시하는 명칭으로서 인적 표지의 일종이며, 문자로 표현되고 호칭되며 회사기업의 경우 상호의 사용은 강제적이지만, 상표는 자타상품을 식별하는 기호로서 문자뿐만이 아니라 기호, 문자, 도형 등과 이들의 결합 또는 이들과 색채의 결합으로 구성될 수 있으며, 상표의 사용에 있어서는 강제성이 없다는 점이 상이하다. 다만 기업이미지(Corporate Identification) 통일화 전략에 따라 상호와 상표를 일치시키고 있는 것이 국제적 추세인 점(상표의 상호화 또는 상호의 상표화 현상)과 상호가 상품표지로 사용되고 상표로서 등록요건을 갖추어 등록된 경우에는 법률상 상표로서 보호되는 상호상표가 점차 늘고 있어 양자간의 기능이 중첩되는 경우가 많다. 상호검색은 www.iros.go.kr에서 할 수 있다.
- 도메인이름 : 상표는 자타상품을 식별하기 위하여 상품에 부착하는 표장이며, 도메인이름의 경우 인터넷상 호스트컴퓨터의 주소에 해당하는 숫자로 된 주소(IP Address)에 해당하는 알파벳 및 숫자의 일련의 결합을 의미한다. 따라서 상표의 경우 상품출처 표시의 기능에서, 도메인 이름의 경우 인터넷상 호스트컴퓨터이 장소표시의 기능이라는 별개의 기능에서 출발되었지만, 전자상거래의 활성화로 도메인 이름 그 자체가 상품이나 서비스업의 출처표시로서의 기능도 하게 되었으며, 타인의 상표를 부정한 목적으로 등록하여 정당한 상표권자에게 비싼 값에 되팔려는 사이버스쿼팅

(cybersquatting) 행위가 증가함에 따라 상표와 도메인 이름간의 분쟁이 증가하고 있는 추세에 있다. 원칙적으로 국내에 상표를 등록하였다고 하여 당해 상표에 상당하는 도메인 이름을 등록할 권리가 부여되지 않으며, 도메인 이름을 등록하였다고 하여 당해 상표를 등록할 권리를 부여하지는 않고 있다.

■ **서비스표**

"서비스표"란 서비스업(광고업, 통신업, 은행업, 운송업, 요식업 등 용역의 제공업무)을 영위하는 자가 자기의 서비스업을 타인의 서비스업과 식별되도록 하기 위하여 사용하는 표장을 말한다. 즉 상표는 "상품"의 식별표지임에 반하여 서비스표는 "서비스업(용역)"의 식별표지라 할 수 있다(동법 제2조 제1항 제2호).

■ **단체표장**

"단체표장"이란 상품을 공동으로 생산·판매 등을 하는 업자 등이 설립한 법인이 직접 사용하거나 그 감독 하에 있는 단체원으로 하여금 자기의 영업에 관한 상품 또는 서비스업에 사용하게 하기 위한 표장을 말한다(동법 제2조 제1항 제3호).

■ **지리적 표시**

"지리적 표시"라 함은 상품의 특정 품질, 명성 또는 그 밖의 특성이 본질적으로 특정 지역에서 비롯된 경우에 그 지역에서 생산, 제조 또는 가공된 상품임을 나타내는 표시를 말한다(동법 제2조 제1항 제3의2호). 상표와 지리적 표시는 양자 모두 출처표시 기능 및 품질표시적 기능, 영업상의 이익과 관련되며 지식재산권의 범주 내에서 보호되는 표장이라는 점에서는 상표와 유사한 점이 있다. 그러나 상표는 상품 또는 서비스업을 제공하는 특정 사업주체를 식별시켜 주는 표장인데 반하여 지리적 표시는 당해 표시가 사용되고 있는 제품을 생산하는 사업주체들이 위치하고 있는 특정지역을 확인시켜 주는 표장이므로 지리적 표시는 상표와 같이 하나의 업자가 다른 경업자를 사용으로부터 배제시킨다는 의미에서의 "독점적 소유자"는 없는 점에서 차이가 있다.

지리적 표시는 단순한 지명이 아니라, "인제용대황태"와 같이 특정 품질, 명성 또는 그 밖의 특성을 가지고 있고, 그 품질 등이 해당 지역의 기후, 토양, 지형 등의 지리적 환경에

기인한 경우에 그 상품이 생산, 제조 또는 가공된 지역을 나타내는 표시를 말한다. 즉, 다른 지역과 구별되는 품질이나 명성 등의 특성이 그 지역의 기후, 토양, 지형 등의 자연적 조건이나 전통적인 생산비법 등의 인적 조건을 포함하는 지리적 환경에서 본질적으로 비롯되는 경우에 그 지역에서 생산, 제조 또는 가공된 상품임을 나타내는 표시를 말한다.

■ **업무표장**

"업무표장"이란 로타리클럽, 대한적십자사, YMCA, 보이스카웃 등과 같이 영리를 목적으로 하지 아니하는 업무를 영위하는 자가 그 업무를 나타내기 위하여 사용하는 표장을 말한다(동법 제2조 제1항 제4호).

9.2.4 상표등록출원

상표등록출원을 하고자 하는 자는 지보호받고자 하는 상표와 아울러 그 상표를 사용할 상품을 1개류 또는 다류의 상품을 지정하여 상표마다 출원하여야 한다(동법 제10조). 이를 1상표1출원원칙이라 한다. 지식경제부령이 정하는 상품류는 제1류부터 제34류까지의 34개류, 서비스업류는 제35류부터 제45류까지 구분되어 있다.

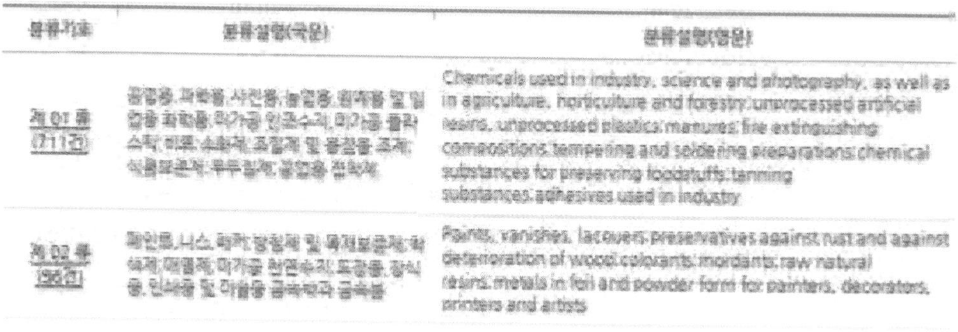

분류기호	분류설명(국문)	분류설명(영문)
제01류 (711건)	공업용, 과학용, 사진용, 농업용, 원예용 및 임업용 화학품; 미가공 인조수지, 미가공 플라스틱; 비료; 소화제; 조질제 및 용접용 조제; 식품보존제; 무두질제; 공업용 접착제	Chemicals used in industry, science and photography, as well as in agriculture, horticulture and forestry; unprocessed artificial resins, unprocessed plastics; manures; fire extinguishing compositions; tempering and soldering preparations; chemical substances for preserving foodstuffs; tanning substances; adhesives used in industry
제02류 (198건)	페인트, 니스, 락커; 방청제 및 목재보존제; 착색제; 매염제; 미가공 천연수지; 도장용, 장식용, 인쇄용 및 미술용 금속박과 금속분	Paints, varnishes, lacquers; preservatives against rust and against deterioration of wood; colorants; mordants; raw natural resins; metals in foil and powder form for painters, decorators, printers and artists

그림 9.3 상품류 구분 예

분류기호	분류설명(국문)	분류설명(영문)
제 35 류 (98건)	광고업:기업관리업:기업경영업:사무처리업	Advertising:business management:business administration:office functions
제 36 류 (118건)	보험업:재무업:금융업:부동산업	Insurance:financial affairs:monetary affairs:real estate affairs
제 37 류 (251건)	건축물건설업:수선업:설치서비스업	Building construction:repair:installation services

그림 9.4 서비스류 구분 예

상표권자 또는 상표등록출원인은 출원 또는 등록 후의 사정변화에 따라 지정상품의 범위를 확대할 필요가 있는 경우 등록상표 또는 상표등록출원의 지정상품에 상품을 추가하는 지정상품의 추가등록을 받음으로써 상표권의 권리범위를 확장하여 상표권자의 이익을 보호받을 수 있다(동법 제47조 제1항).

동일 또는 유사한 상품에 사용할 동일 또는 유사한 상표에 관하여 다른 날에 2이상의 상표등록출원이 있는 때에는 먼저 출원한 자만이 그 상표에 관하여 상표등록을 받을 수 있다(동법 제8조).

국내 상표등록출원은 다음과 같은 방법으로 이루어진다.

(1) 견본준비

견본(가로, 세로 각각 8 cm × 8 cm 이내 크기) 1통을 준비한다.

(2) 선출원, 등록상표 조사

상표등록출원을 하고자 하는 자는 출원서 작성에 앞서 자신이 출원하여 등록받고자 하는 상표와 동일 또는 유사한 상표의 선출원・선등록 여부를 검색하여 등록가능여부를 사전에 조사하는 것이 좋다. 상표검색은 특허와 같이 www.kipris.or.kr에서 무료검색이 가능하다.

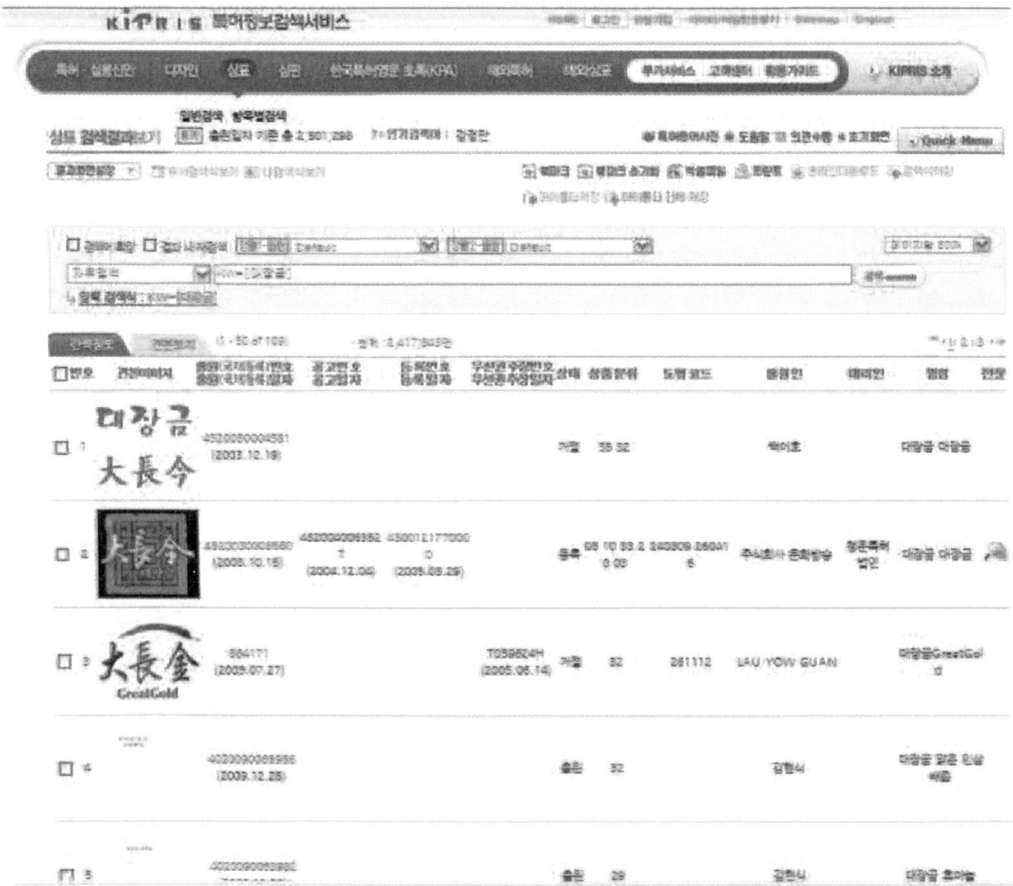

그림 9.5 대장금 상표 검색 예

(3) 출원인 코드 부여신청

특허청에 처음으로 특허출원 등의 절차를 밟고자 하는 자는 특허청에 출원인코드부여신청을 하여 자신의 고유번호를 부여받아야 한다.

(4) 출원서 작성

출원구분란의 상표등록출원을 선택하고 권리구분란에서 상표, 서비스표, 상표서비스표,

단체표장, 지리적 표시 단체표장, 업무표장 중 출원하고자 하는 권리를 선택하여야 한다. 지정상품이나 지정서비스업은 상표(서비스표)를 등록받아 사용하고자 하는 상품의 류와 지정상품을 구체적으로 기재하여야 한다.

(5) 제출서류 준비

출원서(상표견본 포함) 1통
기타 서류별 해당 증명서류(정관, 정관요약서, 경영사실 입증서류 등)1통

(6) 접수 및 출원번호 통지서 수령

방문하여 접수하려는 자는 특허청 특허고객서비스센터(대전) 또는 서울사무소에 직접 제출하면 된다. 특허청에서는 접수 즉시 현장에서 출원번호통지서와 납부고지서를 발급한다. 우편으로 접수하려는 자는 소정의 수수료를 통상환으로 교환한 후 출원서류에 첨부하여 특허청에 제출하여야 하며, 출원서 접수 후 약 1주일 이후에 출원번호통지서를 받을 수 있다.

온라인으로 제출하는 경우에는 전자문서이용신고서를 먼저 제출한 후 특허로(www.patent.go.kr)를 이용하여 인증서 로그인 후 온라인으로 제출하면 된다.

(7) 수수료 납부

1상품류 당 수수료는 전자출원의 경우 56,000원, 서면출원의 경우 66,000원이다.

특허청에서 발급하는 납부자 번호 및 금액이 기재된 납입고지서를 이용하여 제출 당일 또는 다음날까지 우체국 또는 금융기관에 납부하여야 한다. 또한, 특허청의 특허로나 지로 사이트(www.giro.or.kr)에 접속하여 온라인으로도 납부할 수 있다.

(8) 심사 및 이의 신청

상표・서비스표 등록출원에 대하여 상표・서비스표 심사관은 출원 순서에 따라 등록여

부를 결정하며 거절이유 발견 시 출원인에게 의견제출통지서를 보내드린다. 심사착수시기는 가변적이며 출원일로부터 상표는 약 11개월 전후이다. 심사관은 심사 후 거절이유를 발견하지 못한 경우에는 출원공고를 하며, 출원공고가 있는 때에는 누구든지 출원공고일부터 2개월 이내에 당해 상표가 등록될 수 없다는 이의신청을 할 수 있다.

(9) 등록료 납부

특허청에서 등록결정서를 송달받은 날부터 2월 이내에 납입고지서를 이용하여 우체국 또는 금융기관에 납부하여야 한다. 우편 납부 시에는 등록료 등의 금액을 통상환으로 바꾸어 설정등록료납부서와 함께 특허청에 송부하고, 온라인 납부 시는 특허청의 특허로나 지로사이트 (www.giro.or.kr)에 접속하여 온라인으로도 납부할 수 있다.

■ 상표의 해외 출원

국내 특허청에 상표를 등록하는 경우 대한민국에서만 등록상표로서 보호되고 해외에서는 원칙적으로는 보호가 되지 않는다. 따라서 국내에서 출원 또는 등록한 상표를 해외에서 보호받고자 하는 경우에는 보호받고자 하는 외국의 특허청에 상표등록출원하여 상표등록을 받아야만 한다. 해외에의 상표등록출원을 하는 방법으로는 각국에 직접 상표등록출원을 하는 통상의 절차와 마드리드 체제에 의한 국제출원절차로 나뉠 수 있다.

현재 우리나라에 마드리드 의정서가 발효하였으므로 마드리드 체제에 따라 상표의 국제출원을 국내에서 간편히 할 수 있다(동법 제86조의2). 즉, 마드리드 의정서 가입국 81개국(2010년 2월 현재)에 대해서는 국내 특허청을 통해 하나의 국제출원서를 영어로 작성하여 출원하면 출원인이 국제출원서에 지정한 국가에 동일한 날짜에 출원한 것으로 간주되기 때문에 국내 기업의 해외상표등록절차가 매우 간소화되는 한편 비용도 매우 저렴하다. 다만, 이러한 국제출원을 하기 위해서는 국내에 기초가 되는 상표등록 또는 상표등록출원이 있어야 하기 때문에 국내에 등록상표나 출원상표가 있어야 하며, 국내에 아무런 등록상표나 출원상표가 없는 경우에는 마드리드 의정서를 통한 국제출원을 할 수 없다.

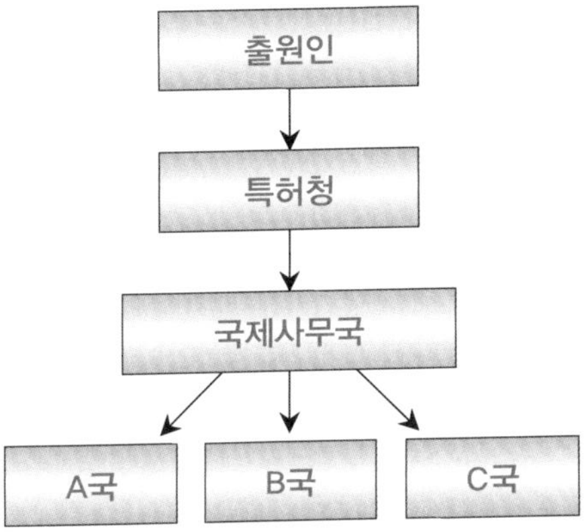

- 영어 불어 또는 스페인어로 작성
- 1의 절차

그림 9.6 마드리드 의정서에 의한 절차

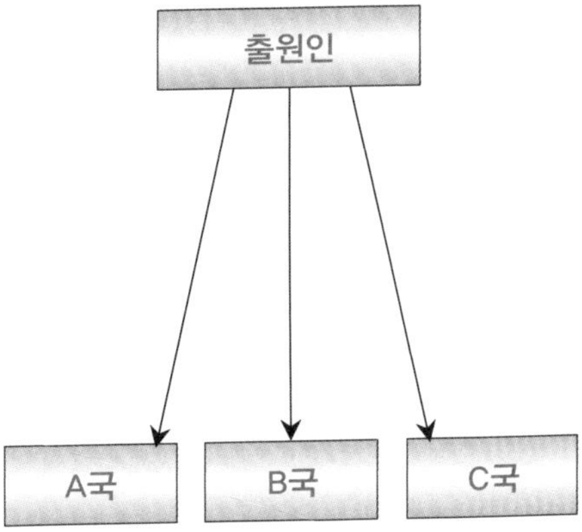

- 각국별 언어로 작성
- 각국별 절차

그림 9.7 통상의 출원절차

9.3 디자인보호법14)

9.3.1 디자인 보호제도의 발전

디자인 보호제도의 기원은 1711년 10월 25일 프랑스 리용(Lyon)시의 집정관이 견직물업계의 도안을 부정사용하지 못하도록 한 명령으로 보고 있다. 그러나 이 명령의 효력은 리용시에 한정되어 오늘날의 독점권과는 다른 모습이다. 오늘날과 같이 독점권을 기본으로 하는 디자인보호는 1787년 7월 14일 프랑스 참사원이 내린 명령이다. 이는 창작자에 대해 독점권을 인정하면서 그 보호를 위해서는 원본 또는 견본을 기탁하도록 규정하고 있다.

우리나라는 1946년에 제정된 특허법 제3장 제21조에 "미장특허"라는 디자인규정을 두어 디자인을 보호하기 시작했으며, 이후 1961년에는 특허법과 분리되어 신설된 의장법에 의해 보호가 이루어졌다. 2005년 7월 1일에는 의장법의 제명이 "디자인보호법"으로 변경되

14) 이하 내용은 특허청 홈페이지 권리별 정보안내에 소개된 자료와 디자인보호법을 참조하였다.

었다.

9.3.2 디자인의 개념

"디자인"이라 함은 영어의 "Design"에서 비롯된 외래어로서 제품에 관한 제품디자인, 광고포스터・그래픽디자인・디지털디자인 등과 같은 시각디자인, 생활공간이나 환경에 관한 환경디자인 등을 포괄하는 개념이다. 법적으로는 "물품(물품의 부분(예외 있음) 및 글자체 포함)의 형상, 모양이나 색채 또는 이들을 결합한 것으로서 시각을 통하여 미감을 일으키게 하는 것"으로 정의되고 있다(디자인보호법 제2조 제1호). 디자인보호법의 보호를 받기 위한 디자인으로 성립하기 위해서는 다음과 같은 요건을 충족시켜야 한다.

디자인의 성립요건

(1) 물품성

디자인은 물품과 불가분의 관계이며, 물품을 떠나서는 존재할 수 없다. 즉, 디자인보호법은 창작된 도안을 보호하는 것이 아니라, 그 도안이 적용된 물품을 보호하려는 것이다. 양말의 뒷굽, 커피잔의 손잡이 등과 같이 물품의 부분에 관한 디자인도 등록이 가능하다.

디자인보호법상 다음과 같은 것은 물품이 될 수 없다.

예) 부동산, 열・기체・액체・전기 등과 같이 형체가 없는 것, 설탕 등과 같은 분상물・미상물

(2) 형태성 (형상, 모양, 색채)

형상 (Shape) : 공간을 점하고 있는 물품의 형체, 물품을 구성하고 있는 입체적 윤곽
모양 (Pattern) : 물품의 외관에 나타나는 선도, 색흐림, 색구분 즉, 무늬
색채 (Colour) : 시각을 통하여 식별할 수 있도록 물품에 채색된 빛깔

(3) 시각성

디자인은 인간의 육안으로 식별할 수 있는 것만을 대상으로 한다. 즉, 시각 이외의 감각에 의하여 인식 가능한 것, 육안으로는 식별할 수 없는 것, 외부에서 볼 수 없는 것은 디자인보호의 대상이 될 수 없다.

(4) 심미성

디자인은 미감을 일으키는 것이어야 한다. 그러나 미감의 의미는 주관적인 가치판단이 개입되므로 명확한 판단기준을 세우기는 어렵다. 따라서 심사 실무에 있어서는 고도의 심미성에 대한 판단보다는 아름다움을 느낄 수 있을 정도의 형태적 처리가 된 것이면 심미감이 있는 것으로 보고 있다.

9.3.3 디자인 등록요건

디자인을 등록받기 위해서는 디자인의 성립요건을 충족시키는 것은 물론 디자인보호법상의 디자인 등록요건을 갖추어야 한다(동법 제5조).

디자인 등록요건

(1) 공업상 이용가능성

이는 공업적 생산방법에 의해 동일한 디자인물품이 양산 가능한 것을 말한다. 여기서 “공업적 생산방법”이란 기계에 의한 생산방법뿐 아니라 수공업적 생산방법도 포함한다. “동일한 디자인 물품이 양산 가능하다”는 것은 물리적으로 완전히 동일한 물품을 의미하는 것이 아니고 일견하여 동일하게 보이는 정도의 동일성은 있어야 한다는 뜻이다. 따라서 “공업상 이용가능성”의 요건을 충족하기 위해서는 양산하려는 의도로 출원한 디자인에 관한 물품의 반복생산이 가능하여야 하고, 처음부터 양산을 의도했어야 한다.

(2) 신규성

“신규성”이란 그 디자인이 출원 전에 간행물이나 카탈로그 등에 게재되거나, 판매·전시 등을 통하여 일반 대중에게 공개되었거나 또는 누구든지 알 수 있는 상태에 놓여 있는 것이 아니어야 함을 의미한다.

(3) 창작성

“창작성”이란 그 디자인이 속하는 분야에서 통상의 지식을 가진 자가 국내에서 널리 알려진 형상, 모양, 색채 또는 이들의 결합에 의하여 용이하게 창작할 수 없는 디자인이어야 함을 의미한다.

9.3.4 디자인등록출원

디자인등록출원에는 디자인심사등록출원과 디자인무심사등록출원이 있다. 물품의 특성상 유행성이 강하고 라이프 사이클이 짧은 식품류, 의복류, 침구류, 용지·인쇄물류, 포장용기류, 직물지류, 잡화류, 신발류, 교재류, 사무용품류 등에 대해서는 디자인무심사등록출원으로 해야 되며(동법 제2조 제5호), 기타 물품에 대해서는 디자인심사등록출원으로 해야 된다.

디자인권은 독점권을 부여하는 것이므로 동일 또는 유사한 디자인이 우연히 2이상 창작되어 출원되어 있는 경우 오직 한사람에게만 독점권을 부여하기 위하여 최초의 출원인에게만 등록을 허여하고 있다(동법 제16조 제1항).

9.3.5 디자인권

등록결정을 받은 후 소정의 등록료와 함께 특허청에 디자인등록을 함으로써 디자인권이 발생하며(동법 제39조), 디자인권의 설정등록이 있는 날부터 15년간 존속한다(동법 제40조).

디자인권자는 업으로서 등록디자인 또는 이와 유사한 디자인을 실시할 권리를 독점한다

(동법 제41조). 여기서 "업으로서"라는 것은 꼭 영리를 목적으로 실시하는 것만을 의미하는 것은 아니며, 반복 계속해서 행하여지는 것은 모두 포함한다. 즉, 개인적으로 일시적, 일회적으로 실시하는 것은 제외된다는 의미이다. "실시"란 디자인에 관한 물품을 생산, 사용, 양도, 대여 또는 수입하거나 그 물품의 양도 또는 대여의 청약(양도나 대여를 위한 전시 포함)을 하는 행위를 말한다(동법 제2조 제6호). 이렇게 디자인권자는 당해 디자인을 독점적으로 실시할 권능을 가짐과 동시에 제3자가 당해 디자인과 동일 또는 유사한 디자인을 실시하는 것을 배제하는 권능도 가지는 독점배타권을 지닌다(동법 제41조).

9.4 저작권법

9.4.1 저작권제도의 발전

15세기 중엽 독일의 요한 구텐베르크가 활판인쇄술을 발명하면서 대량 인쇄가 가능해지기 시작했다. 영국 런던에서는 1556년 검열을 위해 출판특허제도(imprimatur)를 두고 서적출판업조합의 특별 허가를 받은 출판업자만이 출판물을 독점적으로 출판할 수 있도록 하였다. 이 제도 하에서는 저작물의 출판이 특정단체의 독점권 행사에 의하여 통제되었으므로 저작자는 그로부터 직접적인 경제적 수익을 얻을 수는 없었고 다만 출판업자와의 사이에 출판허락계약을 체결함으로써 출판업자가 출판물의 판매에서 일정 규모 이상의 수익을 올리는 경우에 한하여 대가를 나누어 받을 수 있었다. 그러나 1694년 무허가인쇄 금지법이 철폐되면서 독립인쇄업자들이 우후죽순 생겨나기 시작하였다. 영국의회는 1710년에 앤여왕법(Statute of Anne)을 제정하여 저작자에게 일정 기간 동안(14년간) 독점적 출판권을 행사할 수 있도록 하였다. 법 제정 당시 보호대상은 책으로 한정되어 있었지만 이후 판화, 인쇄물, 조각 등으로 저작권 보호대상이 점차 확대되었다.

미국에서도 영국 지배의 영향을 받아 저작권 관련법들이 주(State)별로 제정되었고 1787년에 제정된 미국연방헌법에서 저작자의 권리보호를 선언하였으며, 3년 후인 1790년에 미국 최초의 연방 저작권법이 제정되었다.

우리나라는 1908년 고종 칙령에 의해 일본 저작권법을 의용(依用)하기 시작하였고 해방

후 1957년에 저작권법을 제정하였다. 1986년 저작권 관련 국제조약인 세계저작권협약과 제네바음반협약 가입을 전제로 저작자의 권익을 보호・신장하기 위하여 저작권법이 개정되었다.

9.4.2 저작권법의 보호 대상

저작권법은 저작자의 권리와 이에 인접하는 권리를 보호하고 저작물의 공정한 이용을 도모함으로써 문화 및 문화산업의 향상발전에 이바지하기 위하여 제정되었다(저작권법 제1조). 즉 저작권법은 저작물을 보호대상으로 하고 있다. "저작물"이란 인간의 사상 또는 감정을 표현한 창작물을 말한다(동법 제2조 제1호). "창작물"의 요건으로는 남의 것을 보고 베끼지 않았다는 "독창성(originality)"과 일정 수준 이상의 "창의성(a minimal degree of creativity)"을 요구한다. 또한 저작권법의 보호는 어떠한 경우에도 관념, 절차, 공정, 체제, 조작방법, 개념, 원칙 또는 발견(통칭 "아이디어"라 함)에는 미치지 아니한다. 표현도 일정부분 보호의 제한이 가해 질 수 있다. 예를 들어 아이디어와 표현이 합체된 경우, 창작당시엔 표현 방법이 다양했지만 이후에 사실상 표준이 되어버린 경우, 문학작품 등에서의 필수장면에 해당되는 경우 저작권 보호가 제한될 수 있다.

저작물은 어문저작물, 음악저작물, 연극저작물, 미술저작물, 건축저작물, 사진저작물, 영상저작물, 도형저작물, 컴퓨터프로그램저작물로 구분할 수 있다(동법 제4조). 이는 표현 방식에 따라 저작물을 분류 예시한 것일 뿐 실제 저작물을 표현하는 방법에는 제한이 없다.

또한 저작물의 제작 순서에 따라 원저작물과 2차적저작물로 구분할 수 있다. "2차적저작물"이란 원저작물을 번역, 편곡, 변형, 각색, 영상제작, 그 밖의 방법으로 작성한 창작물을 말하며 이 역시 저작권법의 보호대상이다(동법 제5조). "편집저작물"이란 편집물로서 그 소재의 선택・배열 또는 구성에 창작성이 있는 것을 말한다(동법 제2조 제18호). 편집저작물 역시 독자적인 저작물로서 보호된다(동법 제6조 제1항).

그러나 법률, 법원 판결문, 사실의 전달에 불과한 시사보도 등과 같이 저작물로서의 요건을 충족시키고 있다 하더라도 정책적으로 특정한 저작물에 대해서는 저작권법의 보호를 배제하고 있다(동법 제7조).

9.4.3 저작권 및 인접 권리

■ **저작자**

저작자는 저작물을 창작한 자를 말한다(동법 제2조 제2호). 원칙적으로 사람이 저작물을 창작하기 때문에 개인이 저작자가 되지만 오늘날 많은 저작물들이 법인 등 단체의 내부에서 창작되는등 협업에 의해 이루어지는 경우가 많다. 이러한 경우 창작자를 자연인 중에서 찾는 것이 어려운 현실을 감안하여 저작권법은 법인이나 단체 등에게 곧바로 저작자의 권리를 부여하는 조항을 두게 되었다. 즉, 법인등의 명의로 공표되는 업무상저작물의 저작자는 계약 또는 근무규칙 등에 다른 정함이 없는 때에는 그 법인등이 된다. 다만, 컴퓨터프로그램저작물의 경우 공표될 것을 요하지 아니한다(동법 제9조).

■ **저작권**

저작자는 저작인격권과 저작재산권을 가진다(동법 제10조 제1항). 저작권은 저작물을 창작한 때부터 발생하며 어떠한 절차나 형식의 이행을 필요로 하지 아니하나(동법 제10조 제2항), 저작권법은 거래의 안정성을 위해 권리의 양도, 처분, 질권 등의 행위에 대해 저작권 등록 제도를 규정하여 활용하고 있다(동법 제53조~제56조).

저작자는 저작인격권으로 공표권, 성명표시권, 동일성유지권을 지닌다(동법 제11조~제13조). 이 저작인격권은 일신에 전속하므로 상속이나 양도가 불가능하다(동법 제14조).

저작자는 저작재산권으로 복제권, 공연권, 공중송신권, 전시권, 배포권, 대여권, 2차적저작물작성권 등을 지닌다(동법 제16조~제22조). 일반적으로 저작재산권은 저작자 생존 동안 및 사후 50년간 보호된다(동법 제39조).

저작권 보호기간 동안 독점적이고 배타적인 권리인 저작권도 학교교육 목적, 사적 이용을 위한 복제, 시각장애인 등을 위한 복제 등 이용자의 편의나 공공복지 등을 위해 일정부분 제한될 수 있다. 그 구체적인 사유에 대해서는 저작권법 제23조에서 제38조에 열거하고 있다. 우리 저작권법에 저작재산건의 제한 사유로 규정되어 있는 경우 일반 공중이 저작권자의 허락 없이도 저작물을 자유롭게 이용할 수 있으나 "필요한 경우", "한도 안에서", "부득이한 경우" 등 제한적으로 공정 이용해야 한다.

■ 저작인접권

저작인접권이란 저작물을 해석하고 전달하는 사람에게 부여되는 권리로 저작권과 유사한 또는 이에 관련된 권리를 의미한다. 실연, 음반, 방송 등이 저작인접권으로 보호받고 있다(동법 제64조).

실연자는 인격권으로 성명표시권, 동일성유지권과(동법 제66조 내지 제67조), 재산권으로 복제권, 배포권, 대여권, 공연권, 방송권, 전송권, 방송사업자에 대한 보상청구권, 디지털음성송신사업자에 대한 보상청구권, 판매용 음반을 사용하여 공연하는 자에 대한 보상청구권 등을 지닌다(동법 제69조 내지 제76조의 2).

음반제작자는 재산권으로 복제권, 배포권, 대여권, 전송권, 방송사업자에 대한 보상청구권, 디지털음성송신사업자에 대한 보상청구권, 판매용 음반을 사용하여 공연하는 자에 대한 보상청구권 등을 지닌다(동법 제78조 내지 제83조의2).

방송사업자는 재산권으로 복제권과 동시중계방송권을 지닌다(동법 제84조 내지 제85조).

■ 출판권

출판권이란 저작물을 인쇄 그 밖에 유사한 방법으로 문서 또는 도화로 발행하는 권리를 말한다(동법 제57조 제1항). 출판권자는 원고를 받은 날로부터 9월 이내에 출판할 의무, 계속 출판의 의무, 복제권자 표지 의무 등을 지닌다(동법 제58조). 또한 저작물을 수정증감하는 경우 저작자에게 미리 그 사실을 알려야 한다(동법 제59조). 출판권은 특약이 없는 한 맨 처음 출판한 날로부터 3년간 존속한다(동법 제60조 제1항).

■ 데이터베이스제작자의 권리

데이터베이스란 소재를 체계적으로 배열 또는 구성한 편집물로서 개별적으로 그 소재에 접근하거나 그 소재를 검색할 수 있도록 한 것을 말하며(동법 제2조 제19호), 데이터베이스제작자는 데이터베이스의 제작 또는 그 소재의 갱신·검증 또는 보충에 인적 또는 물적으로 상당한 투자를 한 자를 말한다(동법 동조 제20호). 대부분의 대규모 데이터베이스는 일반적인 방법(가나다순)으로 배열하여 제작되는데 이 경우 소재의 선택과 배열에 창작성이 없어 편집저작물로서 보호받기가 어렵다. 이에 우리나라는 2003년 법 개정을 통해 데이터베이스를 저작권법으로 보호하기 시작하였다. 데이터베이스의 보호기간은 5년이며 연장

가능하다(동법 제95조).

■ **영상제작자의 권리**

영상저작물에는 많은 사람의 권리가 매우 복잡하게 얽히게 되므로 영상저작물의 원활한 이용과 투자 활성화를 위해 관련자의 권리관계를 단순화할 필요가 있었다. 영상저작물의 제작에 있어 그 전체를 기획하고 책임을 지는 자인 영상제작자(동법 제2조 제14호)는 특약이 없는 한 영상제작자가 제작한 영상저작물을 5년간 이용할 수 있다(동법 제99조 제2항). 영상제작물의 제작에 협력할 것을 약정한 자로부터 영상제작자가 양도 받는 영상저작물의 이용을 위하여 필요한 권리는 영상저작물을 복제·배포·공개상영·방송·전송 그 밖의 방법으로 이용할 권리로 제한한다(동법 제101조 제1항).

9.5 기타 지적재산 관련법

9.5.1 반도체집적회로의 배치설계에 관한 법률

배치설계권이란 반도체집적회로(Integrated Circuit, IC)의 회로기판 상에 소자(elements)를 어떻게 배열·배선할 것인가 하는 회로의 배치설계(layout design)에 대한 독점배타적인 전용권을 의미한다. 새로운 지적재산권의 하나로 지목되고 있는 반도체칩은 1960년대부터 실용화되어 컴퓨터와 각종 사무용품, 가전제품, 자동차 등의 고성능화, 고품질화, 소형간편화, 저가화를 이룩하는데 결정적 기여를 함으로써 현대 산업에 있어서 백미로 불리고 있다. 특허나 저작권에 의하여 보호하는 것이 부적절하다는 지적에 따라 반도체 강국인 미국에서 독자적인 법을 제정하여 등록 또는 산업상 이용일로부터 10년간 독점배타권을 부여하는 방식으로 보호하는 것으로 입법화하였다. 우리나라에서는 1992년 12월 8일 반도체집적회로의 배치설계에 관한 법률을 제정하여 보호하고 있다(1993.9.1.시행). 배치설계권의 존속기간은 설정등록일로부터 10년이다(반도체집적회로의 배치설계에 관한 법률 제10조 제1항).

9.5.2 부정경쟁방지 및 영업비밀보호에 관한 법률

"영업비밀"이란 사실상 모든 형태의 구체적인 정보, 예컨대 제조공식이나 데이터·프로그램·고안·제조방법·고객리스트 등을 포함한다. 다만 그 정보는 일반적으로 알려져 있지 아니하고 보통의 수단으로서는 다른 사람에 의해 쉽게 얻어질 수 없는 것으로서 보유자가 비밀로서 관리하고 있으며 그로 인하여 경제적 가치를 창출할 수 있는 것을 말한다(부정경쟁방지 및 영업비밀보호에 관한 법률 제2조 제1호). 영업비밀의 요건으로는 비밀성, 관리성, 경제성 등이 있다. 즉, 영업비밀 관리자는 다른 사람이 부정한 방법으로 영업비밀을 취득하거나 영업비밀을 부정 취득한 자로부터 이를 다시 취득하는 행위, 영업비밀을 비밀로서 유지하여야 할 의무가 있는 자가 부당한 방법으로 이를 공개하는 행위를 금지할 수 있다. 영업비밀에 대한 권리는 등록과 같은 형식적 요건이 요구되지 않고 그 정보가 비밀로 유지되는 한 존속한다.

영업비밀에 의한 보호가 특허 보호와 차이를 보이는 점으로는 다음과 같다. 발명이 특허출원되면 그 기술적 사상은 공개되고 따라서 공중은 정당한 절차를 통하여 그 발명을 이용할 수 있지만, 영업비밀과 같이 발명자가 발명을 공개하지 않고 영업비밀로서 간직한다면 그것이 비밀로 유지되는 한에서는 발명자가 영업비밀로서의 권리를 향유하게 된다. 그러나 일단 그 비밀상태가 해제되거나 누설되면 그 때부터 법은 발명자에 대하여 아무런 보호를 해 주지 못한다. 대표적으로 코카콜라가 그 제조법을 특허로 출원하지 않고 영업비밀로 계속 유지하고 있다.

10장

기업설립과 상법

최근 우리나라를 비롯하여 세계경제의 패러다임은 산업경제 중심에서 창조경제로 변하고 있다. 과거에는 비즈니스를 일으키기 위해 커다란 위험을 감수하면서 자금과 인력을 끌어 모아 기업체[15]를 설립했지만 이제는 누구나 참신한 아이디어만으로도 기업가가 될 수 있다. 마이스터고등학생, 대학생, 주부, 은퇴자들도 자신이 하던 일이나 취미에서 사업 아이템을 찾아 일자리를 창출할 수 있는 것이다. 최근엔 특히 IT, 디자인, 문화콘텐츠 등 창조산업 분야에서 개인의 창의성과 전문성을 기반으로 한 1인 기업(single person enterprise)의 창업이 급속히 늘어가고 있다. 이에 우리 정부는 청년실업 및 국민 일자리 창출의 대응책으로 1인창조기업을 육성・지원하고 나섰다.[16]

내가 나를 고용하고("self-employment"), 내가 대표가 되고("CEI"), 내가 브랜드("Brand I")가 되어야 하는 1인 기업은 프리랜서, 개인사업자, 회사 등의 형태가 모두 가능하다. 우리나라에서는 벤처기업을 창업하더라도 주식회사를 선호하는 경향이 있지만, 법인기업으로 시작하는 것이 반드시 좋은 것만은 아니다. 따라서 1인 기업 창업을 계획하는 경우 사업자 형태의 장단점을 종합적으로 고려하여 기업의 법률적 형태를 결정하는 것이 좋다.

15) "기업"이란 영리를 목적으로 생산·판매·서비스 따위의 사업을 행하는 조직체를 의미하는 경제학적 용어이며, "회사"란 영리를 목적으로 상법 회사편에 의해 설립된 사단법인을 말한다. 상법상 회사의 종류로는 합명회사, 합자회사, 주식회사, 유한회사만 있기 때문에 세법상의 개인사업자는 기업가는 될 수 있어도 회사대표는 될 수 없다.

16) "1인창조기업"이란 창의성과 전문성을 갖춘 1인이 일정한 지식서비스업 및 제조업을 영위하는 기업을 말한다. 명칭이 1인창조기업이라고 해서 반드시 사업체 구성원이 1인이어야만 된다는 의미는 아니다.

표 10.1 개인기업과 주식회사의 장 · 단점

구분	개인기업	법인기업
장점	• 설립등기가 필요 없고 사업자등록만으로 사업개시가 가능하므로 기업 설립이 용이 • 기업이윤 전부를 기업주가 독점할 수 있음 • 창업비용과 창업자금이 비교적 적게 소요되어 소자본을 가진 창업자도 창업 가능 • 일정규모 이상으로는 성장하지 않는 중소규모의 사업에 안정적이고 적합 • 기업 활동에 있어 자유롭고 신속한 계획수립, 계획변경 등이 용이 • 개인기업은 인적조직체로서 제조방법, 자금운용상의 비밀유지가 가능	• 대표자는 회사운영에 대해 일정한 책임을 지며, 주주는 주금납입을 한도로 채무자에 대해 유한책임을 짐 • 사업양도 시에는 주식을 양도하면 되므로 주식양도에 대하여 원칙적으로 낮은 세율의 양도소득세가 부과되며 상장 후에 주식을 양도하면 세금이 없음 • 주식회사는 신주발행 및 회사채발행 등을 통한 다수인으로부터 자본조달이 용이 • 대외공신력과 신용도가 높기 때문에 영업수행과 관공서 · 금융기관 등과의 거래에 있어서도 유리 • 일정규모 이상으로 성장 가능한 유망사업의 경우에 적합
단점	• 대표자는 채무자에 대하여 무한책임을 짐 • 대표자가 바뀌는 경우에는 폐업을 하고 신규로 사업자등록을 해야 하므로 기업의 계속성이 단절됨 • 사업양도 시에는 양도된 영업권 또는 부동산에 대하여 높은 양도소득세가 부과됨	• 설립절차가 복잡 • 대표자가 기업자금을 개인용도로 사용하면 회사는 대표자로부터 이자를 받아야 하는 등 세제상의 불이익이 있음

10.1 개인기업

10.1.1 개인기업의 특성

개인기업은 개인이 독자적으로 출자하여 출자자인 동시에 경영자로서 직접 기업을 운영하는 형태의 기업을 말한다. 그러므로 사업 활동에 대한 모든 권리와 의무의 법률효과는 대표자 개인에게 모두 귀속된다. 개인기업은 소유와 경영이 일치하는 단독기업으로서, 기업 내에 법률상의 기관이 분화되어 있지 않고 회사의 규칙이라 할 수 있는 정관도 없다. 자연인으로서 개인은 권리능력에 아무런 제한이 없기 때문에 연령 · 성별 · 행위능력 등과 관계없이 누구나 개인기업을 설립할 수 있다. 개인기업을 설립하는 데는 별도의 상업등기 필요 없이 사업장(自家도 가능)을 갖추고 사업장 소재지 관할 세무서에 사업자 등록 신청을 하여 영업을 개시하면 된다. 다만 영위하고자 하는 업종이 출판업, 여행업, 주류업 등 법령에 의한 인 · 허가업종인 경우는 사업자등록 신청 전에 미리 당해 업종을 주관하는 주무관청 또는 지방자치단체에서 인 · 허가를 취득하여야 한다.

간혹 프리랜서로 일하거나 옥션에서 개인 회원자격으로 물건을 파는 등 부업 형태로 일할 때도 사업자등록을 꼭 해야 하는지 궁금할 수 있을 것이다. 사업자등록을 하는 것은 물론 때마다 세금을 신고해야 하는 것이 번거롭다고 생각하기 때문이다. 하지만 법에서 규정하고 있는 "사업자"란 사업상 독립적으로 재화 또는 용역을 공급하는 자를 말하며(부가가치세법 제2조 제1항 제1호), 사업자는 사업자 등록 여부와 상관없이 각종 세금을 납부해야 할 의무가 있다.

프리랜서도 엄연한 사업자이므로 당연히 각종 세금을 내야 한다. 그러나 프리랜서는 각종 세금은 납부해야 하는 반면, 일반 사업자와는 달리 사업자등록번호가 없어 세금계산서를 발급할 수 없기 때문에 추후 부가가치세를 환급받을 수 없다. 이외에도 사업자등록을 하지 아니하고 이루어진 거래에 대하여는 미등록으로 보아 미등록가산세를 부담하여야 하거나, 사업자등록을 하지 아니하여 부가가치세를 신고하지 못한 사업장의 거래에 대하여는 신고불성실가산세와 납부불성실가산세를 추가로 부담하여야 하는 등 여러 가지 불이익이 따를 수 있다.

10.1.2 개인기업 설립을 위한 사업자등록

사업아이템 선정	⇒	사업계획수립	⇒	인허가취득	⇒	사업자등록	⇒	사업개시
사업아이템선정 사업타당성조사		사업규모 기업형태 등 결정		업종 소관 부처에서 인허가취득		소재지 관할세무서 등록		재화와 용역 공급시작

그림 10.1 개인기업 설립 절차도

신규로 사업을 개시하는 자는 사업장마다 사업자등록을 하여야 한다. 사업개시일로부터 20일 이내에 구비서류를 갖추어 관할세무서 민원봉사실에 신청하면 된다. 단, 사업개시일 전이라도 사업자 등록이 가능하다. 사업자등록신청서는 사업자 본인이 자필로 서명하여야 한다. 대리인이 신청할 경우 대리인과 위임자의 신분증을 필히 지참하여야 하며 사업자등록신청서에 사업자 본인 및 대리인 모두 인적사항을 기재하고 자필 서명하여야 한다. 2인 이상의 사업자가 공동사업을 하는 경우 사업자등록신청은 공동사업자 중 1인을 대표자로 하여 대표자 명의로 신청해야 한다. 인허가 업종은 업종을 관장하는 주무부처에 필요한 인허가를 받은 다음에 사업자등록신청서를 제출하여야 한다.[17]

■ **사업자등록 신청 시 구비서류**

- 사업자등록 신청서 1부(세무서에 비치)
- 법령에 의한 인·허가 업종인 경우 사업인·허가증 사본[18], 사업등록증 사본 또는 신고필증 사본 1부
- 주민등록등본 1부
- 사업장을 임차한 경우에는 임대차 계약서 사본(재택 창업도 가능)[19]

17) 인허가 업종은 온라인원스톱재택창업시스템(http://www.startbiz.go.kr)>회사설립정보>사업인허가에서 확인할 수 있다. 대표적인 인허가 업종으로는 출판업, 선기통신기자재 및 S/W, 전자상거래 및 통신판매업 등이 있다.

18) 신규로 사업을 개시하고자 하는 자가 사업인·허가 전에 등록하는 경우에는 사업인·허가증 사본 대신 사업허가신청서사본이나 사업계획서를 제출하면 된다.

19) 상가건물의 일부분을 임차하는 경우에는 해당부분의 도면 첨부(단, 상가건물임대차 보호법의 적용을 받는 경우에 한함)

사업자등록을 신청하면 신청일로부터 7일 이내에 사업자등록번호가 기재된 사업자등록증을 교부받을 수 있다. 사업자등록이 끝나면 법적으로 사업을 시작할 수 있는 절차가 완료된다.[20]

20) 기타 행정 절차를 요하는 경우 추가적인 절차가 추가될 수 있다.

사업자등록신청서 작성연습

(앞 쪽)

접수번호	사업자등록신청서(개인사업자용) (법인이 아닌 단체의 고유번호 신청서)	처리기간
		3일(보정기간은 불산입)

귀하의 사업자등록 신청내용은 영구히 관리되며 납세성실도를 검증하는 기초자료로 활용됩니다. 아래 해당 사항을 사실대로 작성하시기 바라며, 신청서에 본인이 자필로 서명하여 주시기 바랍니다.

1. 인적사항

상호(단체명)		전화번호	(사업장)
성명(대표자)			(자 택)
			(휴대전화)
주민등록번호		FAX번호	
사업장(단체) 소재지		전자우편주소	
		국세청이 제공하는 국세정보 수신 동의 여부	동의함 ( ) 동의하지 않음 ( )

2. 사업장현황

업종	주업태		주종목		주업종코드		개업일	종업원수
	부업태		부종목		부업종코드			
사이버몰 명칭			사이버몰 도메인					

<table>
<tr><td rowspan="3">사업장구분</td><td rowspan="2">자가
면적</td><td rowspan="2">타가
면적</td><td colspan="3">사업장을 빌려준 사람
(임 대 인)</td><td colspan="3">임대차 명세</td></tr>
<tr><td>성명
(법인명)</td><td>사업자
등록번호</td><td>주민(법인)
등록번호</td><td>임대차
계약기간</td><td>(전세)
보증금</td><td>월세</td></tr>
<tr><td>㎡</td><td>㎡</td><td></td><td></td><td></td><td></td><td>원</td><td>원</td></tr>
</table>

<table>
<tr><td rowspan="2">허가 등
사업 여부</td><td rowspan="2">신고( ) 등록( ) 허가( ) 해당없음( )</td><td rowspan="2">주류면허</td><td>면허번호</td><td>면허신청</td></tr>
<tr><td></td><td>여( ) 부( )</td></tr>
<tr><td>개별소비세
해당여부</td><td colspan="4">제조( ) 판매( ) 입장( ) 유흥( )</td></tr>
<tr><td>사업자금 명세
(전세보증금 포함)</td><td>자기자금 원</td><td>타인자금</td><td colspan="2">원</td></tr>
<tr><td>사업자단위과세
적용 신고 여부</td><td>여( ) 부( )</td><td>간이과세 적용
신고 여부</td><td colspan="2">여( ) 부( )</td></tr>
</table>

그 밖의 신청사항	확정일자 신청여부	공동사업자 신청여부	사업장소 외 송달장소 신청여부	양도자의 사업자등록번호 (사업양수의 경우에 한정함)
	여( )부( )	여( ) 부( )	여( ) 부( )	

210㎜×297㎜[일반용지 60g/㎡(재활용품)]

(뒤 쪽)

3. 사업자등록신청 및 사업 시 유의사항 (아래 사항을 반드시 읽고 확인하시기 바랍니다)

가. 귀하가 다른 사람에게 사업자명의를 빌려주는 경우 사업과 관련된 각종 세금이 명의를 빌려준 귀하에게 나오게 되어 다음과 같은 불이익이 있을 수 있습니다.
  (1) 소득이 늘어나 국민연금 및 건강보험료를 더 낼 수 있습니다.
  (2) 명의를 빌려간 사람이 세금을 못내게 되면 체납자가 되어 소유재산의 압류·공매처분, 체납명세의 금융기관 통보, 출국규제 등의 불이익을 받을 수 있습니다.

나. 귀하가 다른 사람의 명의로 사업자등록을 하고 실제 사업을 영위하는 것으로 확인되는 경우 다음과 같은 불이익이 있습니다.
  (1) 「부가가치세법」 제22조제1항제2호에 따라 사업 개시일부터 실제 사업을 영위하는 것으로 확인되는 날이 속하는 예정신고기간(예정신고기간이 지난 경우에는 그 과세기간)까지의 공급가액에 대하여 100분의 1에 상당하는 금액을 납부세액에 가산하여 납부하여야 합니다.
  (2) 「주민등록법」 제37조제9호에 따라 다른 사람의 주민등록번호를 부정사용한 자는 3년 이하의 징역 또는 1천만원 이하의 벌금에 처해집니다.

다. 귀하가 실물거래 없이 세금계산서 또는 계산서를 교부하거나 받는 경우 「조세범처벌법」 제11조의2에 따라 해당 법인 및 대표자 또는 관련인은 3년 이하의 징역이나 공급가액 및 그 부가가치세액의 2배 이하에 상당하는 벌금에 처하는 처벌을 받을 수 있습니다.

라. 신용카드 가맹 및 이용은 반드시 사업자 본인명의로 하여야 하며 사업상 결제목적 외의 용도로 신용카드를 이용할 경우 「여신전문금융업법」 제70조제2항에 따라 3년 이하의 징역이나 2천만원 이하의 벌금에 처하는 처벌을 받을 수 있습니다.

대리인이 사업자등록신청을 하는 경우에는 아래의 위임장을 작성하시기 바랍니다.

위 임 장	본인은 사업자등록 신청과 관련한 모든 사항을 아래의 대리인에게 위임합니다. 본 인 : (서명)			
대리인 인적사항	성명	주민등록번호	전화번호	신청인과의 관계

위에서 작성한 내용과 실제 사업자 및 사업내용 등이 일치함을 확인하며, 「부가가치세법」 제5조제1항·제25조제3항, 같은 법 시행령 제7조제1항·제74조제4항, 같은 법 시행규칙 제2조제1항 및 「상가건물 임대차보호법」 제5조제2항에 따라 사업자등록 [□일반과세자 □간이과세자 □면세사업자 □그 밖의 단체] 및 확정일자를 신청합니다.

년 월 일

신청인: (서명)

위 대리인: (서명)

세무서장 귀하

구비서류	신청인(대표자) 제출서류	수수료
	1. 사업허가증 사본·사업등록증 사본 또는 신고필증 사본 중 1부(법령에 따라 허가를 받거나 등록 또는 신고를 하여야 하는 사업인 경우에 한정합니다) 2. 임대차계약서사본(사업장을 임차한 경우에 한정합니다) 1부 3. 「상가건물 임대차보호법」이 적용되는 상가건물의 일부분을 임차한 경우에는 해당부분의 도면 1부 4. 자금출처명세서(금지금 도·소매업 및 과세유흥장소에의 영업을 영위하려는 경우에 한정합니다) 1부	없 음

사업자등록 신청 시 다음과 같은 사유에 해당하는 경우 붙임의 서식 부표에 추가로 적어 주시기 바랍니다.
① 공동사업자에 해당하는 경우 ④ 사업자단위과세 적용 신청자의 경우(2010년 이후부터 적용)
② 종업원을 1명 이상 고용한 경우
③ 사업장 외의 장소에서 서류를 송달받으려는 경우

10.2 회사

회사는 상행위 기타 영리를 목적으로 하여 설립한 사단을 말한다(상법 제169조). 즉, 회사는 영리를 목적으로 하고 사단의 성격을 갖추고 있으며 법인격(권리능력)을 지니는 특성이 있다. 법인격이란 사람이 지니는 인격과 달리 법에 의해 권리능력이 부여된 경우를 말하는 것으로, 법인으로서의 회사는 스스로 권리 · 의무의 주체가 되어 법률행위를 할 수 있고 소송에서 당사자능력을 갖게 된다. 회사는 본점소재지에서 설립등기를 함으로써 성립한다. 따라서 개인사업자가 법인등기를 하지 않은 상태로 사업자등록만 하고 사업을 하는 경우에는 상법상의 회사가 될 수 없으며, 영리를 추구하지 않는 민법상의 사단법인 및 재단법인도 상법상의 회사가 될 수 없다. 상법상 회사의 종류로는 합명회사, 합자회사, 주식회사, 유한회사가 있지만, 우리나라의 일반적인 회사 형태는 주식회사이다.

10.2.1 회사의 종류

(1) 합명회사(合名會社, partnership)

합명회사란 회사의 재산으로써 회사재무를 완전히 변제할 수 없는 경우 회사 채권자에 대하여 직접 · 연대 · 무한의 변제책임을 지는 무한책임사원만으로 구성된 회사를 말한다. 사원은 원칙적으로 업무집행 및 회사대표의 권한을 갖고, 그 지분의 양도에는 전사원의 동의를 필요로 한다. 합명회사는 인적 신뢰관계를 바탕으로 한 소수인의 공동기업에 적합한 회사형태이다.

(2) 합자회사(合資會社, limited partnership)

합자회사란 무한책임사원과 유한책임사원으로 구성된 회사를 말한다. 무한책임사원은 합명회사의 사원과 같고, 유한책임사원은 회사채권자에 대하여 직접 · 연내책임을 지나, 정관으로 정한 출자액의 한도 내에서만 책임을 진다. 유한책임사원은 업무집행권은 없으나 감시권은 있으며, 그 지분의 이전도 무한책임사원의 동의만 있으면 되므로 무한책임사원에 비하여 자유롭다.

(3) 주식회사(株式會社, corporation)

주식회사란 자기가 인수한 주식의 금액을 한도로 회사에 대하여 출자의무를 질 뿐 회사채권자에 대하여는 전혀 책임을 지지 않는 사원, 즉 주주만으로 구성된 회사를 말한다. 주주는 주주총회를 통하여 기본적인 사항의 결정에만 참여하며, 업무집행은 이사회가 한다, 주주의 지위를 나타내는 주식은 양도가 매우 자유롭다. 주식회사는 사원의 개성이 전혀 문제되지 않는 전형적인 자본단체이므로 대기업에 적합한 회사이다. 그럼에도 불구하고 우리나라에서는 1인기업도 주식회사 형태를 선호하고 있다.

(4) 유한회사(有限會社, private company)

유한회사란 균등액의 출자로써 성립하는 자본에 대한 출자의무를 부담할 뿐, 회사채권자에 대하여는 아무런 책임을 지지 아니하는 사원만으로 구성된 회사이다. 유한회사사원의 책임이 간접유한책임이란 점에서는 주주의 책임과 같으나, 회사설립 등 일정한 경우 자본에 대한 전보책임을 지는 점이 다르다. 유한회사는 소규모의 폐쇄적인 회사이므로 그 기관구성이 간소하다. 사원의 수도 원칙적으로 50인을 초과하지 못하며, 지분의 증권화도 인정되지 않고, 지분의 양도에는 사원총회의 특별결의를 필요로 한다. 유한회사는 중소기업에 적합한 회사 형태이다.

자본금 10억원 미만 회사 설립 시 알아두면 좋은 상법

- 상호 제한의 완화
  동일한 시·군 내에서 동일한 회사 상호로는 등기가 불가능하나 비슷한 상호로는 사용이 가능하다.
- 회사공고방법
  관보 또는 일간신문 공고 외에도 전자(인터넷홈페이지) 공고도 가능하다.
- 최저자본금제도 폐지
  과거에는 주식회사 설립 시 최소 5,000만원 이상의 주금을 납부하여야 했으나 이제는 자본금 100원만 있어도 회사 설립이 가능하다(제329조).
- 회사정관, 의사록 공증의 면제(제292조)
  회사 설립 등기 시 정관 및 의사록을 공증받아야 했으나, 상법 및 공증인법 개정에 따라 자본금 10억미만인 주식회사를 발기설립함에 있어서는 정관공증 및 의사록 공증의무가 폐지되었다. 다만, 설립과정에서의 공증의무만 폐지되었으므로 설립 후 등기에 필요한 각종의 의사록은 공증을 받아야 한다.
- 회사 설립 시 잔고증명서로 대체 가능(제318조 제3항)
  과거에는 금융기관이 작성한 주금 납입보관증명서를 제출해야 했으나 자본금 10억원 미만의 회사이면서 발기설립일 때에는 발기인대표가 통장을 새로 개설한 후, 이에 대한 잔액증명서만 발급받으면 회사설립이 가능하다. 주금 인출도 실무상 제한이 없어졌으므로 잔액증명서 발급 다음날 인출이 가능하다.
- 주주명부제도
  전자문서로도 주주명부 작성이 가능하다.
- 주주총회 소집절차 간소화(제363조)
  주주총회 소집통지 및 공고를 기명주주의 경우 과거에는 2주전 서면통지(각 주주의 동의를 받는 경우 전자문서 통지 가능)하여야 했으나 지금은 10일전 서면통지하면 되고 무기명주주의 경우 3주전 서면통지하여야 했으나 지금은 2주전에 서면통지하면 된다. 또한 주주전원의 서면동의로 주주총회 대체가 가능해졌다.
- 이사선임기준 완화
  자본금 10억 이상의 회사는 3인 이상의 이사를 선임해야할 의무가 있으나 자본금 10억 미만인 경우에는 이사가 1인이상이면 회사설립이 가능하다. 또한 이사 2인의 경우 이사회 구성의무가 면제되었다.

- 전자투표로 의결권 행사 가능
  주총 시 의결권 행사는 출석과 서면 또는 대리인의 위임투표만 인정했으나 현재는 전자(인터넷)인증 후 의결권 행사가 가능해졌다.
- 주주제안권, 주총소집청구권(제368조)
  서면으로만 가능했으나 이제는 이메일로도 행사가 가능하다.
- 감사선임의무 면제(제409조)
  회사 설립 시 감사선임이 가능하나 의무는 면제되었다. 이때 감사는 주주총회로 본다(제412조).
- 소수주주 주총소집 청구권
  발행주식의 3/100의 주주는 서면은 물론 이메일로도 임시주주총회 소집청구가 가능하다.
- 의결권의 부(不)통일 행사
  1주주가 2개 이상의 의결권을 가진 때 이를 통일하지 아니하고 의결권을 행사하는 것을 의결권의 부통일 행사라 한다. 이 때 주주는 그 이유를 서면으로 첨부하여야 했으나 이제는 전자문서로도 첨부가 가능하다.
- 이사의 명칭(세분화)
  이사의 명칭이 사내이사, 사외이사, 기타 비상무이사로 명칭이 세분화되었다.

[신구상법비교][21] 이를 도표로 간략히 정리하면 다음과 같다.

항 목	구(舊)상법	2009.2.4.시행 개정상법
상호의 제한	확연히 구별할 수 없는 상호는 등기불가	동일한 회사상호로는 등기불가하 비슷한 상호 사용은 가능
회사공고방법	관보 또는 일간신문 공고	좌동 + 전자(인터넷홈페이지) 공고가능
최저자본금제도	주식회사 설립 시 금5,000만원 이상 주금납부	자본금 100원 이상 회사 설립가능

21) 출처: 중앙 법률사무교육원(http://www.linklaw.co.kr)

항 목	구(舊)상법	2009.2.4.시행 개정상법
회사정관, 의사록 공증의 면제	회사 설립등기 시 공증받은 정관 및 의사록 제출	소규모 회사 공증면제
회사 설립 시 잔고증명서로 대체	주금 납입보관증명서 (금융기관작성) 제출	잔고증명서로 대체가능
주주명부제도		전자문서로 주주명부 작성가능
주주총회 소집 통지 및 공고	기명주주: 2주전 서면통지 무기명주주: 3주전 공고	기명주주: 10일전 서면통지 무기명주주: 2주전 공고 주주전원의 서면동의로 주총대체 가능
이사선임기준	자본금 5억이상: 3인이상이사선임자본금 5억미만: 2인이하가능 이사가 2인 이사의 경우 이사회 구성의무	자본금 10억이상: 3인 이상 자본금 10억미만: 1인이상 가능 이사 2인의 경우 이사회 구성의무 면제
의결권 행사	주총 시 의결권 행사는 출석과 서면 또는 대리인의 위임투표만 인정	전자(인터넷)인증 후 의결권 행사 가능(전자투표인정)
주주제안권, 주총소집청구권	서면으로만 가능	이메일로도 행사가능(상368조)
감사선임의무	회사 설립시 감사선임 및 등기 의무	감사선임의무면제(선임은 가능) 이때 감사는 주총으로 봄
소수주주 주총소집청구권	발행주식의 3/100의 주주는 서면으로 임시주총 소집청구 가능	좌동 + 이메일 소집청구가능
의결권의 부(不)통일 행사	1주주가 2개 이상의 의결권을 가진 때 이를 통일하지 아니하고 행사가능 서면통지(이유 첨부)	좌동 + 전자문서 가능
이사의 명칭	이사	사내이사, 사외이사, 기타 비상무이사 등으로 명칭이 세분화

10.2.2 주식회사 설립 절차

법인기업 중 대표적인 회사형태인 주식회사의 설립절차에 대해서 살펴보기로 한다.

회사의 조직과 활동에 관한 기본규칙인 정관의 작성단계	⇒	주주확정, 자본모집, 회사기관구성 등 회사의 실체를 형성하는 절차	⇒	회사가 법인격을 부여받기 위한 설립등기절차

그림 10.2 주식회사 설립 절차도

(1) 정관의 작성

정관은 형식적으로는 회사의 조직과 활동에 관한 기본규칙을 기재한 서면을 가리키지만 실질적으로는 회사의 조직과 활동에 관한 기본규칙 자체로서 회사의 제규정, 즉 이사회 규칙, 급여 및 인사규정, 회계규정, 생산 및 품질관리규정 등 회사의 모든 규정 중 최상위의 기본규칙이라 할 수 있다.

정관은 그 내용을 분명히 하여 후일 주주 상호간 또는 회사 내부관계자 상호간의 분쟁과 부정행위를 방지하기 위하여 공증인의 인증을 반드시 받아야 하며 공증인의 공증을 받지 않은 정관은 효력이 없도록 상법에 규정하고 있다. 다만, 자본금 총액이 10억원 미만인 회사를 발기설립하는 경우에는 공증 없이도 각 발기인이 정관에 기명날인 또는 서명함으로써 효력이 발생한다(동법 제292조).

이러한 정관에는 상법상 반드시 기재하지 않으면 정관 자체가 무효가 되는 절대적 기재사항이 있으며 이들 사항은 하나라도 누락되면 정관 자체가 무효이므로 세심한 주의를 요한다.

■ 정관의 절대적 기재사항

① 상호

② 사업의 목적

③ 본점 소재지
④ 회사의 공고 방법
⑤ 회사가 발행할 주식의 총수
⑥ 1주의 금액
⑦ 회사 설립 시 발행하는 주식의 총수
⑧ 발기인 성명·주민등록번호 및 주소

(2) 주주확정 및 출자의 이행

발기설립의 경우 발기인 이외에 출자자가 따로 없으므로 발행하는 주식을 서면에 의해 발기인이 전부 인수하고 발행하는 주식의 총수를 인수할 때에는 지체 없이 각 주식에 대하여 그 인수가액 전액을 납입하여야 한다. 현물출자를 하는 발기인은 납입기일 내에 출자의 목적물인 재산을 인도하고 등기·등록 및 기타 권리의 설정 또는 이전이 필요한 경우에는 이에 대한 서류도 함께 교부해야 한다.

모집설립의 경우 출자자로서 발기인 이외에 모집인이 따로 있기 때문에 회사설립 시 발행할 총주식 중 발기인이 일부를 인수하고 별도의 주주를 모집하여 나머지를 인수하도록 한다.

(3) 설립등기

설립등기는 검사인의 설립경과 조사 및 법원의 변경처분에 따른 절차 완료일부터 2주 내에 이사의 공동신청에 의해 본점소재지관할등기소에 해야 한다.

사업목적, 상호, 회사가 발행할 주식의 총수, 1주의 금액, 본점 소재지, 회사의 공고방법, 자본의 총액, 발행주식의 총수 및 그 종류와 각종 주식의 내용과 수, 지점의 소재지, 회사의 존립기간 또는 해산사유를 정한 때에는 그 기간 및 사유, 이사와 감사의 성명·주소, 대표이사 성명, 명의개서 대리인에 관한 사항 등의 등기절차는 등기신청서에 정관과 주식인수를 증명하는 서류, 주식 청약서 등을 첨부하여 전 이사가 공동으로 본점 소재지 관할 등기소에 등기 신청하면 된다. 이런 절차를 밟아 등기신청이 완료되면 회사는 이제 법적으로 완전한 법인격을 취득하게 되는 것이다.

설립등기를 마치면 법인설립 신고를 하여야 한다. 설립등기한 날부터 2개월 이내에 본점 소재지 관할 세무서에 비치된 양식에 의해 법인설립신고서. 사업자등록신청서 등 소정의 서류를 첨부하여 신청하면 된다.

정관 작성 연습[22)]

정 관

제 1 장 총칙

제1조(상호) 당 회사는 '주식회사 ...(회사명)' 또는 '...(회사명) 주식회사' 라고 부른다.
제2조(목적) 당 회사는 다음 사업을 목적으로 한다.

1)
2)
3)
4)
5) 위 각 호에 관련된 부대사업 일체

제3조(본점과 지점) 당 회사는 본점을 (...특별시・광역시・시・군) 내에 둔다. 필요에 따라 국내 및 해외에 지점 또는 출장소 및 영업소를 둘 수 있다.
제4조(공고방법) 당 회사의 공고는 (...시・도) 내에서 발행하는 일간 (..신문)에 게재한다.

제 2 장 주식(株式)과 주권(株劵)

제5조(회사가 발행할 주식의 총수 및 각종 주식의 내용과 수) 당 회사가 발행할 주식의 총수는 주로서 보통주식으로 한다.
제6조(1주의 금액) 당 회사가 발행하는 주식 1주의 금액은 금 원으로 한다.
제7조(회사 설립시 발행하는 주식의 총수) 당 회사는 설립시에 주의 주식을 발행하기로 한다.
제8조(주권의 종류) 당 회사의 주식은 전부 기명식으로서 주권은 1주권, 10주권, 100주권의 3종류로 한다.
제9조(주권불소지) 당 회사는 주권불소지 제도를 채택하지 아니한다.
제10조(주금납입의 지체) 회사설립시의 주식인수인이 주금납입을 지체한 때에는 납입기일 다음 날부터 납입이 끝날 때까지 지체주금(遲滯株金) 1000원에 대하여 1원의 비율로서 과태금 (過怠金)을 회사에 지급하고 또 이로 인하여 손해가 생겼을 때는 그 손해를 배상하여야 한다.
제11조(주식의 명의개서) ① 당 회사의 주식에 관하여 명의개서를 청구함에 있어서는 당 회사 소

22) 본 성관양식은 주식회사 정관에 기재하여야 할 가장 기본적인 내용을 예시한 것이므로, 실제 정관 작성 시에 다른 상대적・임의적 사항들을 기재할 수 있다.

정의 청구서에 기명날인하고 이에 주권을 첨부하여 제출하여야 한다.

② 양도 이외의 사유로 인하여 주식을 취득한 경우에는 그 사유를 증명하는 서면도 함께 제출하여야 한다.

제12조(질권의 등록 및 신탁 재산의 표시) 당 회사의 주식에 관하여 질권의 등록 또는 신탁재산의 표시를 청구함에 있어서는 당 회사 소정의 청구서에 당사자가 기명날인하고 이에 확정된 제권판결의 정본 또는 주권을 첨부하여 제출하여야 한다. 그 등록 또는 표시의 말소를 청구함에 있어서도 같다.

제13조(주권의 재발행) ① 주식의 분할・병합, 주권의 오손 등의 사유로 주권의 재발행을 청구함에 있어서는 당 회사 소정의 청구서에 기명날인하고 이에 주권을 첨부하여 제출하여야 한다.

② 주권의 상실로 인하여 그 재발행을 청구함에 있어서는 당 회사 소정의 청구서에 기명날인하고 이에 확정된 제권판결의 정본 또는 등본을 첨부하여 제출하여야 한다.

제14조(수수료) 제11조 내지 제13조의 청구를 하는 자는 당 회사가 정한 수수료를 납부하여야 한다.

제15조(주주명부의 폐쇄 및 기준일) ① 당 회사에서는 매년 1월 1일 부터 정기 주주총회의 종결일자까지 주주명부 기재의 변경을 정지한다.

② 제1항의 경우 이외에 주주 또는 질권자로서 권리를 행사할 자를 확정하기 위하여 필요한 때에는 이사회의 결의에 의하여 일정한 기간 동안 주주명부 기재의 변경을 정지하거나 또는 기준일을 정할 수 있다. 이 경우에는 그 기간 또는 기준일의 2주간 전에 공고하는 것으로 한다.

제16조(주주 등의 주소, 성명 및 인감의 신고) 주주, 등록질권자 또는 그 법정대리인이나 대표자는 당 회사 소정의 서식에 의하여 성명, 주소 및 인감을 당 회사에 신고하여야 한다. 신고사항에 변경이 있을 때에도 또한 같다.

제 3 장 주주총회(株主總會)

제17조(소집) 당 회사의 정기 주주총회는 영업연도 말일의 다음날부터 3월 이내에 소집하고 임시 주주총회는 필요한 경우 수시 소집한다.

제18조(의장) 대표이사가 주주총회의 의장이 된다. 대표이사가 유고일 때에는 이사회에서 선임한 다른 이사가 의장이 된다.

제19조(결의) 주주총회의 결의는 법령 또는 정관에 다른 규정이 있는 경우를 제외하고는 발행주식 총수의 과반수에 해당하는 주식을 가진 주주의 출석으로, 그 출석 주주의 의결권의 과반수에 의한다.

제20조(의결권의 대리행사 및 총회의 의사록) ① 주주는 대리인으로 하여금 그 의결권을 행사하게

할 수 있다.

② 총회는 의사록을 작성하여야 하며, 의사록에는 의사의 경과요령과 그 결과를 기재하고 의장과 출석한 이사가 기명날인하여야 한다.

제 4 장 임원과 이사회

제21조(이사와 감사의 수) 당 회사의 이사는 1인 이상, 감사는 1인 이상으로 한다.

제22조(이사의 선임) ① 당 회사의 이사는 발행주식 총수의 과반수에 해당하는 주식을 가진 주주가 출석하여 그 의결권의 과반수로 선임한다.

② 2인 이상의 이사를 선임하는 경우에도 상법 제382조의2에 규정된 집중 투표제를 적용하지 아니한다.

제23조(감사의 선임) 당 회사의 감사는 제22조의 규정에 의한 결의 방법에 의하여 선임한다. 그러나 이 경우 의결권 없는 주식을 제외한 발행주식 총수의 100분의 3을 초과하는 주식을 가진 주주는 그 초과하는 주식에 관하여는 의결권을 행사하지 못한다.

제24조(이사 및 감사의 임기) ① 이사의 임기는 취임 후 3년으로 한다. 다만, 임기 중의 최종의 결산기에 관한 정기주주총회의 종결시까지 연장할 수 있다.

② 감사의 임기는 취임 후 3년 내의 최종의 결산기에 관한 정기주주총회의 종결시까지로 한다.

제25조(회사대표) 당 회사의 대표행위는 이사회의 결의로 선임한 대표이사가 행한다.

제26조(대표이사) ① 당회사는 대표이사 1명을 두고 이사회의 결의로 그를 보좌할 전무이사 및 상무이사 약간명을 둘 수 있다.

② 필요에 따라 수인의 대표이사 또는 공동대표이사를 둘 수 있다.

③ 대표이사, 전무이사 및 상무이사는 이사회의 결의로 이사 중에서 선임한다.

제27조(업무진행) ① 대표이사 사장은 당 회사의 업무를 총괄하고 전무이사와 상무이사는 사장을 보좌하고 이사회에서 정하는 바에 따라 당 회사의 업무를 분담 집행한다.

② 대표이사 사장의 유고 시에는 미리 이사회에서 정한 순서에 따라 전무이사 또는 상무이사가 사장의 직무를 대행한다.

제28조(임원의 보선) 이사 또는 감사가 결원 되었을 때는 임시주주총회를 소집하여 보선한다. 다만, 법정 수를 결하지 아니한 경우에는 그러하지 않을 수 있다. 보선 및 증원으로 인하여 선임된 이사나 감사의 임기는 취임한 날로부터 기산한다.

제29조(이사회의 소집) 이사회는 대표이사 또는 이사회에서 따로 정한 이사가 있을 때에는 그 이사가 회의 개최 7일전에 각 이사 및 감사에게 통지하여 소집한다. 그러나 이사 및 감사 전원의 동의가 있는 때에는 소집절차를 생략할 수 있다.

제30조(이사회의 결의) 이사회의 결의는 이사 과반수의 출석과 출석이사의 과반수로 한다.

제31조(감사의 직무) 감사는 당 회사의 회계와 업무를 감사한다. 감사는 이사회에 출석하여 의견을 진술할 수 있다.

제32조(보수와 퇴직금) 임원의 보수 또는 퇴직금은 주주총회의 결의로 정한다.

제 5 장 계산(計算)

제33조(영업연도) 당 회사의 영업연도는 매년 1월 1일부터 당해 연도 12월 31일까지로 한다.

제34조(재무제표, 영업보고서의 작성・비치) ① 당 회사의 사장은 정기총회 개최 6주간 전에 다음 서류 및 그 부속명세서와 영업보고서를 작성하여 이사회의 승인과 감사의 감사를 받아 정기총회에 제출하여야 한다.

1) 대차대조표
2) 손익계산서
3) 이익금 처분계산서 또는 결손금 처리계산서

② 제1항의 서류는 감사보고서와 함께 정기총회 개최 1주일 전부터 당 회사의 본점과 지점에 비치하여야 하고, 총회의 승인을 얻었을 때에는 그 중 대차대조표를 지체없이 공고하여야 한다.

제35조(이익금의 처분) 매기 총 수입금에서 총 지출금을 공제한 잔액을 이익금으로 하여 이를 다음과 같이 처분한다.

1) 이익준비금(매결산기의 금전에 의한 이익배당금액의 10분의 1이상)
2) 별도적립금 약간
3) 주주배당금 약간
4) 임원상여금 약간
5) 후기 이월금 약간

제36조(이익배당) 이익배당금은 매 결산기 말일 현재의 주주명부에 기재된 주주 또는 등록질권자에게 지급된다.

부 칙

제37조(최초의 영업연도) 당 회사의 최초 영업연도는 회사의 설립일로부터 당해 연도 12월 31일까지로 한다.

제38조(준용규정 및 내부규정) ① 이 정관에 규정되지 않은 사항은 주주총회결의 및 상사에 관한

법규, 기타 법령에 의한다.
② 당 회사는 필요에 따라 이사회 결의로 업무수행 및 경영상 필요한 세칙 등 내규를 정할 수 있다.

제39조(발기인의 성명과 주소) 당 회사의 설립 발기인의 성명, 주민등록번호와 주소는 이 정관 말미에 기재한다.

제40조(시행일자) 이 정관은 년 월 일부터 시행한다.

위와 같이 주식회사...(회사명)을 설립하기 위하여 이 정관을 작성하고 발기인 전원이 이에 기명날인하다.

년 월 일

주식회사... (회사명)

(주소)

발 기 인 : 성명(주민등록번호)

(주소)

발 기 인 : 성명(주민등록번호)

(주소)

법인설립 절차 및 필요 서식 목록[23)]

절 차		필요서식목록			비고
		서식종류	10미만 발기설립	수량	
1. 법인 설립 준비	① 발기인구성				1인 이상의 발기인 구성 발기인은 1주 이상의 주식인수 및 정관에 서명 또는 기명날인
	② 상호검색 및 결정				대법원인터넷등기소(www.iros.go.kr)에서 검색 가능
	③ 정관작성 및 인증	정관	○	3부	절대적 기재사항과 상대적, 임의적 기재사항을 담은 기본규칙
		발기인의 인감증명서 및 주민등록등본	○	발기인 전원 각 1부	발기인 전원이 정관에 기명날인 또는 서명
		위임장(인증)		1부	원시정관은 공증인의 인증을 받아야 효력 발생 단, 자본금 10억 미만의 경우 발기인의 기명날인 또는 서명으로도 효력발생
	④ 주식발행사항결정 및 발기인 주식(총수) 인수	주식발행사항 동의서	○		
		발기인주식인수증	○		
	⑤ 주식배정과 인수	주식인수증			
		주주명부	○		
	⑥ 주금납입 및 보관증명서 발급	주금납입보관증명 발급의뢰서		1부	발기설립의 경우 잔고증명서 대체
		인증된 정관 사본		1부	
		발기인의사록		1부	
		발기인주식인수증		각1부	
		주주명부 및 주식배정표		1부	

23) 출처: http://startbiz.go.kr

절 차		필요서식목록			비고
		서식종류	10미만 발기설립	수량	
2. 창립 총회/ 임원 선임	⑦ 창립총회 또는 발기인총회 개최	검사인의보고서 (변태설립시)	○	1부	발기설립의 경우 발기인회의로 대체 됨
		발기인 창립사항보고서		1부	
	⑧ 이사회 (임원선임)	취임승락서	○	임원 전원 각1부	자본금 5억 미만의 1인 이사인 경우 이사회를 개최하지 않음
	⑨ 이사감사의 조사보고	조사보고서	○	1부	이사 감사가 발기인의 경우 공증인의 조사보고서
3. 인증	⑩ 법인인감도장마련				
	⑪ 총회 및 이사회 의사록 인증	창립(발기인)총회의사록		3부	창립총회의사록의 경우 주주의 과반수 이상 인감증명서 첨부 이사회의사록의 경우 이사 과반수 이상 인감증명서 첨부 자본금 10억 미만의 발기설립의 경우 의사록 인증절차 생략
		이사회의사록		3부	
		발기인(주주)의 인감증명서		각1부	
		조사보고서		3부	
		창립사항보고서		1부	
		진술서		1부	
		주주명부(인증)		1부	
		위임장(인증)		1부	
4. 등기	⑫ 법인등록세 납부	등록세신고서	○		10억 미만 발기설립의 경우 은행 잔고증명서와 발기인 서명이 있는 정관으로 대체
		공증받은 정관사본 또는 주금납입보관증명서	○	1부	
		지방세감면신청서 또는 비과세확인서 (행당시)	○	1부	

절 차		필요서식목록			비고
		서식종류	10미만 발기설립	수량	
4. 등기	⑬ 법인등기 신청	설립등기신청서	○	1부	[필요시 추가서류] ▷ 검사인조사보고서 ▷ 공증인의 변태설립사항보고서 ▷ 감정인 감정서 ▷ 재판서등본 ▷ 재산인도증 ▷ 벤처기업확인서 ▷ 소기업확인서
		정관	○	1부	
		창립총회기간단축 동의서		1부	
		창립총회의사록	○	1부	
		창립사항보고서	○	1부	
		이사·감사 또는 감사위원회 조사 보고서	○	1부	
		이사회(발기인) 의사록	○	1부	
		주금납입보관증명서 (잔고증명서)	○ 잔고증명	1부	
		주식인수증	○	각1부	
		주식발행사항 동의서	○	1부	
		취임승락서	○	각1부	
		인감증명서 및 주민등록등본(이사, 대표이사, 감사)	○	각1부	
		법인인감신고서	○	1부	
		등록세 및 교육세 영수필확인서 및 통지서	○	1부	
		위임장	○	1부	
	⑭ 등기로 법인격 취득	법인인감카드발급 신청서	○	1부	

<table>
<tr><th colspan="2" rowspan="2">절 차</th><th colspan="3">필요서식목록</th><th rowspan="2">비고</th></tr>
<tr><th>서식종류</th><th>10미만
발기설립</th><th>수량</th></tr>
<tr><td rowspan="9">5. 사업자등록</td><td rowspan="7">⑮ 사업자 등록증발급</td><td>법인설립신고 및 사업자등록신청서</td><td>○</td><td>1부</td><td rowspan="7"></td></tr>
<tr><td>법인등기부등본</td><td>○</td><td>1부</td></tr>
<tr><td>정관</td><td>○</td><td>1부</td></tr>
<tr><td>임대차계약서사본(임대건물인 경우 해당부분 도면)</td><td>○</td><td>1부</td></tr>
<tr><td>주주명세서</td><td>○</td><td>1부</td></tr>
<tr><td>사업허가증(해당시)</td><td>○</td><td>1부</td></tr>
<tr><td>지점등기부등본(해당시)</td><td>○</td><td></td></tr>
<tr><td>⑯ 법인통장 개설 및 4대사회보험신고</td><td>가입자자격취득신고서</td><td>○</td><td>1부</td><td></td></tr>
<tr><td>⑰ 노동사무소 신고</td><td>취업규칙서</td><td>○</td><td></td><td>근로자 10인이상 사업장 해당</td></tr>
</table>

10.2.3 온라인 재택 창업

재택창업시스템이란 회사설립을 위해 30개 이상의 구비서류를 작성하여 7개 기관을 방문해 처리하던 회사설립 업무를 온라인(http://startbiz.go.kr)으로 쉽고 빠르게 처리할 수 있는 회사설립 시스템을 말한다. 재택창업 시스템은 2010년 1월 자본금 10억 미만의 주식회사 발기설립 서비스로 시작되었다. 재택창업시스템으로 인해 하나하나 수작업으로 작성하던 신청서와 제출서류를 온라인으로 자동 생성하게 된다. 또한 상업등기소, 세무서, 공증사무소, 4대보험공단 등 다수의 기관을 방문하여 신청하였넌 민원처리를 온라인으로 한번에 신청· 처리할 수 있다. 이렇게 창업 절차가 간편해져 변호사나 법무사의 도움 없이도 인터넷으로 직접 회사 설립하는 것이 가능하다.

그림 10.3 온라인 원스톱 재택창업시스템(http://startbiz.go.kr)

■ 사전 준비사항

- 개인공인인증서 : 구성원 전부(대표이사, 사내이사, 감사, 발기인 등)
- 법인인감인영 : 법원 등기 신청 시 등록할 법인인감인영(깨끗한 A4 용지에 날인)
- 사업장 임대차계약서 : 사업장을 타인 또는 타기업으로부터 임대하는 경우
- 법인등록세 감면신청 서류 : 벤처기업확인서, 벤처기업 직접시설 또는 산업기술 단지에 입주를 증명하는 서류 등
- 스캐너 : 임대차계약서, 법인인감인영, 감면신청서류 등을 스캔

발기설립을 중심으로 주식회사 설립 가상 체험

(1) 우선 법인설립 기본정보를 등록한다.

- 회사명[24]/형태입력
- 공고방법/발행지역 입력
- 회사주소/전화번호 입력
- 구성원 정보 입력
- 사업의 목적 입력
- 사업개시일/ 결산기준일 선택
- 납입증명서식/ 주금납입기일 선택
- 납입은행선택
- 업종정보입력
- 서식작성/신청완료

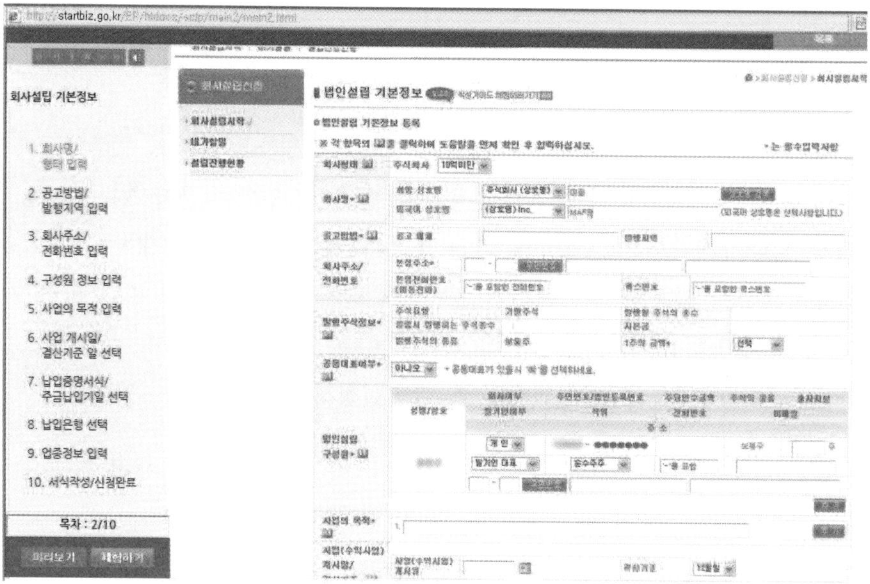

그림 10.4 법인설립 기본정보 입력

24) 상호검색은 www.iros.go.kr에서 할 수 있다.

회사설립 기본정보를 입력하고 저장 버튼을 누른 후 법인설립 등기 신청 관련 구비 서식, 회사설립 신청서 및 사업자 등록신청 관련 구비 서식을 차례로 작성한다.

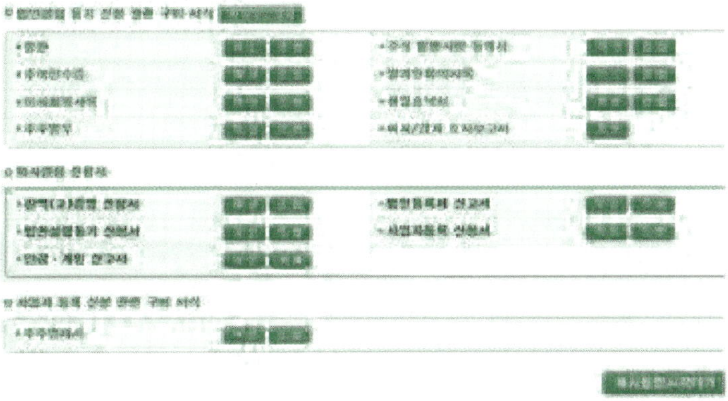

그림 10.5 법인설립 등기 신청 관련 구비 서식 등 입력 화면

[법인설립 등기 신청 관련 구비 서식]

- 정관
- 공고방법/발행지역 입력
- 이사회 의사록
- 주주명부
- 주식발행사항동의서
- 발기인회의사록
- 취임승낙서
- 이사/감사 조사보고서

[회사설립 신청서 관련 구비 서식]

- 잔액(고)증명신청서
- 법인설립등기신청서
- 인감·개인신고서
- 법인등록세신고서

- 사업자등록신청서

[사업자 등록신청 관련 구비 서식]

- 주주명세서
  법인 설립 기본 정보 입력을 마친 후 주금, 법인등록세, 법인설립등기, 사업자등록, 4대 보험신고를 끝내면 회사설립이 완료된다.

그림 10.6 내가 할 일

11장

고용과 4대사회보험

1인기업 창업 시 창업 초기에는 직원 없이 대표 혼자 모든 업무를 처리하고 부분적으로 외주 시스템을 활용하다가 사세가 확장되면 직원을 한 명씩 고용해야 할 필요성을 느끼게 된다. 그러나 직원 한 명의 고용으로 인해 상당한 비용이 증가하게 된다. 월 급여는 물론 사무 공간, 컴퓨터를 포함한 사무집기, 4대사회보험 등의 제반 비용이 증가하기 때문이다. 또한 일단 직원을 고용하면 정당한 사유 없이 해고도 어렵다. 통상 회사 경영층으로 인식되는 이사급 임원도 대표이사의 지휘·감독 아래 일을 하고 보수를 받으면 근로자로 봐야 한다는 법원 판결[25]에 따라 일반 직원들에 비해 비교적 쉬웠던 이사급 임원의 해고도 어렵게 되었다. 따라서 직원을 고용하는 경우 신중의 신중을 기해야 할 것이다.

특별히 이 장에서는 창업 후 직원 고용 시 알아야 할 4대사회보험에 대해 기술하고자 한다.

현대사회는 환경오염, 산업재해, 실직 등 스스로의 힘만으로는 해결할 수 없는 각종 사회적 위험에 노출되어 있다. 이에 따라 각종 사회적 위험으로부터 모든 국민을 보호하고 빈곤을 해소하며 국민생활의 질을 향상시키기 위해 제도적 장치를 국가적으로 마련하였는데 이것이 바로 사회보장제도이다. 이 중 사회보험이라 함은 국민에게 발생하는 사회적 위험을 보험방식에 의하여 대처함으로써 국민건강과 소득을 보장하는 제도를 의미한다(사회보장기본법 제3조 제2호). 즉 사회보험은 국민을 대상으로 질병·사망·노령·실업 기타 신체장애 등으로 인하여 활동 능력의 상실과 소득의 감소가 발생하였을 때에 보험방식에

25) 대법원 2009.6.20. 선고 2009두1440판결 참조

의하여 그것을 보장하는 제도라고 할 수 있다.

이러한 취지에 따라 법인을 설립한 신규 사업장[26]은 고용보험, 국민연금, 건강보험 및 산재보험 등 4대사회보험 가입을 위한 사업장 성립 신고를 의무적으로 하여야 한다. 또한 대표자를 포함하여 각 직원에 대한 자격취득신고서를 함께 제출해야 한다. 개인사업자나 법인대표이사의 경우 국민연금과 국민건강보험은 가입해야 하나 고용보험과 산재보험에서는 제외된다.

11.1 고용보험

고용보험은 실직자에 대한 생계지원은 물론 재취업을 촉진하고 더 나아가 실업의 예방 및 고용안정, 노동시장의 구조개편, 직업개발능력개발사업 등의 노동시장 정책을 적극적으로 연계하여 통합적으로 실시하는 사회보장보험이다. 정부는 80년대 초 높은 실업률로 인하여 실업보험제도의 필요성이 제기되자 제7차 경제사회발전계획(1992-1996) 후반기 중 고용보험제도를 도입하기로 결정하였다. 이에 따라 1993년 12월에 고용보험법이 제정되어 1995년 7월에 고용보험이 최초로 시행되었다.

11.1.1 고용보험적용

고용보험은 1998년 10월부터 1인 이상의 근로자를 고용한 전 사업장에 적용되도록 확대되었다. 2002년 12월에는 일용근로자도 고용보험이 적용될 수 있도록 고용보험법이 개정되었다. 이에 1인 이상의 근로자가 있는 사업주는 의무적으로 고용보험에 가입하여야 한다.

여기서 근로기준법상의 "근로자"란 직업의 종류와 관계없이 임금을 목적으로 사업이나 사업장에서 근로를 제공하는 자를 말한다(근로기준법 제2조 제1항 제1호). 따라서 근로기준법상의 근로자에 해당하는지 여부는 계약의 형식과는 관계없이 실질에 있어서 근로자가 임금을 목적으로 종속적인 관계에서 사용자에게 근로를 제공하였는지 여부에 따라 판단하

26) "사업"이란 하나의 업(業)을 반복하여 계속할 의사를 가지고 지속적으로 행하는 행위를 의미하며, "사업장"이란 사업이 행하여지고 있는 인적·물적 시설이 존재하는 장소적 범위를 의미한다.

여야 한다.

어떠한 자가 근로자에 해당하느냐 하는 문제는 구체적인 근로실태에 따라 그 여부를 판단하여야 하는데 그 판단 기준은 다음과 같다.

■ **근로자 판단 기준**

- 업무의 내용이 사용자에 의하여 정하여지고 취업규칙 또는 복무(인사)규정 등의 적용을 받으며 업무수행과정 에 있어서도 사용자로부터 구체적이고 직접적인 지휘·감독을 받는지 여부
- 사용자에 의하여 근무 시간과 근무 장소가 지정되고 이에 구속을 받는지 여부
- 근로자 스스로가 제3자를 고용하여 업무를 대행케 하는 등 업무의 대체성 유무
- 비품, 원자재나 작업도구 등의 소유관계
- 보수가 근로자체의 대상적 성격을 가지고 있는지 여부와 기본급이나 고정급이 정하여져 있는지 여부 등 보수에 관한 사항
- 근로제공 관계에 계속성과 사용자에의 전속성 유무와 정도
- 사회보장제도에 관한 법령 등 다른 법령에 의하여 근로자로서의 지위를 인정받는 지 여부 등 양 당사자의 경제·사회적 조건 등을 종합적으로 고려하여 판단

■ **고용보험 적용 제외 대상 근로자(동법 제10조, 동시행령 제3조 참조)〉**

- 65세 이상인 자
- 1월간 소정 근로시간이 60시간 미만인 근로자(1주가 15시간 미만인 자 포함), 다만 생업을 목적으로 근로를 제공하는 자 중 3개월 이상 계속하여 근로를 제공하는 자와 1개월 미만 동안 고용되는 일용근로자는 적용대상임
- 공무원(별정직 및 계약직 공무원은 임의 가입 가능), 다만 임용된 날부터 3개월 이내에 신청해야 함

  ※ 임의가입사업: 고용보험법의 의무적용을 받지 아니하는 사업으로서 고용보험가입 여부가 사업주의 자유의사에 일임되어 있는 사업
- 사립학교교직원 연금법 적용자
- 별정우체국 직원 등

위 기준에 따라 고용보험 적용 대상 근로자를 1인 이상 고용한 사업장의 사업주는 그 보험관계가 성립한 날부터 14일 이내에 근로복지공단에 보험관계의 성립을 신고하여야 한다. 다만, 사업의 규모 및 산업별 특성을 고려하여 사업장 및 피보험자 관리가 매우 어렵다고 판단되는 일부 사업에 대하여는 적용을 제외하고 있다.

■ **고용보험 적용 제외 대상 사업장**27)

- 농업 · 임업 · 어업 또는 수렵업 중 법인이 아닌 자가 상시 4명 이하의 근로자를 사용하는 사업
- 총공사금액이 매년 2천만원 미만인 건설 공사
- 연면적 100제곱미터 이하인 건축물의 건축 또는 연면적이 200제곱미터 이하인 건축물의 대수선에 관한 공사
- 가사서비스업

11.1.2 고용보험료

근로자를 고용하고 있는 사업장은 매월 고용보험료를 납부해야 한다. 다만, 건설업 및 벌목업의 경우는 매년 자진 신고하여 납부한다.

■ **고용보험료 부과기준**

보험료(부담금)의 산정기초가 되는 기준은 소득세 과세대상 보수총액이다. 사업장은 사업장의 근로자 개인별 월평균 보수의 전체 합계액에 보험료율을 곱해 산정된 고용보험료를 매월 납부해야 한다. 근로자별 월평균보수는 전년도 기준 각 근로자에게 지급한 보수총액을 그 근로자의 전년도 근무 개월 수로 나누어 산정하여 보수총액신고서에 신고한 금액을 말한다.

$$월별\ 고용보험료 = 근로자별\ 월평균보수의\ 전체\ 합계액 \times 보험료율$$

27) 고용보험법 제8조, 고용보험법 시행령 제2조 참조

■ 고용보험료율

고용보험료율은 보험수지의 동향과 경제상황 등을 고려하여 1000분의 30의 범위에서 고용안정 · 직업능력개발사업의 보험료율 및 실업급여의 보험료율로 구분하여 대통령령으로 정하고 있다(고용보험 및 산업재해보상보험의 보험료징수 등에 관한 법률 제14조 제1항). 고용보험료율을 결정하거나 변경하려면 고용보험위원회의 심의를 거쳐야 한다(동법 동조 제2항). 현재 적용되는 고용보험료율은 다음과 같다(동법률 시행령 제12조).

표 11.1 고용보험료율

구분		근로자	사업주
실업급여		0.45%	0.45%
고용안정사업 및 직업능력개발사업	150인 미만기업	-	0.25%
	150인 이상기업 (우선지원대상기업[28])	-	0.45%
	150인 이상 ~ 1000인 미만 기업(우선지원 대상기업 제외)	-	0.65%
	1000인 이상 기업 및 국가, 지방자치단체가 직접 행하는 사업	-	0.85%

11.2 국민연금

11.2.1 국민연금제도의 취지

국민연금은 국가가 보험의 원리를 도입하여 만든 사회보험의 일종으로 가입자, 사용자 및 국가로부터 일정액의 보험료를 받고 이를 재원으로 노령으로 인한 근로소득 상실을 보전하기 위한 노령연금, 주소득자의 사망에 따른 소득상실을 보전하기 위한 유족연금, 질병

28) "우선지원대상기업"이란 광업 300인 이하, 제조업 500인 이하, 건설업 300인 이하, 운수 및 통신업 300인 이하 등 보험징수법 시행령 제12조에 명시된 기업을 말한다.

또는 사고로 인한 장기근로능력 상실에 따른 소득상실을 보전하기 위한 장애연금 등을 지급함으로써 국민의 생활안정과 복지증진을 도모하는 사회보장제도의 하나이다. 현재 우리나라는 생활수준의 향상과 의료기술의 발달로 평균수명이 늘어나고 출산율 감소로 인해 매우 빠른 속도로 노령화가 진행되고 있다. 통계청 조사에 따르면 경제적인 어려움이 노인들에게 가장 해결하기 어려운 문제로 나타나고 있으나 가족구조, 부양의식 변화 등으로 인해 사적부양의 역할은 축소되고 있다. 따라서 젊고 소득활동 능력이 있을 때 체계적으로 자신의 노후를 준비해야 하며 이러한 맥락에서 대표적인 공적부양제도인 국민연금이 더욱 중요한 역할을 담당할 것으로 보인다.

11.2.2 국민연금 가입대상

국민연금은 "나" 혼자서 대비하기 어려운 생활의 위험을 모든 국민이 연대하여 공동으로 대처하는 "우리"를 위한 제도로 모든 국민이 가입대상이다. 종전에는 근로자 5인 이상인 사업장을 의무적으로 가입하도록 하였으나 2003년 7월 1일부터는 근로자 1인 이상인 법인 및 전문직종 사업장도 의무적으로 가입하게 되었다. 따라서 1인 이상의 근로자를 사용하는 사업장은 모두 당연적용사업장으로서 사업장의 사용자와 근로자(법인의 이사와 임원도 포함)는 당연히 국민연금에 가입하여야 한다(국민연금법 제3조, 제8조 참조).

11.2.3 국민연금보험료

국민연금보험료는 가입자 자격취득시의 신고 또는 정기결정에 의하여 결정되는 기준소득월액에 보험료율을 곱하여 산정한다.

연금보험료 = 가입자의 기준소득월액 × 연금보험료율

여기서 "기준소득월액"이란 국민연금의 보험료 및 급여 산정을 위하여 가입자가 신고한 소득월액에서 천원미만을 절사한 금액을 말하며, 최저 23만원에서 최고금액은 368만원까지의 범위로 결정하게 된다. 따라서 신고한 소득월액이 23만원보다 적으면 23만원을 기준소득월액으로 하고 368만원보다 많으면 368만원을 기준소득월액으로 한다. 기준소득월액은 1년에 한번 산정하므로 실제 보수와는 맞지 않을 수 있다.

사업장가입자의 기준소득월액 결정 방법은 다음과 같다.

- 자격취득 및 납부재개 시의 기준소득월액 : 당해 종사하는 업무에서 얻는 소득으로서 사용자가 공단에 신고한 소득으로 결정
- 가입기간 중의 기준소득월액 : 전년도 중 당해 사업장에서 얻은 소득총액을 근무일수로 나눈 금액의 30배에 해당하는 금액으로 결정하되 전년도의 소득을 당해년도 7월부터 다음년도 6월까지 적용

사업장가입자의 보험료율은 소득의 9%에 해당하는 금액으로서 본인과 사업장의 사용자가 각각 절반, 즉 4.5%씩 부담하여 매월 사용자가 납부하여야 한다. 예를 들어 기준소득월액이 1,060,000원인 봉급자의 경우 매월 95,400원을 연금보험료로 납부해야 하는데 그 중 47,700원은 본인이, 47,700원은 사용자가 부담하게 된다. 사업장가입자의 연금보험료는 가입자가 개별적으로 납부할 수 없고, 사용자에 의하여 일괄적으로 납부한다.

11.2.4 보험료 납부기한

사업장 사용자는 사업장가입자가 사업장에 입사하거나 퇴직한 경우, 가입자의 성명 등이 변경되거나 신고내용에 오류가 있는 경우, 휴직 등의 사유로 보험료를 납부할 수 없는 경우에는 그 사유가 발생한 날이 속하는 달의 다음 달 15일까지 이를 국민연금공단에 신고하여야 한다. 연금보험료의 납부기한은 해당 월의 다음 달 10일이며, 10일이 토・일요일, 공휴일인 경우 그 다음 영업일까지 납부하면 된다. 납부기한은 법정기한이므로 기한 내 연금보험료를 납부하지 아니한 때에는 연체금이 가산된다. 연금보험료는 취득일이 속한 달부터 상실일의 전날이 속한 달까지 납부해야 한다. 다만, 같은 달에 취득일과 상실일이 속한 경우 최초상실일이 속한 사업장에서 납부한다.

11.3 국민건강보험

11.3.1 국민건강보험제도의 취지

국민건강보험제도는 국민의 질병, 부상에 대한 예방, 진단, 치료, 재활과 출산, 사망 및 건강증진에 대하여 보험급여를 실시함으로써 국민보건 향상 및 사회보장증진에 기여함을 목적으로 한다.

11.3.2 건강보험 적용대상

상시 1인 이상의 근로자를 사용하는 사업장에 고용된 근로자와 그 사용자, 공무원 및 교직원으로 임용 또는 채용된 자 모두 건강보험 적용대상이다. 신고의무자는 사용자이며 공단 관할 지사에 자격취득일로부터 14일 이내에 신고하여야 한다. 단, 직장가입자의 자격취득신고 또는 변동신고를 한 후에 별도로 피부양자자격취득신고를 한 경우에는 30일 이내에 신고하여야 한다.

11.3.3 건강보험료 계산원칙

보험료는 다음과 같은 방식으로 산정된다.

보험료 = 표준보수월액 × 보험료율

직장가입자가 당해 사업장에서 당해연도에 받은 보수 총액을 근무월수로 나눈 금액이 보수월액이며, 연평균 보수월액을 계산이 용이하게 일정범위로 등급을 구분하여 각 등급을 대표하는 금액을 "표준보수월액"이라 한다.

보험료 산정에 포함되는 보수라 함은 근로의 제공으로 인하여 받은 봉급・급료・보수・상여・세비・임금・수당과 이와 유사한 성질의 금품을 말하며, 퇴직금, 현상금・번역료 및 원고료, 소득세법에 의한 비과세 근로소득 등에 해당하는 금품은 보험료 산정 보수에서 제외한다. 사용자(공무원 및 교직원은 기관장)는 매년 2월말까지 전년도 직장가입자에게 지급한 보수의 총액을 공단에 신고하여야 한다.

2011년 1월 현재 보험료율은 5.64%(사용자 2.82%, 가입자 2.82% 부담)이다.

11.3.4 직장보험료 납부

사용자는 매월 지급되는 보수에서 가입자가 부담하여야 할 보험료(부담율 50%)에 해당하는 금액을 원천 공제하여 사용자부담금(부담율 50%)과 함께 익월 10일 까지 지정된 금융기관에 납부하여야 한다.

11.4 산재보험

11.4.1 산재보험제도의 취지

산업재해란 업무상의 사유에 따른 근로자의 부상, 질병, 장해 또는 사망을 의미한다. 산업재해로부터 근로자를 보호하기 위해서는 산업재해 자체를 예방하는 것이 가장 바람직한 것이나 이미 발생한 산업재해로 인하여 부상 또는 사망한 경우 그 피재근로자나 가족을 보호 내지 보상해 주기 위해 산재보험이 필요하다. 우리나라는 공업화가 진전되면서 급격히 증가하는 산업재해 근로자를 보호하기 위하여 1964년에 산재보험제도를 도입하였다. 산재보험은 산재근로자와 그 가족의 생활을 보장하기 위하여 국가가 책임을 지는 의무보험으로 원래 사용자의 근로기준법상 재해보상책임을 보장하기 위하여 국가가 사업주로부터 소정의 보험료를 징수하여 그 기금(재원)으로 사업주를 대신하여 산재근로자에게 보상해준다.

11.4.2 산재보험 적용대상

근로자를 1인 이상 사용하는 모든 사업 또는 사업장은 사업 개시와 함께 자동적으로 산재보험에 가입된다. 여기서 산업재해가 발생한 경우 산재보험에 의한 보상을 받을 수 있는 근로자란 근로기준법상의 근로자를 말한다. 다만, 근로자를 1인 이상 사용하는 경우라 하더라도 다음에 해당하는 경우에는 당연적용사업의 범위에서 제외된다.

- 농업 · 임업(벌목업 제외) · 어업 · 수렵업 중 상시 5인 미만의 근로자를 사용하는 사업
- 가사서비스업
- 총 공사금액 2천만원 미만인 건설공사 및 사업자가 아닌 자가 시공하는 연면적 330㎡ 이하 건축물의 건축 또는 대수선 등에 관한 공사
- 공무원연금법 또는 군인연금법에 의해 재해보상이 이루어지는 사업
- 선원법 · 어선원및어선재해보상보험법 또는 사립학교교직원연금법에 의해 재해보상이 이루어지는 사업
- 일용근로자를 사용함으로써 상시근로자 수가 1인 이상이 되지 않는 경우

11.4.3 산재보험료 계산 원칙

사업장이 내야 할 월별 총보험료 = 근로자별 월평균보수의 전체 합계액 × 산재보험료율

산재보험료의 산정기초가 되는 "임금총액"이라 함은 사업주가 보험년도 중에 임금을 지급 또는 지급하기로 결정한 액의 총액을 말한다. 여기서 "임금"이란 사용자가 근로의 대가로 근로자에게 임금, 봉급, 그 밖에 어떠한 명칭으로든지 지급하는 일체의 금품을 말하는 것으로 현금 이외의 현물로 지급되는 것도 포함된다. 근로자별 월평균보수는 전년도 기준 각 근로자에게 지급한 보수총액을 그 근로자의 전년도 근무 개월 수로 나누어 산정하여 보수총액신고서에 신고한 금액이다.

산재보험료율은 매년 6월30일 현재, 과거 3년간의 임금총액에 대한 보험급여 총액의 비율을 기초로 재해 발생의 위험성에 따라 분류된 업종별 보험료율을 세분화하여(보통 매년 12월31일경 고시) 적용한다. 2011년 1월 현재 석탄광업의 산재보험률이 35.4%로 가장 높고 전문기술서비스업이 0.6%로 가장 낮다.

표 11.3 4대 보험 비교

<2011년 1월 기준>

구 분		건강보험	국민연금	고용보험	산재보험
관장부처		보건복지부		고용노동부	
운영주체		국민건강보험공단	국민연금공단	고용지원센터	근로복지공단
상담전화		1577-1000	1355	1544-1350	1588-0075
징수		국민건강보험공단			
근 거 법		국민건강보험법	국민연금법	고용보험법	산업재해보상보험법
보장내용		의료보장/건강증진	소득보장	실업급여/고용안정	산업재해보상/재활
도입시기		'77.7.1.	'88.1.1.	'95.7.1.	'64.7.1.
의무가입		1인 이상 시			
신고의무	설립채용 퇴사 등	다음달 15일	14일 이내	14일 이내	
납부의무	납부시기	매월10일			
	납부방법	고지에 의한 납부(표준보수월액×요율)			
부담관계	사업주	4.5%	2.82%	0.7~1.3%	업종별로 규정
	근로자	4.5%	2.82%	0.45%	없음

현재 사회보험 정책은 보건복지부와 고용노동부에서 관장하고, 사회보험 급여 등 관리는 국민건강보험공단, 국민연금공단, 근로복지공단, 고용지원센터에서 각각 관장하고 있다. 그러나 4대보험신고를 따로따로 할 필요가 없다. 2011년 1월 1일부터 사회보험 징수통합제도가 시행됨으로써 3개의 사회보험공단(국민건강보험공단, 국민연금공단, 근로복지공단)에서 따로 수행하던 건강보험, 국민연금, 고용보험, 산재보험 업무 중 유사·중복성이 높은 보험료 징수업무를 국민건강보험공단이 통합 운영하고 있기 때문이다. 4대보험을 통합해 신고할 수 있는 양식이 있으므로 사업장이 속한 국민연금관리공단, 국민건강보험공단, 근

로복지공단 중 편한 곳을 택하여 한 곳에만 제출하면 된다. 사업장가입신고를 할 때는 사업장가입신고서와 각 직원에 대한 자격취득신고서 외에도 사업자등록증 사본, 통장사본, 약도, 예상 월 급여대장, 주민등록등본이 필요하다.

4대사회보험 신청서식[29)]

국민연금	[ ]당연적용사업장해당신고서
건강보험	[ ]사업장(기관)적용신고서
고용보험	([ ]보험관계성립신고서[ ]보험가입신청서)
산재보험	([ ]보험관계성립신고서[ ]보험가입신청서)

※ 유의사항 및 작성방법은 제1쪽 뒷면을 참고하여 주시기 바라며, 색상이 어두운 란은 신청인이 적지 않습니다. (제1쪽 앞 면)

접수번호	접수일	처리기간 건강보험·국민연금 3일 고용·산재보험 5일

공통	사업장	사업장관리번호	명칭	사업장 형태 [ ]법인 [ ]개인
		소재지 우편번호(-)		
		우편물 수령지 우편번호(-)		전자우편주소
		전화번호(유선)	(이동전화)	FAX번호
		업태	종 목 (주생산품)	업종코드
		사업자등록번호	법인등록번호	
		주거래 은행 (은행명)	(예금주명)	(계좌번호)
	사용자 (대표자)	성명	주민(외국인)등록번호	전화번호
		주소		
	보험료 자동이체신청	은행명	계좌번호	
		예금주명	예금주 주민등록번호	
	전자고지신청 [ ]전자우편 [ ]이동전화	수신처(전자우편주소 또는 이동전화번호)		우편고지서 [ ]수령 [ ]미수령
		수신자 성명	수신자 주민등록번호	
국민연금/건강보험		건설현장사업장 [ ]해당 [ ]비해당	건설현장 사업기간 ~	
국민연금		근로자수	가입대상자수	적용연월일
		분리적용사업장 [ ]해당 [ ]비해당	본점사업장관리번호	
건강보험		적용대상자수	본점사업장관리번호	적용 연월일
		사업장 특성부호	회계종목(공무원 및 교직원기관만 작성)	1 2 3
고용보험		상시근로자수	피보험자수	성립일
		보험사무대행기관 (명칭)		(번호)
	주된 사업장	명 칭	사업자등록번호	
		총상시근로자수	총피보험자수	업종
		우선지원대상기업 [ ]해당 [ ]비해당	주된 사업장관리번호	
산재보험		상시근로자수	성립일	사업종류코드
		사업의 형태 [ ] 계속 [ ] 기간이 정하여져 있는 사업(사업기간: -)		
		성립신고(가입신청)일 현재 산업재해발생여부 [ ]있음 [ ]없음		
		주된 사업장 여부 [ ]해당 [ ]비해당	주된 사업장 관리번호	

위와 같이 신고(신청)합니다.

년 월 일

신고인·신청인(사용자·대표자) (서명 또는 인)

[ ]보험사무대행기관(고용·산재보험만 해당) (서명 또는 인)

국민연금공단 이사장/국민건강보험공단 이사장/근로복지공단 지역본부장(지사장) 귀하

210mm×297mm[일반용지(재활용품) 60g/㎡]

(제2쪽)

공동대표자 현황

연번	성 명	주민(외국인)등록번호	취임일	주 소	전화번호
				우편번호(-)	
				우편번호(-)	
				우편번호(-)	
				우편번호(-)	
				우편번호(-)	
				우편번호(-)	
				우편번호(-)	

단위사업장 현황(건강보험)

연번	단위사업장기호	단위사업장명	소 재 지	전화번호

영업소 현황(건강보험)

연번	영업소기호	영업소명	소 재 지	전화번호

유의사항 및 작성방법

1. 관할 단위사업장 및 부서가 있을 때에는 "단위사업장현황", "영업소현황"을 작성하십시오.
2. 영업소기호는 사업장에서 영업소별로 부여하여 관리하시기 바랍니다.
3. 색상이 어두운 란은 국민건강보험공단에서 작성하므로 신고인(신청인)은 작성하지 마십시오.

29) 온라인 원스톱 재택 창업 시스템(http://startbiz.go.kr)을 통해서도 4대보험을 신고할 수 있다.

※ 고용보험의 보험관계성립사업장이 둘 이상인 경우에만 작성하며, 색상이 어두운 란은 신고인이 적지 않습니다.

(제3쪽)

신고대상사업장현황(고용보험)

사업장(2)	명칭		전화번호
	소재지		
	업태	종목 (주생산품:)	업종코드
	상시근로자수 명	피보험자수 명	사업자등록번호
	고용보험성립일		보험사무대행기관번호
	사업장관리번호		

사업장(3)	명칭		전화번호
	소재지		
	업태	종목 (주생산품:)	업종코드
	상시근로자수 명	피보험자수 명	사업자등록번호
	고용보험성립일		보험사무대행기관번호
	사업장관리번호		

사업장(4)	명칭		전화번호
	소재지		
	업태	종목 (주생산품:)	업종코드
	상시근로자수 명	피보험자수 명	사업자등록번호
	고용보험성립일		보험사무대행기관번호
	사업장관리번호		

사업장(5)	명칭		전화번호
	소재지		
	업태	종목 (주생산품:)	업종코드
	상시근로자수 명	피보험자수 명	사업자등록번호
	고용보험성립일		보험사무대행기관번호
	사업장관리번호		

12장

수익창출과 세법

사업자등록을 하면 수입이 있든 없든 세금 고지서를 받게 된다. 세무사에 대행을 맡기면 편하겠지만 수입이 미천한 상태에서 세무대행 비용을 지불하려면 부담스러울 것이다. 이에 이 장에서는 초보 사업자가 알아두면 유용할 기초적인 세금 상식에 대해 간략하게 소개하고자 한다.

12.1 부가가치세(VAT)

부가가치세는 재화 또는 용역의 공급, 재화의 수입 등의 각 단계에서 생성되는 부가가치에 대해 부과하는 세금을 말한다(부가가치세법 제1조). 납세의무자로 등록한 사업자가 재화 또는 용역을 공급할 때에는 반드시 공급을 받은 자에게 세금계산서를 교부하여야 한다(동법 제16조).

그러나 다음과 같이 생활필수품을 판매하거나 의료·교육관련 용역을 제공하는데 대하여는 부가가치세가 면제된다(동법 제12조).

- 곡물, 과실, 채소, 육류, 생선 등 가공되지 아니한 식료품의 판매
- 연탄, 무연탄, 복권의 판매
- 병·의원 등 의료보건 용역업
- 허가 또는 인가 등을 받은 학원, 강습소, 교습소 등 교육용역업

• 도서, 신문, 잡지(광고 제외) 등

부가가치세액은 공급가액의 10%에 해당하는 금액이다(동법 제14조). 예를 들어 사업자A가 사업자B로부터 천만 원어치의 물건을 샀다면 천만 원의 10%에 해당하는 백만 원을 부가세로 더 지불해야 한다. 이처럼 재화 또는 용역을 공급하는 사업자는 공급가액과 별도로 부가가치세(매출세액)를 받아두었다가 부가가치세 신고 기간 즉, 매 분기 말의 다음달 25일(4월, 7월, 10월, 1월)까지 신고와 함께 납부해야 한다. 반대로 사업자로부터 재화 또는 용역을 공급받은 자는 부가가치세 신고 기간 때에 매출세액에서 차감할 수 있다.

전자세금계산서제도

국세청에서는 2010년 1월 1일부터 기업의 납세협력비용을 절감하고 사업자간(B2B) 거래의 투명성을 제고하기 위한 전자세금계산서 제도를 시행하고 있다. 법인사업자는 2011년 1월 1일부터, 개인사업자는 2012년 1월 1일부터 전자세금계산서를 의무적으로 발행·전송해야 한다(동법 제16조).

전자세금계산서는 거래시기가 속하는 달의 다음 달 15일까지 국세청으로 전송해야 한다(동법 제16조). 전자세금계산서를 미발행하는 경우 공급가액의 2% 가산세가 부과되며 전자세금계산서를 발행하고 전송하지 않는 경우에는 공급가액의 0.3%, 지연전송하는 경우에는 공급가액의 0.1% 가산세가 부과된다(동법 제22조). 전자세금계산서 전송분에 대해서는 세금계산서합계표 명세 제출 및 세금계산서 보관의무를 면제하며 교부건당 100원의 세액공제(연간한도 100만원)도 주어진다.

전자세금계산서는 인터넷을 통한 발행은 물론, ARS 발행 및 VAN 단말기 발행 등도 가능하다. 세금계산서 발행건수가 많은 대용량 연계대상사업자는 자체 ERP시스템 설치 또는 세금계산서 교부 중개사이트(ARS사업자)에 가입하여 발행할 수 있으며, 세금계산서 발행건수가 적은 영세한 법인사업자의 경우 전자세금계산서 발행을 위한 별도의 시스템을 갖출 필요 없이 국세청 발행시스템(http://www.esero.go.kr)을 통하여 발행할 수 있다. 즉, 세금계산서를 공급하는 사업자A가 e세로에 접속하여 전자세금계산서 양식(아래 양식 참조)에 거래정보 입력 및 전자서명을 마치면 세금계산서 관리시스템을 통해 국세청 승인번호를 부여받게 된다. 이후 전자세금계산서가 세금계산서를 공급받는 사업자B에게 이메일로 전송되고,

사업자B는 이메일을 통해 수취내역을 확인할 수 있다.

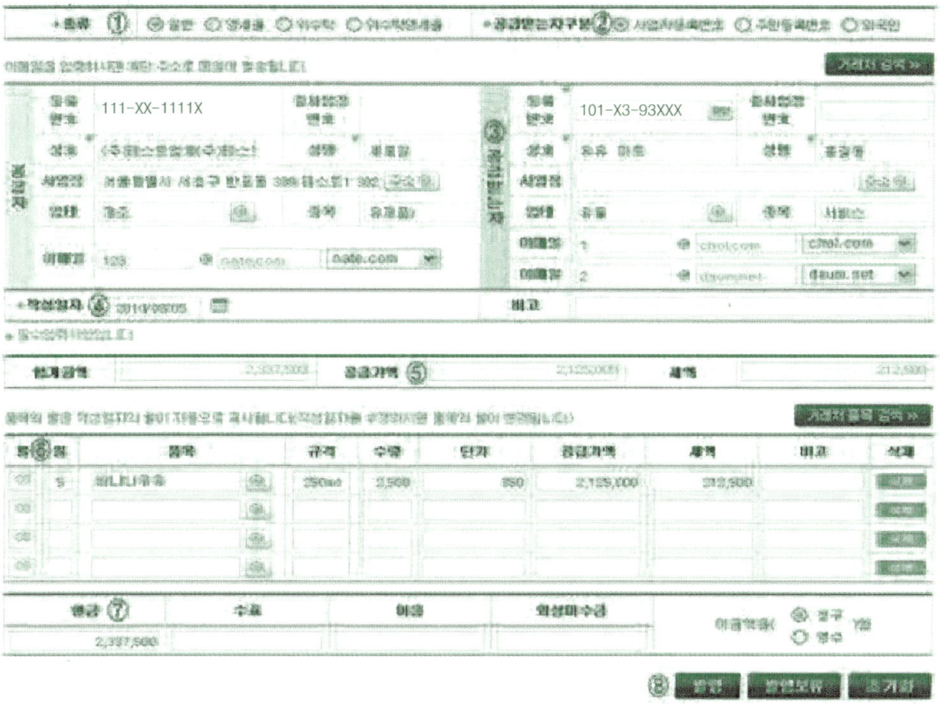

그림 12.1 전자세금계산서샘플

전자세금계산서				승인번호	20110126-10000000-00022467		
공급자				공급받는자			
등록번호	2X0-87-4X58X	종사업장번호		등록번호	2X0-06-57X2X	종사업장번호	
상호(법인명)	법무법인 이X스	성명	구X은외 1인	상호(법인명)	히XX 앤 XXXX스	성명	김X은
사업장주소	서울특별시 강남구 역삼동 XXX 서울XX회관 XX층			사업장주소	서울특별시 강남구 논현동 XXX 비동 XXX호		
업태	서비스	종목	변호사	업태	서비스	종목	법률컨설팅
이메일	XXX@yahoo.com			이메일	XXX@htomail.com		
				이메일			

작성일자	공급가액	세액	수정사유
2011/01/26	909,091	90,909	
비고			

월	일	품목	규격	수량	단가	공급가액	세액	비고
01	26	용역료				909,091	90,909	

합계금액	현금	수표	어음	외상미수금	이 금액을 (청구) 함
1,000,000					

e세로 본 인쇄물은 국세청 e세로(www.esero.go.kr) 시스템에서 발행 또는 전송 입력된 전자세금계산서 입니다. 발행사실 확인이 필요한 경우 e세로 홈페이지 우측 상단의 "제3자 전자세금계산서 조회"를 이용하시기 바랍니다.

전자세금계산서				승인번호	20110126-10000000-00022467		
공급자				공급받는자			
등록번호	2X0-87-4X58X	종사업장번호		등록번호	2X0-06-57X2X	종사업장번호	
상호(법인명)	법무법인 이X스	성명	구X은외 1인	상호(법인명)	히XX 앤 XXXX스	성명	김X은
사업장주소	서울특별시 강남구 역삼동 XXX 서울XX회관 XX층			사업장주소	서울특별시 강남구 논현동 XXX 비동 XXX호		
업태	서비스	종목	변호사	업태	서비스	종목	법률컨설팅
이메일	XXX@yahoo.com			이메일	XXX@htomail.com		
				이메일			

작성일자	공급가액	세액	수정사유
2011/01/26	909,091	90,909	
비고			

월	일	품목	규격	수량	단가	공급가액	세액	비고
01	26	용역료				909,091	90,909	

합계금액	현금	수표	어음	외상미수금	이 금액을 (청구) 함
1,000,000					

e세로 본 인쇄물은 국세청 e세로(www.esero.go.kr) 시스템에서 발행 또는 전송 입력된 전자세금계산서 입니다. 발행사실 확인이 필요한 경우 e세로 홈페이지 우측 상단의 "제3자 전자세금계산서 조회"를 이용하시기 바랍니다.

그림 12.2 국세청을 통해 사업자B의 이메일로 전송된 전자세금계산서 샘플

12.1.1 법인세

법인세는 법인이 사업연도(회계기간) 동안 그 사업에서 생긴 소득을 기준으로 내는 세금으로 개인사업자에게 부과되는 소득세와 같은 성질의 세금이다. 법인세는 법인의 사업연도 단위로 소득을 집계하여 세액을 산출하며, 사업연도는 법인의 정관 등에 정하거나 신고에 의하여 정할 수 있다. 별도로 사업연도를 정한 것이 없으면 통상적으로 매년 1월 1일부터 12월 31일까지를 사업연도로 보게 된다(법인세법 제6조). 법인세 세율은 아래 표와 같다(동법 제55조).

표 12.1 법인세 세율

과세표준	세율
2억원 이하	과세표준의 100분의10
2억원 초과	2천만원 + (2억원을 초과하는 금액의 100분의 22) (* 2011.12.31. 이전 개시 사업연도) 2천만원 + (2억원을 초과하는 금액의 100분의 20) (* 2012.1.1. 이후 개시 사업연도)

법인세 신고는 사업연도 종료일로부터 3개월 이내에 해야 하며, 신고와 함께 법인세를 납부해야 한다. 사업연도가 6개월을 초과하는 경우 6개월이 경과한 날로부터 2개월 이내 6개월 동안 실적에 대해 미리 납부해야 하는 제도가 있는데 이를 "중간예납"이라 한다(동법 제63조). 중간예납 세액은 직전사업년도 실적을 기준으로 하는 방법과 6개월 동안의 실제 실적을 기준으로 하는 방법(가결산에 의한 방법이라 함) 중 선택할 수 있다. 하지만 어떤 방법을 선택하든 결국 사업연도 종료일로부터 3개월 이내에 납부하는 세금과 중간예납 세액의 합계는 항상 같게 된다. 하지만 신설된 법인은 그 해에 한해 중간예납 의무가 없다.

창업자가 개인주주인 경우 그 주주와는 별개로 법인 자체가 납세의무가 있다는 것을 알아야 한다.

조세 감면제도

창업한 중소기업은 창업 후 최초로 소득이 발생한 연도와 그 후 3년간 법인세(개인사업자의 경우 소득세, 이하 "법인세등이라 함)의 50%를 매년 감면받을 수 있다. 만약 사업개시 후 5년이 되는 날까지 소득이 발생하지 않는 경우 5년이 되는 날이 속하는 과세연도와 그 후 3년간 법인세등의 50%를 매년 감면받을 수 있다(조세특례제한법 제6조 참조). 다만, 창업 후 3년 이내에 창업벤처중소기업으로 확인받은 경우에는 벤처기업으로 확인받은 날 이후 최초로 소득이 발생한 과세연도(사업개시 후 5년이 되는 날까지 소득이 발생하지 않는 경우 5년이 되는 날이 속하는 과세연도)와 그 후 3년간 감면을 받게 된다.

감면세액 = 법인세 산출세액 × 감면소득/ 과세표준 * 50%

법인세 감면 이외에도 일정 자격이 되는 창업기업자를 위한 등록세·취득세 면제(조세특례제한법 제119 및 제120조)나 재산세 감면(동법 제121조) 등의 제도가 다양하게 있으므로 이를 활용하면 창업 초기 경영부담을 완화할 수 있다.

조세특례제한법 등에 의한 세금 감면 시 유의할 점으로는 다음과 같다.

- 동시에 2개 이상의 감면을 중복적용 받을 수 없다(동법 제127조).
- 수도권과밀억제권역 안의 증설투자(중소기업의 대체투자는 가능)에 대하여는 세액감면이 배제된다(동법 제130조).
- 법인이 세법상 각종 세금감면을 받더라도 최소한 부담해야 하는 세액(최저한세액)에 미달하는 세액에 대해서는 감면이 배제된다(동법 제132조).
- 감면세액에 대해 농어촌특별세를 납부해야 한다(농어촌특별세법 제3조).

※ 창업중소기업이란

- 수도권 과밀억제권역(수도권정비계획법 제6조 참고) 이외의 지역에서 창업한 중소기업으로서 다음 업종을 영위하는 기업: 작물재배업, 축산업, 어업, 광업, 제조업, 하수·폐기물처리(재활용 포함)·원료재생 및 환경복원업, 건설업, 도매 및 소매업, 여객운송업, 음식점업, 출판업, 영상·오디오 기록물 제작 및 배급업(비디오물 감상실 제외), 방송업, 전기통신업, 컴퓨터 프로그래밍·시스템 통합 및 관리업, 정보서비스업, 연구개발업, 광고업, 그 밖의 과학기술서비스업, 포장 및 충전업, 전문디자인업, 전시 및 행사대행업, 창작 및 예술관련 서비스업, 직업기술 분야 학원, 엔지니어링사업, 물류산업, OEM 수탁받아 재위탁하는 사업, 자동차정비업, 선박관리업, 의료업, 관광사업(카지노, 관광유흥음식점업

및 외국인전용 유흥음식점업 제외), 노인복지시설 운영업 전시산업

- 창업 후 3년 내에 벤처확인을 받은 기업으로서 위와 같은 업종을 영위하는 기업
  여기서 벤처기업이란 중소기업기본법 제2조의 규정에 의한 중소기업으로서 벤처 캐피탈 투자기업, 연구개발 투자기업, 기술평가 보증·대출기업의 3가지 유형 중 하나에 속하는 기업을 말한다(벤처기업 육성에 관한 특별조치법 제2조 및 제2조의2). 벤처기업은 지역을 불문한다. 벤처기업확인서는 기업의 소재지 관할 지방중소기업청에서 발급받을 수 있으며, 자세한 사항은 지방중소기업청에 문의하면 된다.
- 창업보육센터(Business Incubator) 사업자로 지정받은 자

12.1.2 갑근세

근로자를 고용한 사업자가 근로자에게 급여를 지급할 때 근로자의 소득세를 원천징수하여 사업자가 대신 납부하는 세금을 갑근세라 한다.

일반근로자를 고용하는 사업주가 근로소득을 지급할 때는 간이세액표에 의해 소득세를 원천징수(상대방의 소득 또는 수입이 되는 금액을 지급할 때 이를 지급하는 원천징수의무자가 그 금액을 받는 납세의무자로부터 세금을 미리 떼어서 대신 내는 제도를 말함)하게 되는데(소득세법 제134조), 이렇게 근로자의 소득이 발생하는 시점에서 미리 세금을 징수함으로써 탈세 염려가 없고 매달 세금을 걷을 수 있어 조기에 조세수입을 확보할 수 있어 정부 입장에서 유리하다. 근로자 입장에서도 소득이 발생할 때마다 세금을 내는 것이기 때문에 한꺼번에 세금을 내야 하는 부담을 덜 수 있어 좋다.

사업주는 갑근세를 급여 지급일이 속하는 다음달 10일까지 원천징수이행상황신고서 제출과 함께 납부해야 한다. 다만, 고용인원 10인 이하 사업장은 반기별로 납부할 수도 있다. 원천징수한 세금은 차후 연말정산[30] 과정을 거쳐 근로자에 대한 소득세가 완결된다(동법 제128조).

일용근로자[31]를 고용하는 경우에도 사업주는 소득세를 원천징수하여야 한다. 일용근로

30) "연말정산"이란 1년간 지급한 급여총액에 대하여 내야할 소득세를 계산하여 매월 원천징수한 소득세의 합계금액과 비교하여 남거나 모자라는 세액을 돌려주거나 더 떼는 절차이다. 사업장은 직원에게 매 월 급여를 지급할 때마다 간이세액표에 의해 소득세를 떼어 납부하고 다음해 1월분 급여를 지급할 때(미지급시는 1월 31일까지) 연말 정산을 해야 한다.

자는 일반근로자와는 달리 연말정산과정을 거치지 않으며 원천징수로 과세를 종결하게 된다. 일당이 10만 원이하인 일용근로자는 근로소득이 공제된다(동법 제47조). 따라서 일당 10만원인 일용근로자가 20일을 일한 경우 월 200만원에 대해서는 근로소득세가 없으니 사업주는 원천징수를 하지 않고 일용근로자에게 200만원을 다 지불해야 한다.

사업자는 일반근로자 및 일용근로자는 물론 인적용역을 제공하는 사업자로부터도 소득세를 원천징수 해야 한다(동법 제127조). 사업주에게 고용된 종업원이 아닌 독립적으로 인적용역을 제공하는 사람들은 사업자에 해당한다. 따라서 이들의 소득은 사업소득으로 분류되지만 부가가치세가 면제된다. 다만 이러한 인적용역을 제공하는 자가 근로소득자인지 아니면 사업소득자인지 구분이 모호할 경우가 있다. 예를 들어 학원 강사가 종합반을 맡아 급여형식으로 대가를 받는다면 근로자로 보아 원천징수를 해야 하며, 단과반을 맡아 실적대로 그 대가를 지급받는다면 사업자로 보아 원천징수를 해야 한다. 일단 사업소득으로 분류되면 원천징수할 세액은 주민세를 포함해 지급한 금액의 3.3.%이다.

원천징수 대상이 되는 사업소득에 대한 사례는 다음과 같다.

- 헤어디자이너가 다른 사업자의 사업장에서 독립적으로 용역을 제공하고 받는 대가
- 다른 사업자의 사업장에서 계약에 의하여 독립적으로 판매대행용역을 제공하고 그 판매 실적에 따라 일정수수료를 받는 경우
- 고용관계가 없는 강사가 지급받는 강사료
- 관광통역안내원이 관광객들의 환전실적에 따라 지급받는 수수료

12.1.3 종합소득세

종합소득세는 매년 1월 1일부터 12월 31일까지의 이자소득, 사업소득, 근로소득, 일시재산소득, 배당소득, 부동산 임대소득 등 개인이 얻은 제 소득에 대해 부과된다. 법인세와 마찬가지로 총 사업소득에서 경비를 제외한 나머지 순소득에 대해 세금이 부과된다. 종합소

31) "일용근로자"란 근로를 제공한 날 또는 시간에 따라 근로대가를 계산하거나 근로를 제공한 날 또는 시간의 근로성과에 따라 급여를 계산하여 받는 자를 말한다. 또한 이들은 동일한 고용주에게 3개월 이상 지속적으로 고용되어 있지 아니한 자를 말한다. 쉽게 말해 아르바이트 직원을 뜻한다고 봐도 큰 무리가 없다.

득세 세율은 소득금액에 따라 6%, 15%, 24%, 35%(단, 2012년 1월 1일 이후 발생 소득분부터는 33%)의 네 단계로 차등 적용된다(소득세법 제55조). 종합소득세는 매년 5월 31일까지 전년도 소득에 대해 자진신고·납부해야 한다. 원천징수 대상이 되는 사업소득을 받는 자 역시 다음해 5월 31일까지 사업소득에 대한 종합소득세 신고를 해야 한다.

표 12.2 종합소득산출세액

종합소득과세표준	세율
1200만원 이하	과세표준의 100분의6
1200만원 초과 4600만원 이하	72만원+(1200만원을 초과하는 금액의 100분의 15)
4600만원 초과 8800만원 이하	582만원+(4600만원을 초과하는 금액의 100분의 24)
8800만원 초과	1590만원+(8800만원을 초과하는 금액의 100분의 35) (※ 2011.12.31까지) 1590만원+(8800만원을 초과하는 금액의 100분의 33) (※ 2012.1.1부터)

이와는 별도로 1월 1일부터 6월30일까지의 기간(중간예납기간)에 대해 소득세를 미리 납부하는 제도를 중간예납제도가 있다(동법 제65조). 전년도에 납부한 소득세가 있다면 세무서가 전년도 소득세의 1/2 정도의 세금을 납부하라는 고지서를 보내주는데, 11월 30일까지 중간예납을 하고 그 다음해 5월 31일까지 자진신고납부를 해야 한다. 하지만 새로 사업을 시작한 사람은 그 해에 한해서 중간예납을 하지 않아도 된다.

12.2 홈택스(hometax)

12.2.1 홈택스의 개념

홈택스란 부가가치세, 원천세, 종합소득세 등 각종 세금에 대한 신고서를 세무서를 직접 방문하여 제출하거나 우편으로 발송하지 않고 컴퓨터에서 작성하여 인터넷을 통해 신고하는 국세종합서비스를 일컫는다.

홈택스의 장점으로는 다음을 꼽을 수 있다.

■ **홈택스의 장점**

- 세금신고 및 납부, 민원증명발급 등을 집이나 사무실에서 할 수 있기 때문에 세무서에 갈 필요가 없다.
- 세무서나 은행 등에 가지 않고 세무업무를 할 수 있기 때문에 시간과 비용이 절약된다.
- 민원증명 등을 출력하여 증명수요처에 직접 제출하거나 인터넷을 통하여 제출 가능하고, 각종 세금정보를 집에서 확인할 수 있으므로 매우 편리하다.
- 각종 세금신고를 할 때 시간에 쫓기는 경우가 많지만 홈택스를 이용하는 경우 시간에 쫓기지 않고 편안한 마음으로 세금신고를 할 수 있다.
- 각종 신고나 전산입력에 따른 오류발생과 비용이 줄어 세무행정이 신속하고 정확하게 이루어질 수 있다.

12.2.2 홈택스 가입 방법

그림 12.3 국세청 홈택스 홈페이지 초기화면

홈택스를 이용하기 위해서는 먼저 홈택스 회원으로 가입해야 한다. 본인(법인은 대표자)이 직접 가입 신청을 하는 경우 홈택스 이용신청서 1부와 신청자의 신분증(주민등록증, 운전면허증 등)이 필요하다. 공인인증서가 있거나 개인별 가입용 번호가 있는 경우에는 홈택스 홈페이지(www.hometax.go.kr)에 접속해 왼쪽 하단에 있는 [회원가입]을 누르고 정보를 입력하면 된다. 가입용 번호는 휴대전화로 전송되거나 우편으로 배송된 신고서와 함께 동봉된 안내문에 적혀 있다. 공인인증서가 없는 경우에는 본인확인을 위해 세무서를 방문하여 가입하여야 한다.

공인인증서가 있거나 개인별 가입용 번호가 있는 경우에는 홈택스 홈페이지에 접속해 왼쪽 하단에 있는 [회원가입]을 누르고 정보를 입력하면 된다. 가입용 번호는 휴대전화로 전송되거나 우편으로 배송된 신고서와 함께 동봉된 안내문에 적혀 있다. 공인인증서가 없는 경우에는 본인확인을 위해 세무서를 방문하여 가입하여야 한다.

가입신청을 위한 준비사항은 다음과 같다.

- 본인(법인은 대표자)이 직접 가입 신청하는 경우
  - 「홈택스 이용신청서」 1부
  - 신청자의 신분증(주민등록증, 운전면허증 등)
- 대리인이 신청하는 경우
  - 「홈택스 이용신청서」 1부
  - 위임장 1부
  - 위임자의 신분증(법인은 법인인감증명서) 1부
  - 위임받은자의 신분증(주민등록증, 운전면허증 등)

  * 법인으로 신청할 경우 서식의 (서명 또는 인)란에 법인인감 또는 사용인감을 날인

12.2.3 홈택스로 부가가치세 신고·납부하는 방법

홈택스 홈페이지에서 로그인을 한 후 [전자신고]를 누른다. 보통 부가가치세를 신고해야 하는 기간에는 [부가가치세 전자신고] 창이 뜨기 때문에 [바로가기] 버튼을 누르면 바로 부

가가치세를 신고할 수 있다. 신고서를 작성하고 전송할 수 있는 화면이 나타나면 [신고서 작성하기] 버튼을 눌러 바로 작성해도 되지만 초기엔 [작성연습]을 눌러 미리 연습을 해보는 것도 좋다.

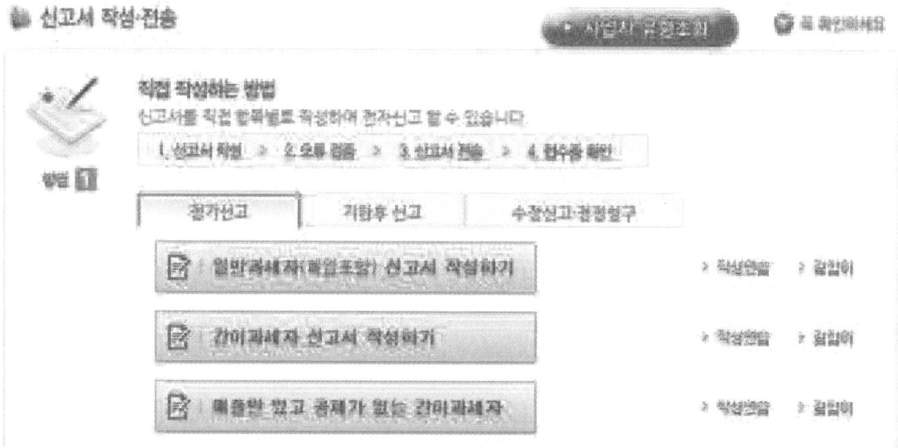

그림 12.4 신고서 작성·전송 화면

홈택스를 통해 부가가치세, 원천세, 종합소득세 등 각종 세금을 납부할 수 있지만 여기에서는 부가가치세 신고 방법을 연습해 보고자 한다.

■ **신고서 작성 순서**

- 기본사항 입력
- 신고서식 및 항목 선택
- 매출세액 입력
- 매입세액 입력
- 경감·공제세액 입력
- 예정고지·예정신고⇒ 금지금매입자기납부세액 ⇒ 가산세 ⇒ 기타 첨부서류 순으로 입력
- 신고서 보내기

- 신고서(납부서)출력
- 부가가치세 전자납부

이를 홈페이지 화면 캡처를 통해 설명해 보면 다음과 같다.

(1) 기본사항 : 신고서 작성 창이 뜨면 사업자등록번호 등 기본사항을 입력한다.

(2) 신고서식 및 항목 선택 : 매출세액, 매입세액, 경감・공제세액, 예정고지・예정신고 미환급세액, 기타첨부서류 칸에 해당 항목을 체크한다.

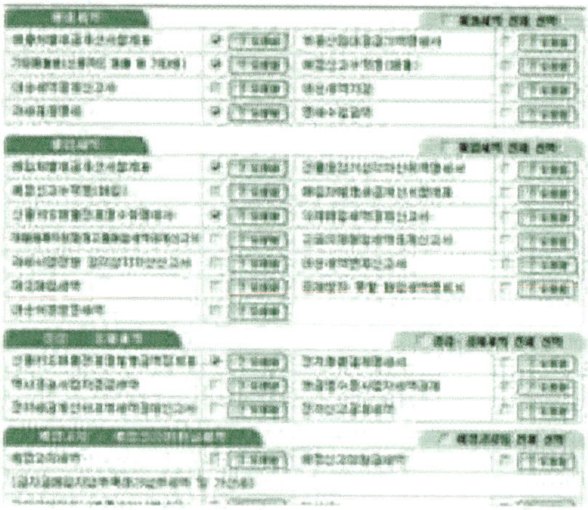

(3) 매출세액 입력 : 세금계산서 발급분 및 세금계산서 외의 매출액 등에 대해 작성한다.

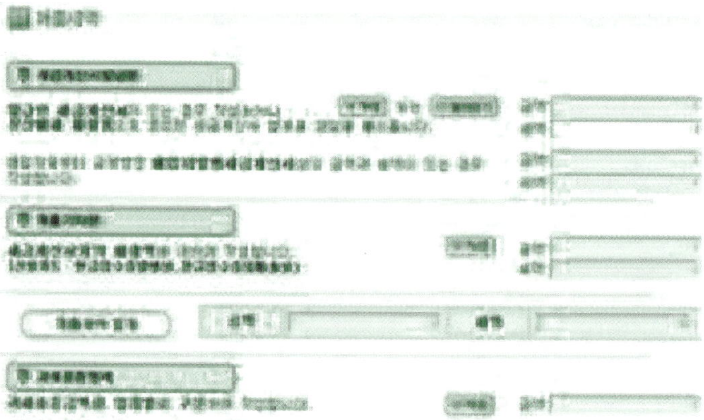

(4) 매입세액 입력 : 발급받은 세금계산서 내역이나 신용카드 등을 통한 매입 내역 등에 대해 작성한다.

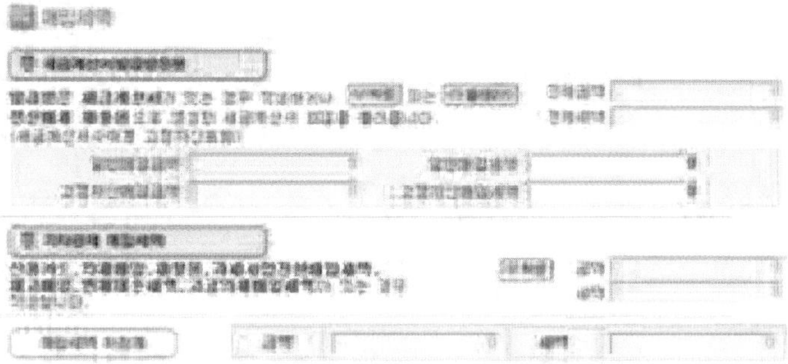

(5) 경감·공제세액 입력 : 신용카드, 현금영수증 매출금액이 있는 경우 작성한다.

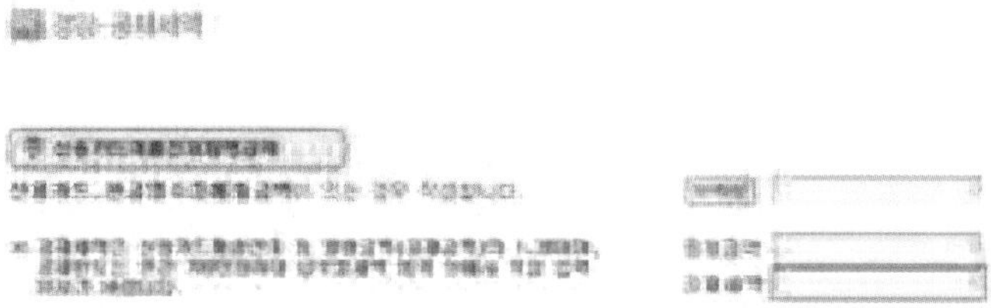

(6) 기타 예정고지·예정신고 ⇒ 금지금매입자기납부세액 ⇒ 가산세 ⇒ 기타 첨부서류 순으로 입력하면 된다.

(7) 신고서 작성 완료 시 화면 하단의 [신고서 보내기] 버튼을 누르면 신고가 전송된다.

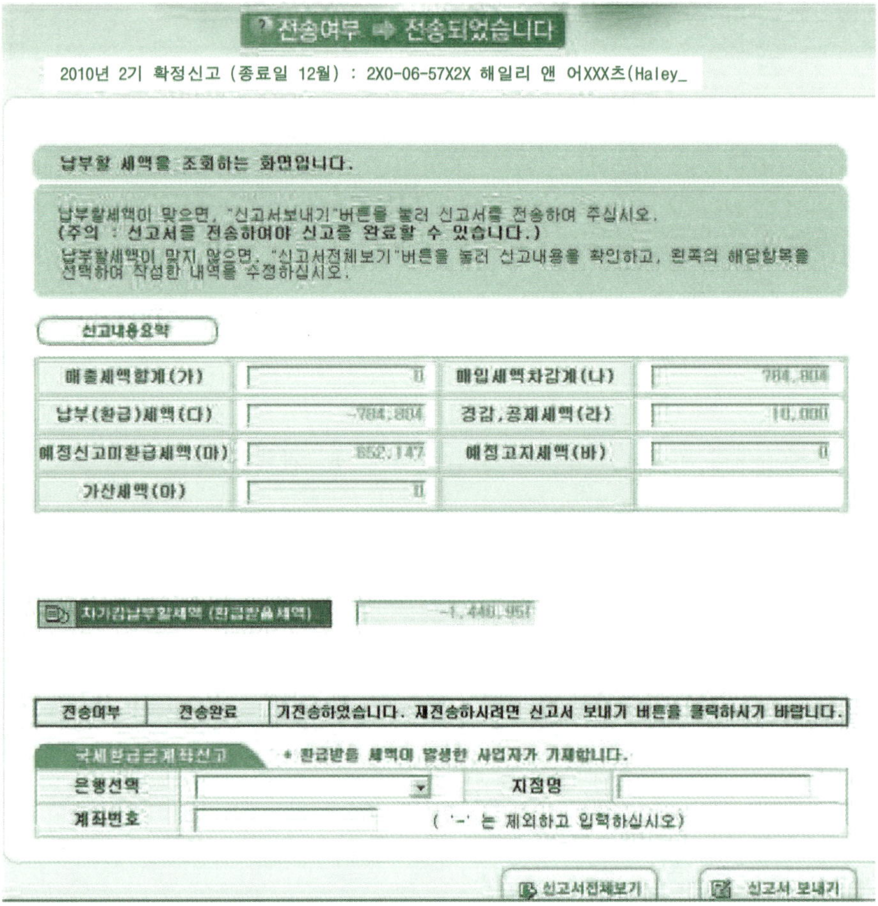

전송여부 ⇒ 전송되었습니다

2010년 2기 확정신고 (종료일 12월) : 2X0-06-57X2X 해일리 앤 어XXX츠(Haley_

납부할 세액을 조회하는 화면입니다.

납부할세액이 맞으면, "신고서보내기"버튼을 눌러 신고서를 전송하여 주십시오.
(주의 : 신고서를 전송하여야 신고를 완료할 수 있습니다.)
납부할세액이 맞지 않으면, "신고서전체보기"버튼을 눌러 신고내용을 확인하고, 왼쪽의 해당항목을 선택하여 작성한 내역을 수정하십시오.

신고내용요약

매출세액합계(가)	0	매입세액차감계(나)	784,804
납부(환급)세액(다)	-784,804	경감,공제세액(라)	10,000
예정신고미환급세액(마)	652,147	예정고지세액(바)	0
가산세액(마)	0		

차가감납부할세액 (환급받을세액) -1,446,951

전송여부	전송완료	기전송하였습니다. 재전송하시려면 신고서 보내기 버튼을 클릭하시기 바랍니다.

국세환급금계좌신고 * 환급받을 세액이 발생한 사업자가 기재합니다.

은행선택		지점명	
계좌번호	('-' 는 제외하고 입력하십시오)		

신고서전체보기 신고서 보내기

(8) 신고서(납부서) 출력을 원하면 좌측 하단에 프린터 아이콘이 있는 [신고서(납부서)출력] 버튼을 누른다.

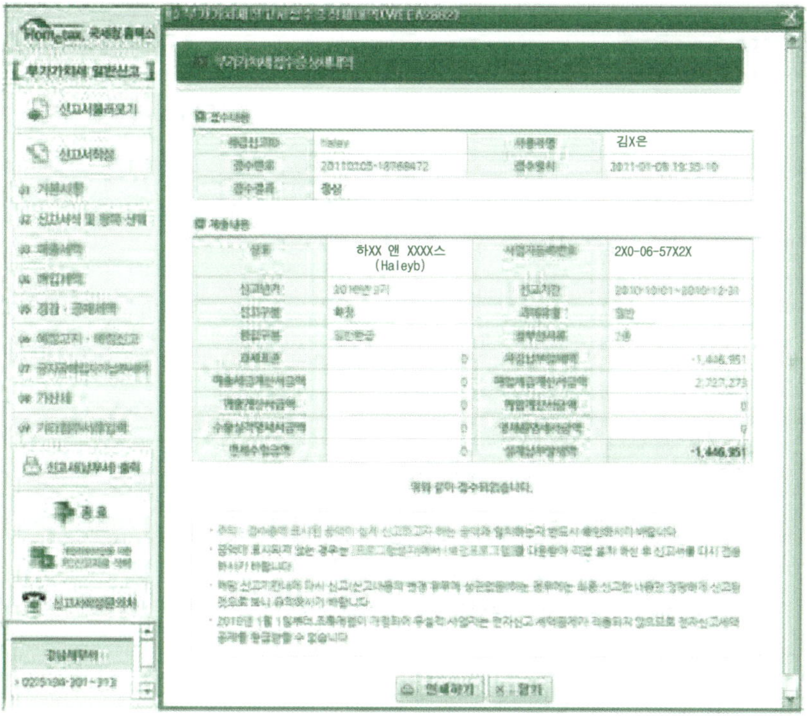

(9) 부가가치세 전자납부 : 부가가치세 신고하기 화면 좌측에 [신고분납부] 버튼을 누르면 세금신고와 동시에 납부가 가능하다.

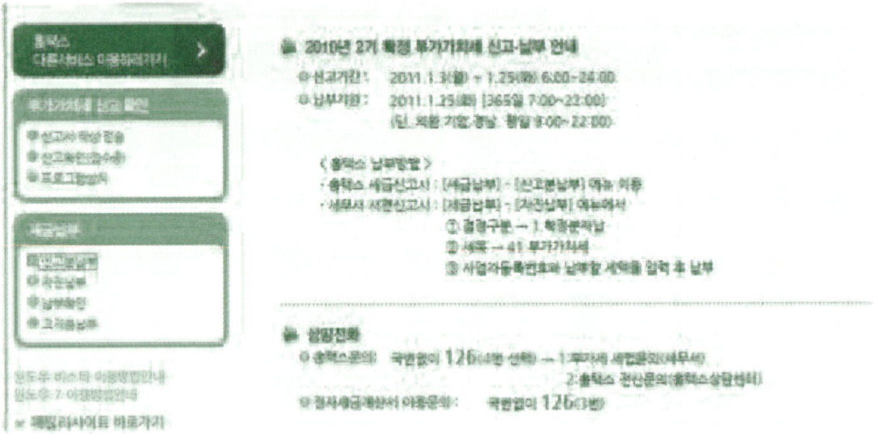

Part 5

Winner takes it all.

13장

성공적인 경영은?

13.1 핵심성공 요인(Core Key-Factor)을 찾아내자.

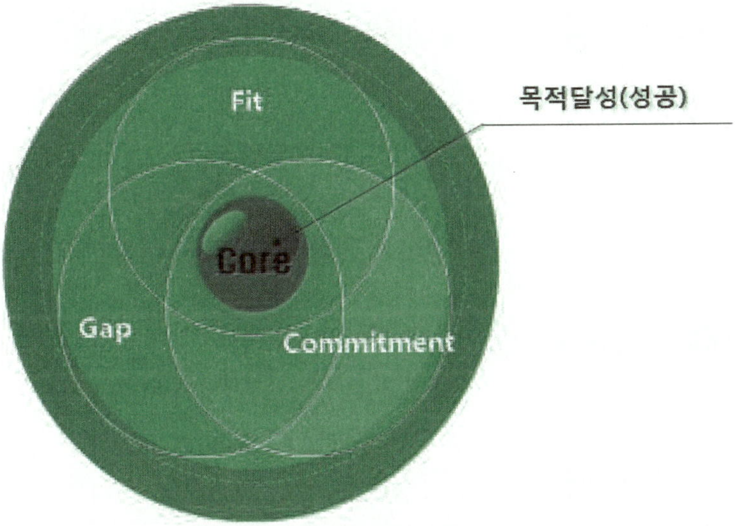

그림 13.1 핵심성공요인

성공한 기업들이나 창업자들의 성공요인은 다양하고 많다. 그림 13.1과 같이 핵심성공요인의(Core Key-factor) 의미는 개인을 비롯한 조직을 경영해나가는데 공통적으로 필요한 가장 기본적인 요인들(Fit, Gap, Commitment)이 잘 어우러지고 융합되어야 한다는 의미이다. 각각의 요인들 안에 구성되어지는 개념들은 개인이나 조직의 상황, 환경적 요인 등에 따라 차이가 있을 것이기 때문에 끊임없이 연구하는 경영자의 지혜가 필요하다.

(1) Fit

Fit은 모양·크기가 어떤 사람·사물에 맞다 는 뜻이다.

개인은 태어날 때부터 지닌 본성과 후천적으로 학습되어져 터득된 그 무언가를 가지고 있는데 그것을 개인적인 특성(성격, 장점 및 단점, 소질 또는 재능)이라고 한다. 사회적으로는 교육을 통해서 개인적인 특성이 개발되어질 때 그것을 역량이라는 표현을 한다. 개인/조직이 자신들의 목적을 달성하기 위해서는 각자의 특성들을 발견해 내고, 개발시켜서, 목적에 맞게끔 수정시키고 보완하는 작업을 할 필요가 있다. 하지만 그것은 자신이 불만족을 느끼면서까지 할 필요는 없는 것이다. 입는 옷이나 신발도 자신의 사이즈에 딱 맞을 때 가장 멋있고 아름다운 것처럼, 자신이 행복·만족 할 수 있는 최적의 조건 ,즉 자신이 즐거움을 느낄 수 있고 자아실현을 추구할 수 있는 자신에게 꼭 맞는(fit) 요인을 찾아내어서 서로에게 공유하는 것이야 말로 가장 오래 갈 수 있는 key factor일 것이다.

(2) Gap

Gap은 공간적 틈, 시간적 공백, 사람·의견 등을 가르는 격차(gap)를 뜻한다.

어떤 사건이나 상황 속에서 사람들은 그것들을 해결하기 위한 의사결정을 내려야한다. 구성원들이 문제를 해결하는 과정 속에서 한 마음 한뜻을 가지고 공동의 목적달성을 위한 올바른 의사결정을 내린다는 것은 무척이나 힘든 일이다. 그 이유는 바로 구성원들 개인에 따른 격차(gap)가 있기 때문이다. 긍정적으로 표현하면 개성, 차별성, 독특함이라고 한다. 한 가지 목적을 달성하기 위해서는 그 각각의 다른 특징들을 인정해 주고 서로 배려하며 때로는 포기해야 하는 부분은 과감하게 포기할 줄 아는 용기도 필요하겠다.

(3) Commitment

Fit과 Gap이 개인/조직 간의 차이점 또는 공동의 목표를 달성하기 위하여 극복해 나가야 할 것들이라면 Commitment(몰입, 헌신)은 Fit과 Gap을 극복할 수 있는 가장 좋은 수단이라고 볼 수 있다. 그 이유는 Commitment의 개념적 정의를 볼 때 어떠한 일이나 조직에 대한 강한 신념 또는 자신이 원하는 무엇인가를 꼭 달성하겠다는 의지로 표현된다.

따라서 Commitment는 서로 다른 두 Key-Factor 들을 하나로 묶어내어 목적달성에 이르게 하는 통합적 요인으로 작용한다고 할 수 있겠다.

결국 개인이나 조직은 자신들의 상황에 대한 전략적인 분석과 더불어 핵심성공요인인 Fit · Gap · Commitment를 구성하고 있는 개념들을 찾아내고, 그것을 한 가지 목적을 달성하는 것에 통합 할 수 있는 능력을 계발해 내는 것이 가장 중요한 요소라고 하겠다.

13.2 Truthful(신뢰구축)

세 가지의 성공 Key Factor들을 기반으로 개인/조직들의 능력을 최대로 끌어낼 수 있는 가장 좋은 방법은 이들 간의 trust(신뢰)를 구축하는 것이다. 구성원들 간의 이해관계가 조정되어 지면서 형성되는 만족감의 반복되는 결과물은 이들 사이의 강한 신뢰감의 형태로 나타나게 된다. 이것은 높은 시너지 효과를 창출 하게 되고 활발한 경영활동을 통한 기업의 긍정적인 결과를 가져온다. 마찬가지로 고객과의 관계 또한 그들의 변화되는 욕구를 충족시켜 줄 수 있는 제품 및 서비스를 제공해야한다. 그것은 고객으로 하여금 신뢰가 형성되는 시작일 뿐만 아니라 고객의 기대수준을 넘어서는 고객감동을 일으키게 된다. 아울러 제품 및 서비스에 대한 지속적인 로열티가 형성됨으로써, 양자간의 Commitment의 형태로 장기적인 관계를 유지 하게 된다.

결국, 좋은 이미지(브랜드, 기업)로 형성이 됨으로써 성공요인으로 작용하게 된다.

13.3 Ethics(윤리)

사람이 지켜야 할 도리 또는 바람직한 행동기준을 윤리라고 한다. 그 기준의 눈높이는 개인마다 다르지만 보편적으로 옳고 그름을 판단 해 주는 행동양식이나 가치관을 의미할 것이다. 꼭 법에 저촉이 되지 않는다고 그것이 윤리적이라고는 할 수 없는 것이다. 예로써 기업이 고객을 배려하지 않는 전략이나 종업원들의 불성실한 태도나 행동으로 인하여 고객이 강한 불만을 느꼈다면 그것은 비윤리적이라고 할 수 있다. 최근에는 온라인상에서의 마케팅이 발전됨에 따라서 기업의 제품・서비스에 대한 고객들의 긍정적/부정적 구전효과는 급속도로 확산되고 기업 경영활동에 큰 영향을 미칠 수 있다. 고객은 내부고객과 외부고객으로 구분 해 볼 수 있는데 내부고객(종업원)에 대한 윤리의식도 중요하다. 내부고객을 가족처럼 대하여 그들 스스로 기업의 발전에 노력하는 동기를 부여시키는 인간적인 경영활동에 바탕을 두는 것이 경영자에게 큰 도움이 된다. 자신이 근무하는 회사의 이익이 곧 자신과의 이익과 직결된다는 믿음이야 말로 기업의 성공에 영향을 미치는 큰 요인이 된다.

외부고객은 일반적으로 말하는 제품에 대한 구매고객을 의미한다. 일회성의 제품 판매로 단절되는 그런 얄팍한 관계가 아니라 고객에 대한 정보 수집 및 데이터베이스를 활용한 장기적인 고객관계 관리를 함으로써 제품이나 서비스에 만족의 정도를 계속해서 유지해 나가는 것이 성공요인이라 하겠다.

따라서 기업가는 단 한 사람의 고객으로 부터의 두터운 신뢰의 시작은 그 기업에 대한 긍정적 구전효과를 발생하므로 앞으로도 많은 잠재고객을 확보하게 될 것이다. 그러나 반대의 경우도 잊어서는 안 될 것이다. 이익을 추구한 지나친 목표설정으로 인한 기업의 비윤리적 행동은 현실에서는 순간적인 이익이 될지는 몰라도 장기적인 미래의 발전은 기대해 볼 수 없기 때문이다.

13.4 Hidden Champion(작지만 강한 기업)이 되자!

히든 챔피언이라는 말은 독일의 경영학자인 Hermann simon이 "세상에 많이 알려져 있지 않은 기업이지만 세계시장 점유율이 높고(1위~3위정도), 매출액이 40억달러 이하인 기업"이라고 정의 하였다.

히든 챔피언은 자신들의 기업 현실과 목표에 적합한(Fit) 전략들을 개발하고 적용함으로써 틈새시장을 찾아내어서 세계 경쟁시장에 우량기업으로 자리잡은 기업을 말한다.

① 바람으로 요트를 타고 항해를 할 수 있는 시스템을 개발하여 설립(2001년)한 "Skysails system"은 최초로 벨루가 화물선박에 설치되었다.
② 컴퓨터를 이용하는 의학기술을 개발하고 판매하는 "Brain Lab"(1989년 설립)은 65개국 시장에 2,650개 이상의 시스템을 갖추고 시장선두를 달리고 있다.
③ 공항, 대형마트 등을 비롯한 여러곳에서 짐을 싣고 나르는 도구로 사용하는 "카트"를 개발하여 성공한 Wanzl(반출)회사는 제품의 디자인 및 성능의 끊임없는 혁신으로 세계 1위 자리를 고수하고 있다.
④ 그 외에도 환자의 관절을 이어주는 정형외과제품 Zimmer(짐머)dhk 3BSCientific에서 만든 인체모형등, 500여개의 기업들이 기발한 아이디어와 제품개발로 틈새시장에서 차별적 집중화 전략으로 성공을 꾀하고 있다.

작지만 강한기업(Hidden Champion) 경영에 있어서 특징은 세계시장을 무대로 미래지향적인 자세로 지속성에 가치를 둔다는 것이며, 자신들만의 독특하고도 차별화되면서 전문성을 띤 제품을 생산하여 시장에 집중화전략을 사용한다는 것이다.

또, 기업의 발전을 위하여 인재를 채용하는데 투자를 아끼지 않고, 고객의 소리에 귀 기울여서 경영의사결정에 반영을 하는 고객지향적인 자세를 갖추고 있다.

한국은 수출입은행이 2009년부터 Hidden Champion을 발굴 및 지원하고자 기업들에 대한 조사를 시작하여 2011년 1월 28일 "한국형 Hidden Champion 후보" 대양전기 공업(조명기기), 동화엔텍(선박용 열 교환기), 쎈텍(사이드 밀러용 히터) 등 34개 기업을 육성대상으로 선정하였다. 수출입은행은 기술력, 성장잠재력, 최고경영자의 역량, 재무 안정성 등을 기준으로하여 앞으로 나머지 66개 업체를 선정하여 잠재력 있는 중소기업을 10년 후 세계적인 Hidden Champion으로 육성하겠다는 계획이다.

하늘에서 내리는 비를 다 막을 수는 없지만, 적어도 자신이 준비한 우산의 크기만큼은 피할 수 있다. 따라서 다가오는 기회를 붙잡을 수 있는 준비된 기업인이 되는 것이 성공요인일 것이다.

Part 6

Bring it on!

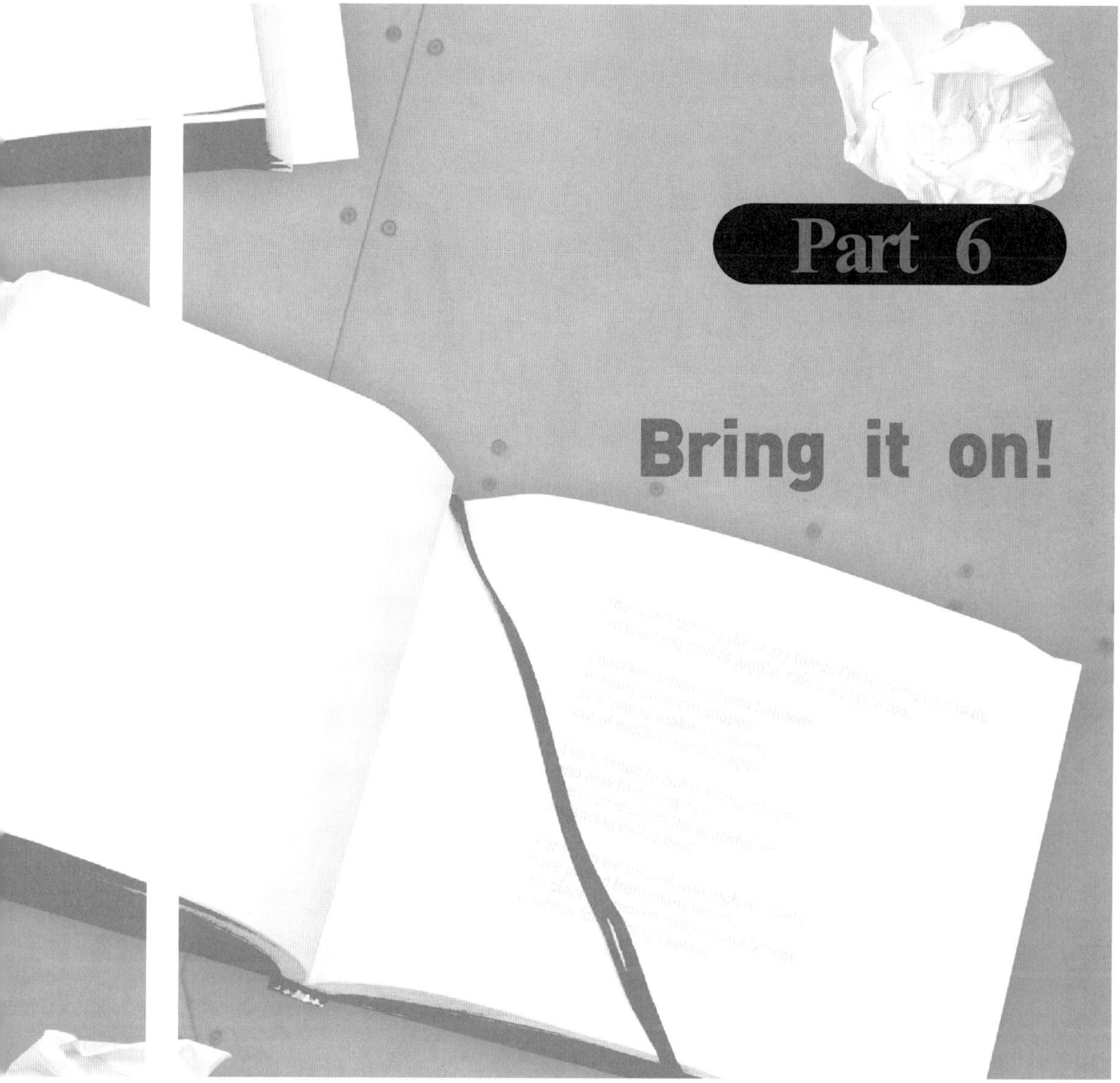

14장

사업계획서 작성

14.1 회사현황

<table>
<tr><td>회 사 명</td><td colspan="3"></td></tr>
<tr><td>대 표 자</td><td colspan="2"></td><td rowspan="2">(사진)</td></tr>
<tr><td>주 소</td><td colspan="2"></td></tr>
<tr><td>업 종</td><td colspan="3"></td></tr>
<tr><td>계획제품</td><td></td><td>자산규모</td><td></td></tr>
<tr><td>기업형태</td><td></td><td>설립예정일</td><td></td></tr>
<tr><td>자 본 금
(예정)</td><td></td><td>종업원 수</td><td></td></tr>
<tr><td>명 함</td><td colspan="3"></td></tr>
<tr><td>Logo</td><td colspan="3"></td></tr>
</table>

14.2 사업계획 내용

(1) 사업동기

① 동기(1)	▪ 환　　경 : ▪ Mission : ▪ goal(vision) :

② 동기(2) ▪ 5W1H

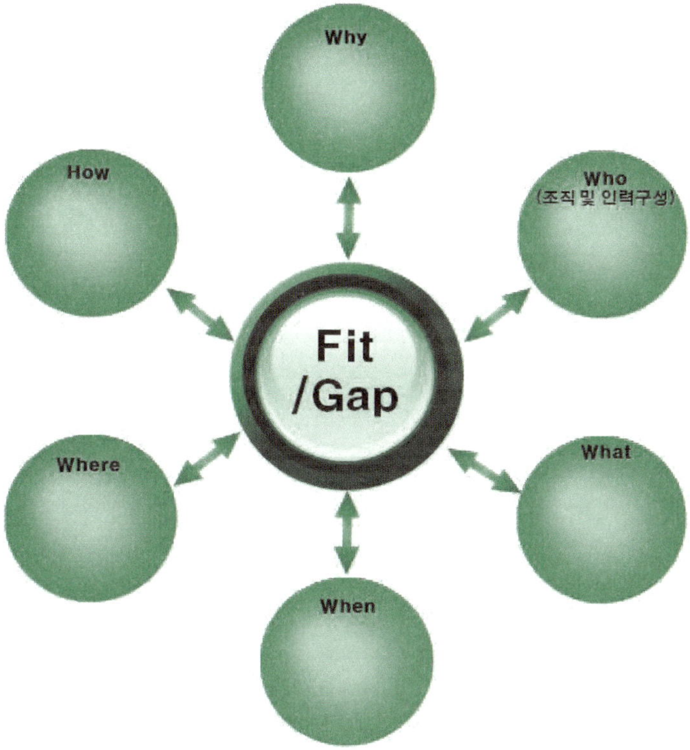

(2) 사업목적

사업 목적	

(3) 제품 소개 및 제품 설명

제품소개 및 제품설명	

(4) 시장성 조사

(5) 사업기대효과

구 분	창업 1차년도	창업 2차년도	창업 3차년도	비 고
① 고용효과				
② 소득증대 효과				

(6) 투자계획

<table>
<tr><th colspan="2">투자계획</th><th colspan="2">자금 조달 계획</th></tr>
<tr><td>구 분</td><td>금 액</td><td>자기자본</td><td></td></tr>
<tr><td rowspan="2">시설자금</td><td rowspan="2"></td><td>차입자본</td><td></td></tr>
<tr><td>투자 유치비</td><td></td></tr>
<tr><td>운전자금</td><td></td><td>기 타</td><td></td></tr>
<tr><td>계</td><td></td><td>계</td><td></td></tr>
</table>

14.3 관리 및 조직

(1) 기구조직도

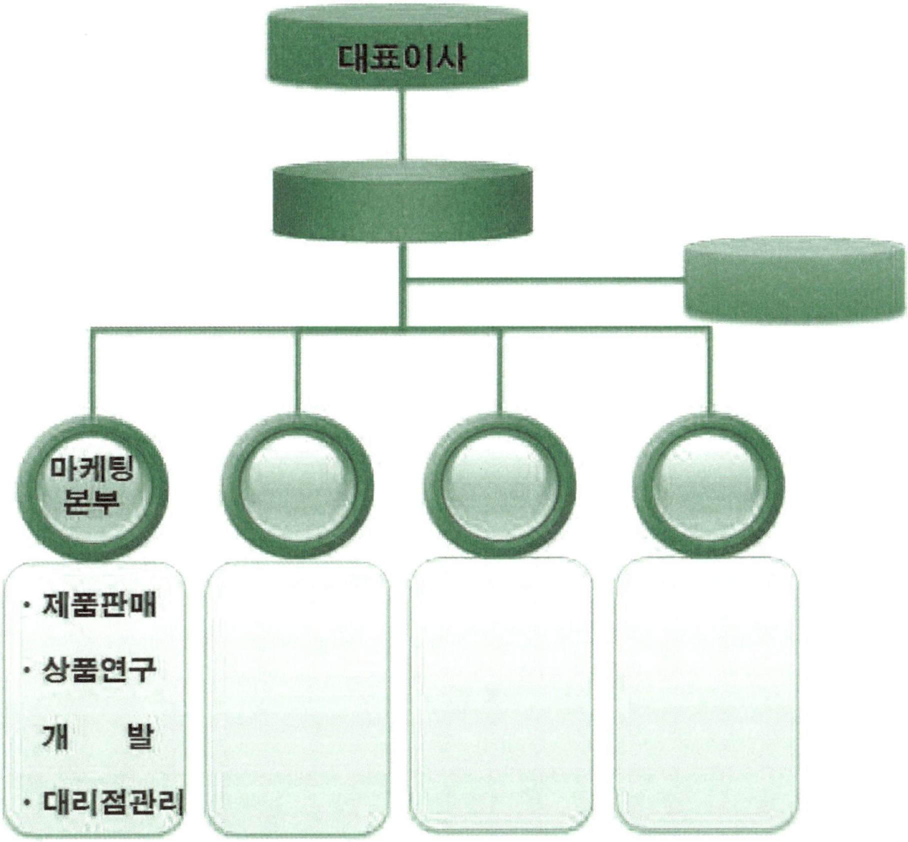

(2) 주요 경영진 및 기술진

성 명	직 위	나 이	학력사항

(3) 종업원 현황과 고용계획

성 명	담 당	나 이	학력사항

14.4 경영전략

(1) SWOT 분석

	강점(S)	약점(W)
기회(O)	SO전략 ▪ ▪ ▪	WO전략 ▪ ▪ ▪
위협(T)	ST전략 ▪ ▪ ▪	WT전략 ▪ ▪ ▪

(2) BCG모델

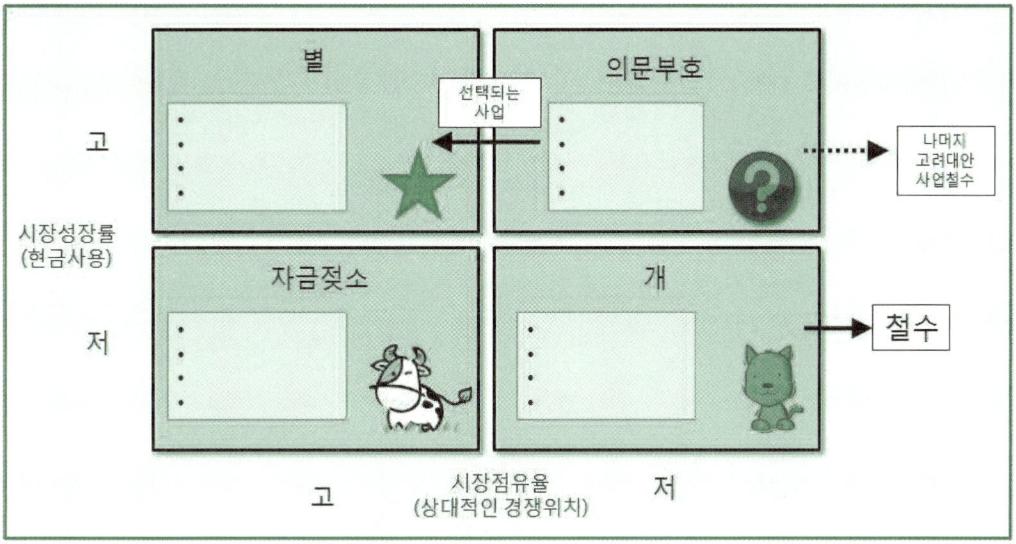

(3) GE모델

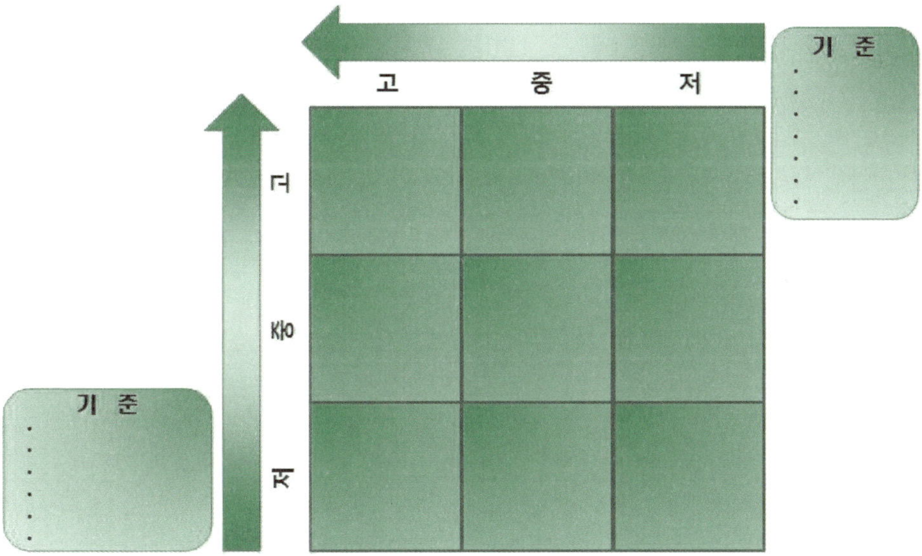

(4) 제품수명주기

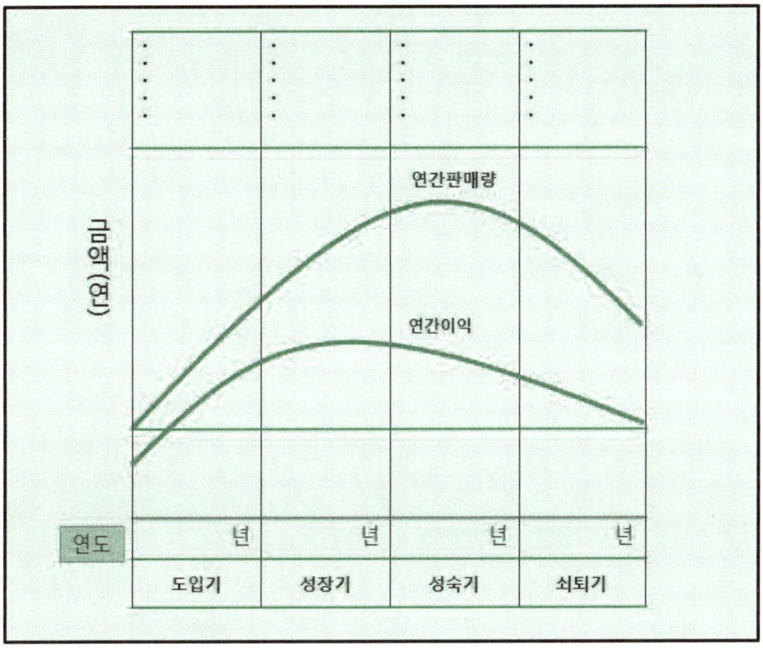

(5) 제품/시장 매트릭스 전략

	기존제품	신제품
기존시장		
신시장		

(6) 경쟁우위 확보 전략

		How to win!	
		Low cost	Differentiation
Where to play!	board		
	narrow		

(7) 마케팅 믹스(4P)

14.5 계획사업추진일정

구 분	세부내용	2011	2012	2013	2014	2015	2016
제품개발 (상품화, 인허가, 특허)							
설비 투자 (생산 및 연구시설)							
연구 인력 확충							
수 출							
주식공개							

14.6 재무예측자료

(1) 추정 5개년 재무상태표

과 목	1차년도	2차년도	3차년도	4차년도	5차년도
자 산 1. 유 동 자 산 - 당 좌 자 산 - 재 고 자 산 2. 투자와 기타자산 3. 고 정 자 산					
(자 산 합 계)					
부채. 자본 1. 부 채 - 유 동 부 채 - 고 정 부 채 - 이 연 부 채					
(부 채 소 계)					
2. 자 본 - 자 본 금 - 자 본 잉 여 금 - 이 익 잉 여 금					
(자 본 소 계)					
(부채와 자본 합계)					

(2) 추정 5개년 손익계산서

과　목	1차년도	2차년도	3차년도	4차년도	5차년도
1. 매 출 액 2. 매출원가 3. 매출 총이익 4. 판매 및 일반관리비 5. 영업이익 6. 영업외 비용 (지급이자 및 할인료) 7. 세전 순이익 8. 법인세등					
9. 당기 순이익					

14.7 회사의 생존 가능성

시장의 기회	
차별적 역량(경쟁우위)	
경영능력	
재무적 이해도	
투자가치	

참 고 문 헌

1. 대학생 창업아이템 사례모음(2010). Tri et Mono 연구소. 강봉희
2. 김규태(2001). "창업경영과 실무". 형설출판사
3. 김영문(2009), "한권으로 끝내는 창업길라잡이 창업학", 법문사
4. 소상공인 창업가이드(2001), 중소기업청
5. 이강원(2002), "쉽게 알자, 실전창업", 더난출판사
6. 이상문, 유상진, 홍광수 공저,(2007) "벤처창업과 성장전략". 박영사
7. 정승화(2007), "벤처창업론-부창출 경영의 이론과 실제". 박영사
8. 강봉희·김미혜(2010), 공학도를 위한 창업과 경영, GS인터비전
9. 문상원(2008), 초보사장 난생처음 세무서 가다, 제우미디어
10. 윤선희(2008), 지적재산권법, 세창출판사
11. 이장우 외(2009), 1인창조기업, 형설라이프
12. 최은희 • 박정호(2010), 이러닝콘텐츠 제작과 저작권, 남두도서
13. 북페뎀편집위원회(2006), 출판창업, 한국출판마케팅연구소
14. Baumback, C. M.(1985) "How to Org. & Oper". a Small Bus. 7th ed. Prentice Hall
15. Daniel Katz and Robert.LKahn,(1966) "The Social Psychology of Organizations" (New York ; John Wiley & Son)
16. Don Hellriegel & John W. Slocum, Jr., Management, 7th ed. (Massachusetts ; Addison - Wesley Publishing Company.) 1997.
17. Don Hellriegel. Susan E.Jackson & John w. Slocum, Jr., Management(2002) : "A Competency - Based Apporach"(Cincinati. Ohio : South - Western).
18. H.lgor Ansoff,(1989) "Corporate Strategy", Harmondsworth.
19. Howard H. Stevenson, "Vintage Directions, Inc.; Feaching Note," Harvord Bus; ness school Teaching Note 393-043(1992)
20. Inc. "The Evolution of the professional Entrepreneur", Special Issue, 1997

21. Jeffry A. Timmons, Now Venture Creation : Entrepreneurship for the 21st Century, Fourth edition(Burr Ridge Irwin, 1994)
22. John Case, "The Origins of Entrepreneurship" Inc., June. 1989.
23. Joseph A. Schumpeter, Capitalism, Socialism and Democracy (NewYork: Harper, 1942, 1976)
24. Joseph A. Schumpeter, The Theory of Economic Development : An Inquiry into profits, capital, credit, interests, and the business cycle(New Brumswick is Transation, 1934,1938)
25. Michael E.Porter. (1980) "Competitive Strategy", The Free Press.

참 고 자 료

1. 소상공인 종합정보시스템 내 상권정보시스템(http://sg.smba.go.kr/)
2. 영화 <불편한 진실(An Inconvenient Truth, 2006)> “지구를 사랑하는 10가지 방법”.
3. 중소기업청(www.smba.go.kr)
4. 커뮤니케이션의 발칙한 실용주의(http://cafe.naver.com/pragmatist.cafe)“프래그머스트”
5. 통계청(www.kostat.go.kr)
6. 국민건강보험공단 http://www.nhic.or.kr
7. 국민연금공단 http://www.nps.or.kr
8. 국세청 http://www.nts.go.kr
9. 국세청전자세금계산서 e세로 http://www.esero.go.kr
10. 국세청홈택스서비스 http://www.hometax.go.kr
11. 근로복지공단 http://www.kcomwel.or.kr
12. 대법원인터넷등기소 http://www.iros.go.kr
13. 법제처 http://moleg.go.kr
14. 비즈인포 http://www.bizinfo.go.kr

15. 4대사회보험정보연계센터 http://www.4insure.or.kr
16. 온라인재택창업시스템 http://www.startbiz.go.kr
17. 중소기업청 http://www.smba.go.kr
18. 중앙법률사무교육원 http://www.linklaw.co.kr
19. 특허검색사이트 http://www.kipris.or.kr
20. 특허청 http://www.kipo.go.kr
21. 한국고용정보원 http://www.ei.go.kr
22. 한국저작권위원회 http://www.copyright.or.kr
23. PCT http://www.pct.go.kr

참 고 판 례

1. 대법원 2009.6.20. 선고 2009두1440판결

참 고 법 령

1. 고용보험법
2. 고용보험법 시행령
3. 고용보험 및 산업재해보상보험의 보험료징수 등에 관한 법률,
4. 고용보험 및 산업재해 보상 보험의 보험료징수 등에 관한 법률 시행령
5. 국민연금법
6. 근로기준법
7. 농어촌 특별세법
8. 디자인보호법
9. 대한민국헌법
10. 반도체집적회로의 배치설계에 관한 법률

11. 법인세법
12. 보험징수법시행령
13. 부가가치세법
14. 부정경쟁방지 및 영업비밀보호에 관한 법률
15. 벤처기업 육성에 관한 특별조치법
16. 사회보장기본법
17. 산업재해보상보험법
18. 상법
19. 상표법
20. 소득세법
21. 수도권 정비 계획법
22. 실용신안법
23. 저작권법
24. 조세특례제한법
25. 특허법

찾아보기

B

C

E

F

G

H

M

O

P

S

T

숫자

청년 창업자를 위한 BIZ&LAW

2011년 2월 25일 초판 인쇄
2014년 2월 28일 2 쇄 발행

저　　자　강봉희·최은희·김미혜
발 행 인　송기수
발 행 처　도서출판 GS 인터비전
편 집 처　도서출판 GS 인터비전
인 쇄 처　토탈프로세스
등록번호　제313-2011-120호
I S B N　978-89-93668-86-5 (92530)

주　소　서울시 마포구 신수동 토정로 222
전　화　02-976-7898, 3272-7898
팩　스　02-6468-7898
http://　gsintervision.co.kr
E-mail　gsinter7@gmail.com

정　가　**20,000원**